선 택 이 아 닌 필 수

VIP
Various Issues Possessor
컨 설 팅

일러두기

이 책에 수록된 내용은 제한된 정보와 가정을 바탕으로 해 일반적인 기준으로 작성되었습니다. 그러므로 개개의 사안에 따라 실제와 차이가 있거나 다를 수 있습니다.

더욱 구체적인 내용이 필요하거나 실행을 수반하는 경우에는 반드시 해당 분야의 전문가로부터 자문을 받으시기 바랍니다. 따로 출처 표시가 없는 그림과 표는 국세청 자료, 기획재정부 자료 등을 근거로 저자가 재작성한 것입니다.

VIP 컨설팅

초판 1쇄 발행 2018년 11월 9일
2쇄 발행 2019년 8월 5일

지은이 김상수
펴낸이 장길수
펴낸곳 지식과감성#
출판등록 제2012-000081호

디자인 안영인
편집 이현, 안영인, 최지희, 조혜수, 장홍은
교정 정혜나
마케팅 고은빛

주소 서울시 금천구 벚꽃로 298 대륭포스트타워 6차 1212호
전화 070-4651-3730~4
팩스 070-4325-7006
이메일 ksbookup@naver.com
홈페이지 www.knsbookup.com

ISBN 979-11-6275-341-5(13320)
값 18,000원

ⓒ 김상수 2018 Printed in Korea

잘못된 책은 구입하신 곳에서 바꾸어 드립니다.
이 책의 전부 또는 일부 내용을 재사용하려면 사전에 저작권자와 펴낸곳의 동의를 받아야 합니다.

이 도서의 국립중앙도서관 출판예정도서목록(CIP)은 서지정보유통지원시스템
홈페이지(http://seoji.nl.go.kr)와 국가자료공동목록시스템(http://www.nl.go.kr/kolisnet)에서
이용하실 수 있습니다. (CIP제어번호 : CIP2018034029)

홈페이지 바로가기

선택이 아닌 필수

VIP
Various Issues Possessor
컨설팅

김상수 지음

이제 판매인에서 구매대리인의 역할을 수행하고
금융 및 세금, 투자 등 전반을 조언하는 자산관리주치의에 의한
ONE STOP SERVICE 가 절실히 요구된다

• 추천사 •

VIP컨설팅이 FC에게 필수가 되어야 하는 이유

우리나라에 흔히 WM이라고 부르는 Wealth Management가 처음 도입된 것은 1998년 삼성증권에서부터라고 생각한다.

그 이전까지는 WM이라고 하는 용어에 대한 이해도 부족한 상태였고, 마케팅이라고 해 봤자 과거 전통적 방법의 영업활동 확대 즉, 다수의 고객을 확보하기 위한 매스마케팅에만 열중하였던 시기였기 때문이다.

따라서 그 당시는 증권사나 은행 아니면 보험사이든 간에 회사의 이익 기반을 오로지 고객의 수로 판단하고 외향적 사세확장에 치중하여, 실질적으로 수익에 절대적으로 영향을 끼치는 세부적인 분석이나 평가는 제대로 이루어지지 못했다.

당시 본인은 삼성그룹 회장비서실 경영진단팀에 근무하면서 금융계열사 진단업무를 담당하고 있었는데, 삼성그룹 차원에서 Morgan Stanley 증권, Merrill Lynch 증권, Citi은행과 같은 선진 금융기관들의 Wealth

Management에 대한 벤치마킹을 실시한 후 삼성증권에서 1998년 청담동에 서울지역을 중심으로 금융자산 20억 이상의 자산가 100여 명을 집중관리하는 상담센터를 만들게 되었고 이것이 결국 우리나라에서 WM을 통한 VIP컨설팅의 효시가 된 것이다.

그리고 이것을 계기로 다른 금융기관들도 앞을 다투어 WM센터를 개설하기 시작했는데, 대표적으로 KB은행도 당시 수석부행장이 삼성증권 청담동 WM센터를 방문한 후 2000년 PB센터를 열었고, 보험사로는 삼성생명이 최초로 WM센터를 오픈한 것으로 기억한다.

본인도 2007년 A+에셋을 창립하자마자 바로 GA업계 최초로 CFP로 구성된 WM센터를 만들었는데, 현재는 변호사, 세무사, CFP 등 40여명의 전문가들이 VIP고객을 위한 자산관리, 상속증여, 법인컨설팅 등의 종합서비스를 제공하고 있다.

이런 점에서 본인은 우리나라 WM 시장 개척에 나름 선도적 역할을 했다는 자부심을 가지고 있으며, 이제 그러한 시도가 옳았다는 것을 현재 금융시장이 입증해 주고 있다는 사실에 대해서도 무한한 자긍심을 느끼고 있다.

어떠한 제도이든 도입초기에는 어설프기 짝이 없고 회사의 수익에 기여하지 못한 채 그저 흉내만 내기 급급한 것이 일반적 사실이지만, 20년이 지난 오늘날 우리나라에서의 WM에 대한 인식의 변화와 개인과 시장에서의 고품격 맞춤서비스에 대한 거센 요구는 VIP마케팅에 있어서 미국 못지 않게 놀라운 성장을 거듭하게 만든 요인이 되었다.

과거 VIP마케팅은 아무도 알아주지 않았던 기법이었지만, 이제는 영업과 마케팅의 주류를 이루게 된 것이다.

이러한 현상으로 VIP들은 자신에게 맞는 적합한 서비스를 당연하게 요구해 왔으며, 이에 부합하지 않는 금융사는 도태하거나 뒤처지는 결과를 가져오게 만들었다.

흔히들 사람을 간사한 동물이라고 표현한다.
왜냐하면 어려웠던 시절도 좋은 시절이 오게 되면 까마득히 다 잊어버리는 경향이 있어서이다.
예를 들어 최악의 가난 속에서 살다가도 맛있는 음식을 먹게 되거나, 듣기 좋은 음악을 들었거나, 아니면 멋진 광경을 보았다면 더 이상 그보다 좋지 않은 것에는 눈길조차 주지 않기 때문이다.

예전에 피난 중의 왕이 먹었던 도로묵에 대한 일화도 있지 아니한가?
먹을 것이 없게 된 왕에게 마을 어부가 물고기를 진상하자 그 맛을 본 왕이 감격하여 물고기의 이름을 물었다고 한다.
어부는 원래 맛이 너무 없고 중요하지 않은 물고기라서 특별한 이름없이 묵이라고 불렀다고 했다.
그러자 왕은 대단히 아쉬워하며 전쟁이 끝나고 대궐로 다시 진상하게 되면 이름을 지어 주겠다고 약속하였다.
그리고 전쟁이 끝나고 막상 왕이 그 물고기를 먹게 되자 너무 맛이 없다는 것을 알게 되었다.
하지만 이름을 지어 주기로 약속했기에 고심 끝에 '도로묵(도루묵)'이라고 지었다는 일화는 인간이 얼마나 간사한지를 보여주는 단면이라고 말할 수 있다.

그러나 이러한 간사한 현상을 누구도 거부하거나 부정할 수 없는 것이 현실이다.

따라서 마케팅이 발전하면서 사람들의 입맛이 고급화되었다면 이제는 결코 다시 과거로 돌아갈 수는 없다는 점도 반드시 이해해야 한다.

그리고 영업에 있어서도 과거 Retail영업에서의 판매인의 역할에서 벗어나 구매 대리인의 역할을 수행하는 VIP컨설팅으로의 전환은 당연한 시대적 가치이며 변화하지 않으면 살아남기 힘든 상황이 되어 버렸다.

단순판매인에서 전문구매대리인으로의 전환!

그러므로 고객의 기대치가 높아진 이상 VIP컨설팅이 선택의 대상이 아닌 필수가 되었기에 영업에 종사하는 많은 FC들이 이 책을 통해 풍부한 지식과 사례를 간접 경험하고 다시 한번 VIP컨설턴트로 거듭나서 새로운 영업에 도전해 보기를 간절히 기대해 본다.

A+그룹 회장
곽근호

글을 쓰면서

보험회사에 입사하면서 마케팅, 기획, 교육, 보전/보험금(보험수리 포함), 고객서비스 등의 업무를 수행하며 보험에 대한 자신감만은 그 누구 못지않게 높았던 기억이 있다.

그러나 점포장을 지원하면서부터 영업을 잘 하지 않고는 보험을 얘기한다는 것이 부끄러웠다.

IMF 전에 전국 꼴찌에 가까웠던 점포에 부임하면서 정도영업을 진행했지만, 역량의 부족을 절실히 느끼며 IMF와 더불어 참담한 영업 결과를 남기고 말았다.

그리고 쫓겨나듯 본사 업무를 하며 무엇이 잘못된 과정이었는가를 뼈저리게 반성해야 하는 시간이 필요했었다.

그런 와중에 틈틈이 AFPK를 공부하면서 느낀 것은 보험 지식만이 아닌 다양한 지식과 경험 등의 컨설팅 능력으로 무장하지 않고는 영업에 성공할 수 없다는 것을 깨달았다.

그래서 점차 공부와 자격증 취득에 빠져들어 갔다.

바로 CFP 자격을 취득하고 AFPK, CFP 교수를 하며 더 많은 지식이 필요하다는 것도 알게 되었다.

자격증의 취득은 펀드투자상담사, 증권투자상담사, 선물거래상담사(파생상품투자상담사)로 계속해서 이어졌다.

그리고 펀드매니저 시험이라고 하는 RFM시험마저 합격하고, 2년여 동안 2차에 걸쳐 치르는 애널리스트 시험인 CIA에 최종 합격하면서 투자 관련 자격증을 모두 땄다.

그러던 중 방카슈랑스 영업본부로 업무를 옮기게 된 것은 아주 좋은 시험무대가 되었다.

당시 다니던 회사는 겨우 월 3~4억 원 정도의 업적을 하며 보험사 중에서 꼴찌를 면치 못하고 있을 때였다.

회사를 업계 영업 1등으로 만드는 것은 직위와 직책 밖이라서 장담할 수는 없었지만, 방카슈랑스 본부의 영업만큼은 내가 소속하고 있었기에 업계 1등을 한번 만들어 보고 싶은 욕망과 열정이 생겼다.

그래서 업계 1등을 하기 위해 영업 전략을 수정하여 소매금융이 아닌 VIP컨설팅으로 패턴을 바꿔 놓기 시작했다.

약 2년여 동안의 상속/증여컨설팅 교육

교재와 Solution 개발, 교육과 수많은 동행활동 등을 통해 VIP컨설팅을 시험했으며, 그 결과는 놀라울 정도로 성공했다.

결국 2년여 만에 회사는 방카슈랑스 영업 부문에서 업계 1등(월 28억 원)을 차지했다.

1등을 한 해당연도의 업적을 보면 월납 1,000만 원 이상(최고 1억 원) 건이 약 260여 건, 500만 원 이상 1,000만 원 이하 건도 약 900여 건을 달성했다.

500만 원 미만 건도 부지기수였고 이러한 고액계약을 독식하는 결과가 1등을 만들어 놓은 것이었다.

(당시 20여 년 동안 영업을 영위하던 회사는 월납 1,000만 원 이상 고액계약을 약 50여 건만 보유하고 있을 때였다. 그것도 창립과 더불어 인사치레로 들어온 계약 등을 제외하게 되면 제대로 된 고액계약은 찾아보기 힘들 정도로 빈약했다.)

업계 1등의 결과는 VIP컨설팅의 1인자로 나를 자리매김해 주었고 회사는 나의 요구대로 자연스럽게 회사 내 WM센터를 만들고 초대센터장으로 활동하게 해 줬다.

그로부터 약 십수 년 동안 VIP컨설팅만 진행해 왔다.

그리고 직접 VIP컨설팅을 추진해 약 2,000여 건의 다양한 상황별 Solution을 개발하고 경험하게 되었다.

이 책에 수록된 VIP컨설팅 사례는 실전을 그대로 옮겨 놓은 것이다.

이제 영업환경은 단순히 판매하는 Salesman에서 Solution을 제공하는 Consultant로의 전환을 요구하고 있다.

따라서 이러한 전환을 꿈꾸는 사람들에게 이 책의 내용이 소중한 경험과 가치를 띠게 될 것이라고 자평해 본다.

계절은 매년 바뀌지만, 매번 같은 계절이 돌아오는 것은 아니다. 그래서 언제나 새로운 계절이 되어 사람들에게 사랑을 받게 되는 것이다. 영업도 매년 하게 되지만, 매번 같은 영업을 하게 된다면 식상할 수 있다. 그러므로 새로운 자기변신과, 영업패턴의 변신 등은 자신의 영업을 언제나 새롭게 만들어 줄 수 있다.

지난가을에 집필하기 시작하여 겨울이면 끝날 줄 알았는데, 어느덧 봄을 지나 여름이 다가와서야 탈고할 수 있게 된 게으름을 탓하며 다시 한번 정진할 것을 다짐해 본다.

이 글을 쓰는 데 많은 도움을 준 가족들, 아내 김용미와 아들 동욱이, 쌍둥이 딸 예진이와 유진이에게 사랑한다는 말을 전하고 싶다.

가을의 막바지에서 봄을 기다리는 마음으로

김상수

CONTENTS

추천사 / 4

글을 쓰면서 / 8

제1장 VIP컨설팅 개요

1. VIP컨설팅이란? / 16
2. 왜 VIP컨설팅인가? / 23
3. AI의 공포와 직업의 변화 / 25
4. 육식동물과 초식동물 / 38
5. VIP컨설팅으로 영업패턴을 전환한 FC 사례 / 40
6. VIP시장의 이해 / 45
7. VIP컨설팅의 필요성 / 63
8. 상속세/증여세 절세의 필요성 / 69

제2장 VIP컨설팅 사례

1. 상속세는 어느 정도 나올까? / 76
2. 상속세가 준비되지 않았다면 어떻게 상속세를 납부해야 하나? / 88
3. 상속세는 어머니가 전부 내게 하는 전략이 필요하다. / 95
4. 어느 정도 상속재산이 있다 해도 배우자가 있으면 상속세는 걱정하지 않아도 된다! / 98
5. 증여의 이해: 증여(贈與)란? / 103
6. 효도절세 전략 / 108
7. 거주자, 비거주자에 따른 상속재산은? / 124
8. 부동산 매각자금 100억 원 은닉사건 / 129
9. 노령의 부친이 빌딩을 팔면 안 되는 이유 / 136
10. 1세대 2주택자가 제반 세금을 절세하는 방법 / 140

11. 토지처분 전략 / 151
12. 상가를 매입해 자녀에게 증여하려고 하는 경우 / 156
13. 종중 선산 매각 관련 / 159
14. 펜션 매각 절세방안 / 161
15. 장애인 자녀 설계 / 164
16. 부담부 증여의 활용 / 170
17. CROSS 증여 전략 / 174
18. 상속분쟁 타개책: 사전 증여냐? 매입이냐? / 177
19. 절세의 SKILL / 180
20. 명의신탁 주식 환원 / 185
21. 명의신탁 금융 처리 / 193
22. 명의신탁 부동산 환원문제 / 196
23. 초과배당 실행 전략 / 201
24. 자기주식취득(자사주 매입) 전략 / 208
25. 법인설립 및 전환 / 216
26. PCI시스템 대응 전략 / 232
27. 특허자본화 및 직무발명보상제도 / 237
28. 법인세 절세를 위한 부설연구소/연구전담부서 설립 및 운영 (R&D지원제도) / 241
29. 가업승계 증여세 과세특례제도 / 253
30. 창업자금 증여세 과세특례 / 257
31. 가지급금 해소 방안 / 262
32. 가업상속공제 활용 RISK / 271
33. 유상감자 활용 / 279
34. 종신보험 120억 원 가입 사례 / 283
35. 가업승계 전략 / 294
36. 상속 이후 비과세 플랜의 필요성 / 321
37. 상속세를 줄일 수는 없나? / 333
38. 크로스 플랜(Cross Plan) 전략 / 354
39. 100세 시대의 자산관리 / 370

Various
Issues
Possessor

제 1 장

VIP 컨설팅 개요

VIP컨설팅이란?

1) VIP는 누구인가?(Very Important Person)

VIP는 매우 중요한 인물, 요인을 지칭하지만, 금융에서는 흔히 '고액자산가'라고 표현한다.

그렇다면 얼마의 자산이 있어야 고액자산가이며 부자라고 지칭하는가?

BBC방송과 크레디트스위스의 발표내용에 따르면 79만 8,000달러(한화 8억 6,000만 원) 이상의 자산을 가진 세계 상위 1%, 총 4,700만 명을 부자라고 칭했다.

[전 세계 국가별 부자 현황]

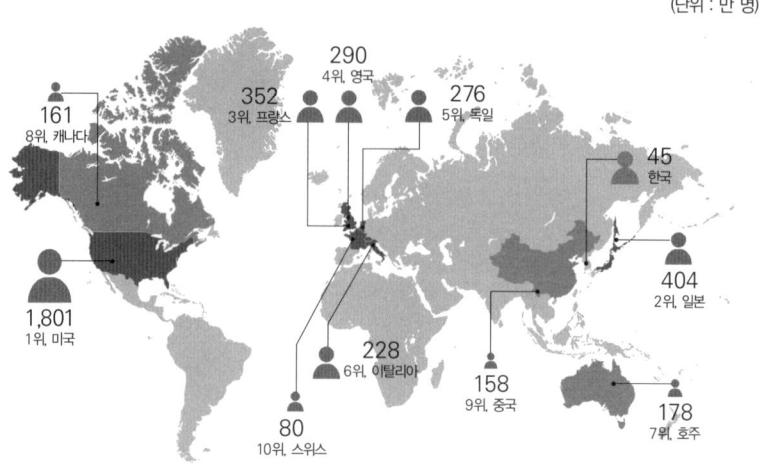

(단위 : 만 명)

79만 8,000달러(한화 8억 6,000만 원)이상의 자산을 가진 **세계 상위 1%** 부자 **총 4,700만 명**

(자료 : BBC방송, 크레디트스위스)

그리고 '2018 세계 부(富) 보고서(WWR)'(컨설팅업체 캡제미니)에 따르면 자산 100만 달러(약 11억 1,000만 원) 이상 보유한 고액 순자산보유자(HNWI)는 2017년 전 세계에 1,810만 명으로, 전년보다 9.5%(160만 명) 증가했다고 발표했다.

국가별로는 미국이 5,285,000명으로 1위, 그다음은 일본으로 3,162,000명, 그리고 독일 1,365,000명, 중국 1,256,000명 순으로 뒤를 이었다.

한국의 백만장자 수는 242,000명으로 13위를 나타냈다.

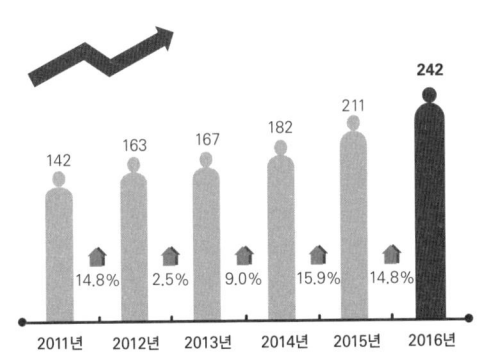

결국 고액자산가라 하면 즉각 투자 가능한 금융자산이 10억 원 이상 있거나, 일정 금액 이상의 부동산을 소유하고 있는 사람들로 부를 수 있다.

파레토법칙(Pareto's Law)에 따라 상위 20%의 사람들이 총매출의 80%를 창출하기 때문에 금융기관들은 이런 VIP 고객들을 잡기 위해 다양한 서비스를 제공한다.

그렇다면 이들의 관심사는 무엇이며 이들에게 필요한 서비스는 무엇인가?

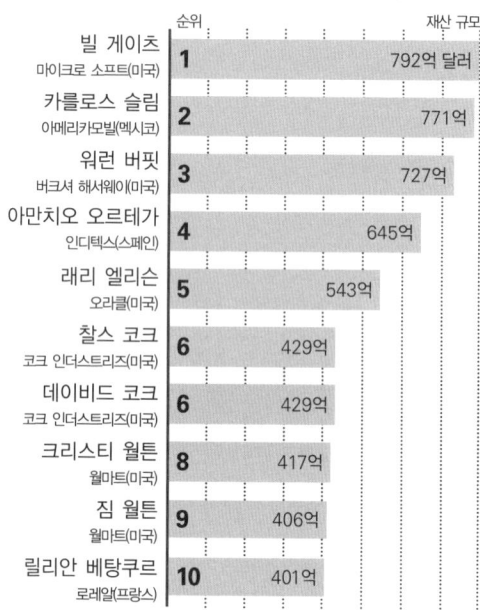

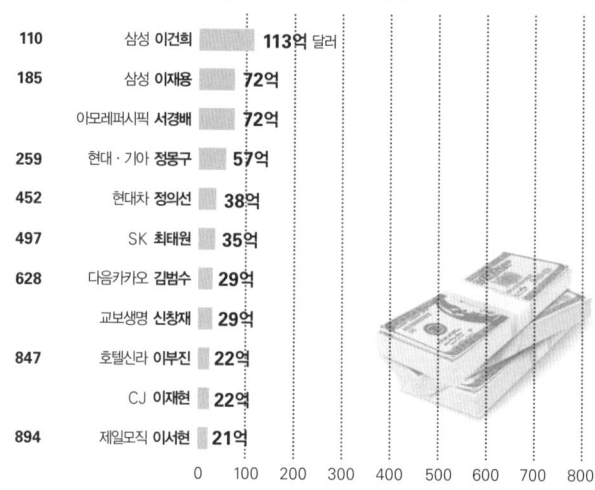

2) VIP컨설팅

VIP컨설팅이란 말은 원래부터 있었던 표현은 아니다.

다만, 일반적인 영업(Retail 영업), 즉 중서민을 대상으로 하는 영업 대비 고액자산가들을 대상으로 하는 영업을 일컫는 말로 대별되어 왔다.

마케팅은 일반 고객에 대한 전반적인 영업에서 특정 계층을 공략하는 영업으로의 진화를 하게 되면서 다양한 계층을 타겟으로 하는 영업 트렌드로 바뀌게 된다.

가령, 연령대별로 구분하여 어린이, 청장년층, 노년층을 대상으로 영업을 전개한다든지, 성별을 구분하여 여성층과 남성층으로, 그리고 거주지를 구분하여 도시거주자와 농촌거주자로, 직종에 따라 블루칼라와 화이트칼라, 결혼 여부에 따라 미혼과 기혼 등 다양한 계층에 맞는 소위 소비자 기호에 맞추는 영업이 발전해 온 것이다.

그리고 소득이 향상되면서 부유층에 대한 공략을 세분화했는데, 대표적인 사례가 PB(Private Banker)의 출현이다.

이들은 은행의 예금자들을 예금자산규모로 분류하여 고액의 자산가들을 상대로 개인적인 컨설팅을 제공함으로써 예금자들에게는 고수익을 제공하고 은행은 고액의 자산가들을 확보하여 자산을 예치하게 되면서 금융기관의 수익과 고객의 Needs 충족이라는 두 마리 토끼를 다 잡게 된 것이다.

그래서 지금도 VIP들의 공통 관심사인 세금과 투자 그리고 금융에 대한 폭넓은 이해와 제안, 그리고 지원을 통해 고객을 확보해 나가고 있는 추세이다. 특히 세금에서 상속과 증여, 가업승계 그리고 소득세 전반에 걸친 절세 전략을 펼치고 투자에서는 효율적인 Portfolio 구성으로 체계적인 고객밀착관리를 통해 자산관리를 실현해 가고 있다.

이제 VIP는 Very Important Person, 즉 "아주 중요한 사람"이란 뜻의 수동적인 대상이 아니라 Various Issues Possessor 라고 "해결해야 하는 다양한 이슈를 많이 가진 사람" 이란 뜻으로 달리 해석하고 이러한 VIP의 Needs를 적극적으로 풀어줘야 하는 당위성이 발생한 것이다.

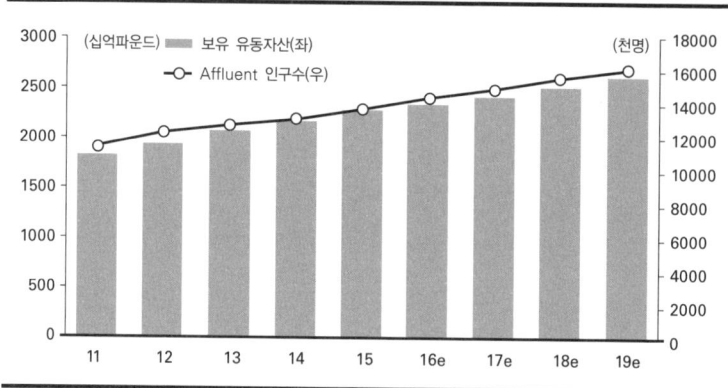

[영국의 VIP마켓 현황]

〈영국 자산관리시장 규모〉

자료: Verdict Financial

영국도 오래전부터 자산의 증가에 따라 우량고객을 세분화하여 관리해 나가고 있다.

< 영국 자산관리시장 주요 플레이어 및 경쟁 구도 >

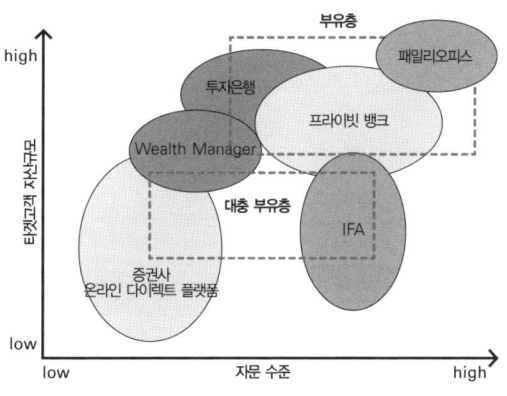

자료: Verdict Financial

〈플레이어 유형별 타겟고객군/주요서비스〉

플레이어 유형	대표 회사	타겟고객군	주요 서비스
프라이빗뱅크 (금융그룹 사업부문)	Barclays, HSBC, Lloyds, RBS 등	부유층	자문, 일임, 브로커리지
프라이빗뱅크 (standalone)	C.Hoare&Co 등	부유층	자문, 일임
Wealth Manager	St.James's Place, Brewin Dolphin, Cazenove Capital Management 등	대중부유층 부유층	자문, 일임, 브로커리지
증권회사	Fidelity, Hargreaves Lansdown 등	대중부유층	브로커리지
패밀리오피스	Bessemer Trust, Sandaire 등	초부유층	일임
IFA	Equilibrium Asset Management, Towry 등	대중부유층	자문
투자은행	Goldman Sachs, JPMorgan 등	부유층 초부유층	자문, 일임, 브로커리지
온라인 D2C (direct to client) 플랫폼	Nutmeg, Rplan, The Share Centre 등	대중 대중부유층	일임, 브로커리지

(자료: Verdict Financial)

⟨ IFA가 직접 제공 중인 주요 상품 서비스 ⟩

제공 상품 서비스	제공 비중	직접제공	파트너십 활용
은퇴설계	100%	97%	3%
투자상품	98%	91%	7%
일반 재무설계	97%	92%	5%
연금 자문·상품	97%	96%	1%
생명보험 상품	96%	89%	7%
상속·부동산 자문	96%	90%	6%
세무 자문	75%	63%	12%
기업 자문	67%	60%	7%
모기지상품	62%	52%	10%
수신상품	51%	43%	8%
여신상품	43%	36%	7%
손해보험 상품	30%	23%	7%

(자료: Verdict Financial)

⟨ IFA의 서비스 시나리오별 평균 보수수준('16) ⟩

구분	서비스 내용(예시)	평균 보수
투자자문	초기 재무설계(initial financial review)	500파운드
	11,000파운드 ISA 투자 자문	450파운드(4.0%)
	시간제 자문	150파운드/시간당
은퇴설계 자문	월 80파운드씩 연금납입시 자문	500파운드
	월 200파운드씩 연금납입시 자문	580파운드
은퇴時 자문	30,000파운드 연금액의 월소득 전환	825파운드(2.8%)
	100,000파운드 연금액의 월소득 전환	1,750파운드(1.8%)
	100,000파운드 연금액 자문 실행	2,000파운드(2.0%)

(자료: Unbiased)

2
왜 VIP컨설팅인가?

우리 몸에서 동상이 가장 빨리 걸리는 부분은 어디인가?

우리 몸은 아주 많이 추워지면 몸의 중요한 부분에 더 많은 혈액을 공급하기 위해 상대적으로 몸에서 가장 쓸모없는 부분에 혈액을 보내지 않아 동상에 걸리게 한다.
마치 도마뱀이 꼬리를 자르고 도망가듯이~
보내지 않는 혈액으로는 나머지 부분, 즉, 생명 유지에 가장 중요한 부분에 피를 순환시켜 줌으로써 체온을 유지하게 하여 생명을 지켜내는 것이다.
이런 현상은 우리 몸이 스스로 알아서 자동으로 이뤄지는 본능적인 과정이다.

그런데 우리의 신체 중 없어도 되는 부분, 즉 생명 유지에 꼭 필요하지 않은 곳은 어느 부분일까?
그리고 생명과 직관 되는 곳, 즉 없어서 안 되는 곳은 또 어디일까?

없어져도 생명에 지장 없는 부분은 손이나 발 등으로 볼 수 있다.
손과 발이 없어진다 한들 목숨을 잃지는 않기 때문이다.
그러나 없어지면 바로 죽는 부분이 있다.

바로 머리와 몸통이다.

그래서 우리 몸은 손과 발에는 혈액을 순환시키지 않고 몸통과 머리 부분에만 피를 보낸다.

이로 인해 손과 발은 피가 통하지 않아 동상에 걸리고 결국 조직이 괴사(壞死)하면서 썩게 되는 것이다.

재미있는 사실은 남성의 경우 신체 중에 성기가 가장 먼저 동상에 걸린다는 것이다. (의학적 사실)

이는 어려운 시기를 맞닥치게 되면 종족보존의 본능보다 자신의 생명이 더 중요하다는 것을 의미한다.

한편 영업으로 이야기를 돌려 보자.

예나 지금이나 영업은 언제나 어려웠으나, 지금은 더욱 어려운 시기인 것 같다.

과연 이 어려운 시기에 버려야 할 것은 무엇이며 생명연장을 위해서 필요한 것은 또 무엇일까?

현재 전통적 방식의 보험 및 금융영업은 그 생명력을 다하고 있다.

철에 맞지 않는 복장 같은 뒤떨어진 패러다임의 영업으로부터 탈피할 때가 온 것으로 판단된다.

그러므로 이제 VIP컨설팅을 통한 자기변신을 해 보자.

이제 버려야 될 것은 전통적 영업 패러다임인 세일즈맨의 마인드이고 취해야 될 것은 컨설턴트 역할수행을 통한 자기변신이기 때문이다.

AI의 공포와 직업의 변화

현대사회는 많은 공포와 함께 살아간다.
그 공포 중 우리가 자주 접하는 공포가 있다.
그것은 바로 AI에 대한 공포이다.

그런데 AI란 무엇을 말하는가?

> 첫째, Avian Influenza: 조류독감
> 둘째, Alternative Investment: 대안(대체)투자
> 셋째, Artificial Intelligence: 인공지능

첫 번째의 조류독감은 우리 생활에 아주 지대한 영향을 끼치는 것이 사실이나 여기서 다루는 문제는 아니다.
두 번째의 대안투자(대체투자)도 현대나 미래사회에 있어서 투자상품을 선택할 때 아주 중요한 요소가 될 수 있다.
그러나 공포의 대상이 되지는 않는다.

마지막의 인공지능을 살펴보자.

몇 년 전 바둑프로그램인 알파고와 한국의 세계적인 천재기사 이세돌 9단의 세기적인 대국이 일어났었다.

이미 체스에서 인공지능이 인간 세계 챔피언을 물리쳤기에 기세등등하게 대결을 걸어왔지만, 많은 전문가들과 사람들은 바둑의 영역에서만큼은 인간을 이길 수 없다고 예견했다.

체스가 가로, 세로 8칸이기에 경우의 수가 적어서 프로그램화된 인공지능이 인간을 이길 수는 있었겠지만, 바둑은 가로, 세로가 19칸으로 그 수가 무궁무진하여 프로그램으로 만들기에 역부족이며 향후 수십 년은 더 지나야 겨우 인간과 대적할 수 있다는 것이다.

바둑판에 우주의 삼라만상(森羅萬象)을 다 담았다고 하듯이 정말로 엄청나게 많은 수가 들어 있는 것만은 사실이다.

그러나 이미 알파고는 전년도에 유럽 바둑 챔피언을 완파시켰기에 섣부른 상황판단은 금물이었다.

대결에 앞서 이세돌 9단은 전승을 확신했고 관전을 하는 시청자들 대부분도 아직까지는 인공지능이 넘을 수 없는 영역이라면서 승리를 낙관하고 있었다.

이윽고 제1국이 시작되자 많은 사람들이 당황하며 혹시라도 인간이 질 수도 있겠다는 의구심을 조금씩 가지기 시작했다.

하지만 이때에도 많은 전문가들은 포석 이후 중반전이나 끝내기로 갈수록 인간이 더 유리하다는 전혀 엉뚱한 예견을 내기도 했다.

결과는 알파고의 완벽한 승리였다.

종반으로 갈수록 경우의 수가 줄어들어 알파고는 더 정확한 수읽기를 했으며 초읽기에 전혀 구애받지 않고 적은 시간을 효율적으로 사용했다.

이에 반해 이세돌 9단은 종반으로 가면서 초읽기에 몰리며 고전을 면치 못했다.

그러나 중반에 이미 알파고 진영에서는 알파고의 승리를 확신했다.

한 수 한 수 두면서 시시각각으로 계가(計家)와 승패까지도 확인했던 것이다.

(실제로 알파고는 승리 확률을 매번 체크해 가고 있었다.)

제1국 이후 이세돌 9단은 어쩌면 남은 4국 전체를 이길 수 없을지도 모르겠다는 말을 했다.

이미 하루에도 바둑 9단들의 기보를 3만 개 이상 학습하며 모든 경우의 수에 대비한 알파고이였기에 인간의 승리는 애초부터 불가능했던 것처럼 보인 것이다.

마치 사람이 전자계산기를 만들었지만, 계산의 속도와 정확도는 인간이 아무리 용을 쓰고 덤빈다 해도 이길 수 없는 것과 마찬가지 개념이다.

결국 2차 대국도 힘없이 이세돌 9단이 졌다.

3차전 역시 알파고의 승리였다.

알파고는 전체 5국 중 세 판을 이겼기에 나머지 대국은 의미 없는 것이었으나, 최초 대전계약대로 5국까지 두기로 한 것이다.

4차전은 난타전 끝에 인간 이세돌이 귀중한 1승을 거뒀다.

이 대국에서 알파고는 많은 실수를 하게 된다.

아마도 실험적인 수를 선보이지 않았나 하는 판단도 들었지만, 어쩌면 인간을 봐 주지는 않았을까 하는 의구심까지 들었다.

그러나 4국의 승리도 잠시 제5국 또한 알파고의 승리로 돌아가 인공지능의 위대함을 다시 한번 느끼게 해 줬다.

그 당시 바둑세계랭킹 1위는 중국의 커제 9단이었는데, 자신이 알파고와 대결한다면 승리할 수 있다고 호언장담(豪言壯談)을 했지만, 이듬해 알파고와의 대결에서 단 한 번도 못 이기고 처참히 무너졌다.

그런데 더 무서운 일이 일어났다.

이러한 알파고를 신형 알파고가 백전백승으로 격파해 버린 것이다.

신형 알파고는 구형 알파고의 기보학습에 의존한 경험을 초월하여 로직에 의해서만 바둑을 두어 나갔기 때문에 절대적인 로직 앞에 경험이 무너져 버렸던 것이다.

드디어 알파고가 인간처럼 논리적으로 생각하고 판단한다는 뜻이다.

이제 알파고의 창시자인 구글 딥마인드(Google DeepMind)의 데미스 하사비스(Demis Hassabis)는 바둑을 정복하고 다른 인공지능 개발에 도전하고 있다.

이러한 알파고의 등장은 많은 직업의 변화를 가져오게 했다.

인공지능의 발전으로 이미 요식업계는 주문을 받는 기계가 등장하여 인간의 노동을 대체하고 있다.

(패스트푸드의 대명사인 롯데리아가 그랬고, 베트남 쌀국수집이 그러는 등 인간 대신 점차 인공지능이 대체하는 시대로 접어든 것이다.

거기에다 최저임금의 급격한 상승 등이 고용을 축소하고 자동화나 기계

화를 서두르게 하는 데 일조했다.)

즉 손님이 직접 기계를 통해 메뉴를 선택하고 가격을 지불하며 음식이 나오게 되면 직접 들고 와 먹고 나서 퇴식구에 갖다 놓는 것이다.

이로 인해 인건비를 줄이고 음식값을 저렴하게 하는 것이다.

일본의 경우 20여 년 전의 규동(소고기덮밥)의 가격이 600엔에서 900엔 정도에 팔렸다.

그러나 지금의 경우는 오히려 가격이 떨어져 400엔에서 500엔 수준이 되었다.

왜 이런 일이 일어났을까?

일본의 잃어버린 20년 동안 디플레이션이 일어나서 가격이 떨어진 것이 아니라 인공지능의 도입으로 인건비를 대체하게 되어 가격이 떨어진 것이다.

즉, 주문, 서빙, 결제 등의 인력을 없앤 결과이다.

(물론 점포 축소, 1인용 식탁운용 등의 효과도 있었다.)

이처럼 인공지능의 발전은 인건비 등의 비용을 줄이는 결과를 가져왔다. 이로 인한 실업의 결과는 당연한 것으로 보인다.

즉, 필요 없는 잉여인력(剩餘人力)이 발생하여 다른 업종으로 전환하지 않으면 실업으로 이어지는 것은 당연지사(當然之事)란 뜻이다.

중국에서는 광둥 중산시에 2016년 8월 무인편의점 빙고박스가 등장했으며, 2017년 상하이에 진출하고 이듬해에 5,000여 개의 가맹점을 목표로 하고 있다.

2016년 12월 시애틀에는 세계 최초로 아마존이 무인식료품점(슈퍼마켓) '아마존고' 매장을 열고 2018년 1월부터 일반인에게도 문을 열었다.

다른 직종을 알아보자.

이미 무인전동차, 무인택시 등이 선보이고 있고 향후 의사나 외과의사 그리고 약사 등도 인공지능이 대체할 것으로 보고 있다.

즉, 업무가 단순하거나 아니면 반대로 고도의 전문성을 띠는 직종일수록 인공지능의 표적이 되어 인간의 노동을 대체할 수 있다는 것이다.

빅데이터를 통한 분석 등은 그동안 전문직이라 여겼던 의사, 약사 등을 대체할 수 있게 되었고(실제 2017년 중국에서는 AI가 내과 의사 자격을 땄다), 심지어 마케팅에 접목하여 그 어떤 인간도 해낼 수 없었던 고객 중심의 마케팅을 전개하고 있다.

그러므로 향후 세무사, 회계사, 의사, 약사, 변호사, 검사, 판사, 영화배우 등의 전문직은 물론 여행사, 유통업 그리고 배달인력(드론으로 대체), 경비인력(무인경비시스템), 모텔업(무인텔 경영) 등의 단순 업무를 하는 직종도 인공지능의 습격을 피할 수 없게 되어버린 것이다.

투자에 있어서도 AI에 의한 투자관리인 로보어드바이저의 신장세는 눈에 띄게 증가하고 있다.

주요 업체들의 로보어드바이저 관리자산(AUM) 규모

2013년 말		2016년 말	
업체명	AUM(백만$)	업체명	AUM(백만$)
Wealthfront	427	Vanguard	52,000
Betterment	303	Charles Schwab	12,300
Personal Capital	197	Betterment	7,400
Rebalance	115	Wealthfront	5,100
FutureAdvisor	13	Personal Capital	2,853

(출처: Investment News('17.2.8), SEC)

투자영역에서의 로보어드바이저의 등장은 낮은 보수율이라는 매력적인 요인에 대형금융투자그룹(IB · 자산운용)의 높은 브랜드인지도를 등에 업고 계열사의 넓은 고객층을 대상으로 빠르게 확산하고 있는 추세이다.

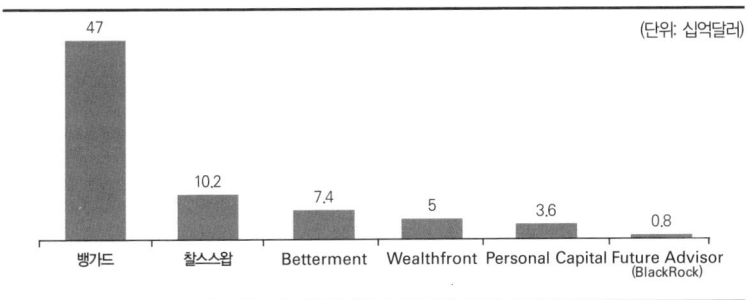

그렇다면 보험설계사 영역은 어떠한지 알아보자.

과거 홈쇼핑에서의 보험영업은 단순한 상품이 아니면 판매하기가 어렵다고 해서 간단한 상품들만으로 판매한 적이 있었다.

그러나 시간이 지나갈수록, 연금상품은 물론 그 어렵다는 대부분의 상품을 취급하며 성장해 가고 있다.

설계사는 손해보험전문 설계사와 생명보험 전문설계사로 나눌 수 있다.

물론 교차판매 및 GA의 등장으로 영역을 파괴하며 전천후로 판매가 가능하나 전문영역으로 볼 때의 구분이다.

먼저 손해보험을 알아보자.

손해보험의 주요상품은 일반상품으로 화재보험, 자동차보험, 생산물/영업/전문직 배상책임보험, 동산종합보험, 적하보험 등이다.

장기상품으로는 실손의료비보험, 암보험, 상해보험, 운전자보험, 연금보험, 저축보험 등이다.

이 중에서 사람의 힘이 아니더라도 가입이 가능한 상품이 있는 지 알아보자.

이미 자동차보험이나 화재보험 등은 전체상품 비교견적 프로그램을 가동하여 인간보다도 더 정확하고 빠르고 공정하게 상품을 제시하여 고객이 가입할 수 있게 만들었다.

즉, 보험설계사가 없어도 가입이 가능한 것이다.

그렇다면 다른 장기상품은 과연 어려운 상품일까?

그렇지 않다고 본다.

결국 손해보험 설계사를 대체할 수 있는 인공지능 사이트의 운영을 통해 판매와 관리가 가능하게 될 것이다.

이럴 경우 많은 손해보험 설계사들이 자리를 잃을 가능성이 높아진다.

회사가 보험설계사 인력을 감원하는 것이 아니라 시장에서 고객의 Needs가 판매인력의 감축을 초래하게 만든 것이다.

그렇다면 조금 더 복잡한 상품인 변액상품 등을 판매하는 생명보험설계사들은 어떨까?

이미 바둑의 신비로운 경지를 알파고가 넘어선 지라 손해보험과 마찬가지로 인공지능의 대체는 불을 보듯이 뻔하다는 결론을 도출할 수 있을 것이다.

앞으로 인공지능의 범람으로 생명보험과 손해보험 설계사를 대체한다면 우리는 어떻게 대처해야 하나?

2018년 3월 현재 보험설계사는 대략 41만 명(GA: 22만 3,700명, 보험사: 18만 5,400명)으로 집계되는데, 이는 인구 대비 엄청난 수이다.

이 많은 설계사들이 조만간 본의 아니게 자의 반 타의 반으로 직업을 바꿔야 하는 운명에 놓여 있다.

비교견적 등의 간단한 상품은 고객들이 직접 가입하게 되고, 이러한 인공지능형태 회사들의 범람으로 급격한 설계사 감소를 초래하기 때문이다.

이제 설계사도 인공지능 공격의 대상에서 벗어날 수 없는 처지에 놓이게 된 것이다.

그런데도 현재 매출과 수입이 좋아 미래를 준비하지 않은 경영자와 판매자들이 많이 있다.

이는 마치 멀리서 쓰나미(つなみ: 津波, 해일)가 몰려오는 데도 한가로이 해변에서 수영을 하며 물놀이를 하는 것과 다를 바가 없다.

혹자들은 자기들도 수영하면서 준비하고 있다고들 자부한다.

그러나 튜브와 조그만 배를 준비한다고 해서 쓰나미를 피할 수는 없을 것이다.

항공기의 속도(약 시속 700~800Km 이상)로 몰려오는 쓰나미, 높이가 수십 미터가 넘는 빌딩만 한 거대한 파도 속에서 과연 튜브와 조그만 배만으로 살아남을 수가 있을까?

자동차 안전벨트를 매지 않는 사람들은 사고가 났을 때 자신의 몸을 손과 발로 지탱해 보호할 수 있다고들 믿는다.

그러나 실제로는 아주 불가능한 것을 믿고 있는 것이다.

시속 100Km로 달리다 부딪치는 경우 사람이 500M 이상에서 떨어지는 충격과 동일한데, 이 엄청난 무게를 손과 발이 순간적으로 막아낼 수는 없는 일이기 때문이다.

그렇다면 앞으로 보험설계사들이 대응하거나 준비해야 하는 것은 무엇일까?

결국 기계인 인공지능이 취급하기 어려운 일을 하면 된다는 결론이 나온다.

그러므로 생명보험 설계만 한다든가, 손해보험 설계만 한다든가 하는 일은 인공지능이 대체할 수 있기 때문에 전반적인 컨설팅 서비스를 해 주는 일로 전환해야 한다는 것이다.

즉, 고객의 자산관리 전반을 컨설팅해 주면서 관리해 나가는 것이 중요하게 된 것이다.

자산관리 전반에 필요한 컨설팅은 여러 가지이다.

1. 생애 전반에 걸친 재무 및 자산관리 컨설팅
2. 금융상품(주식, 채권, 보험, 대안투자상품 등) 및 부동산 평가/분석 및 배치
3. 투자컨설팅 및 PORTFOLIO 구성/업그레이딩
4. 세무(종합소득세, 상속/증여세, 양도소득세, 법인세, 사업소득세 등) 컨설팅
5. 가업승계 전반 컨설팅
6. 은퇴 컨설팅
7. 이슈(세무, 노무, 기타 절세 및 소득화 컨설팅 등)와 솔루션
8. 기타 재무 및 자산관리 분야 컨설팅

ONE STOP SERVICE!

고객은 자기를 관리해 주는 한 사람에게서 모든 서비스를 받고자 한다.

왜냐하면 각 분야마다 전문가들이 있어서 조언을 받게 된다면 종합적인 판단을 하기가 어렵고 일일이 찾아다니면서 컨설팅을 받기도 비효율적이기 때문이다.

따라서 부잣집의 집사처럼 집에 관한 모든 일을 도맡아서 처리해 줄 수 있는 사람이 필요한 것이다.

예를 들어 부잣집 사모님이 남편인 회장에게 직접 맛있는 해물탕을 끓여 점수를 따려고 한다고 가정해 보자.

그렇게 하기 위해서 해물탕에 들어가는 식재료가 무엇인지 파악하고 갖은 양념 및 레시피를 미리 준비한다.

그리고 수산시장에 가서 식재료들을 구입한다.

집에 돌아와서 식재료를 씻고 채소 등을 다듬고, 양념장을 만든 다음 레시피에 맞춰 해물탕을 끓이기 시작한다.

귀가한 남편(회장)과 함께 해물탕이 주메뉴인 저녁을 먹는다.

여기까지는 아주 좋아 보인다.

그러나 문제점이 하나둘이 아니다.

첫째, 해물탕에 들어가는 식재료를 파악하는 것은 문제가 되지 않으나, 직접 식재료를 구입하는 데는 문제가 발생할 수 있다.

먼저 식재료의 적정가격을 모른다는 것이다.

그리고 어떤 식재료가 신선하고 좋은 것인지를 모른다는 것이다.

둘째, 오랜만에 음식을 준비한 터라 모든 것이 낯설고 서툴다는 것이다.

먼저 채소를 다듬는 것 하며 칼과 가위를 다루는 데 서툴다.

그리고 어류 등을 다듬을 때 손이 많이 가는 것은 물론이고 내장처리 등을 잘못할 경우 쓰거나 맛없는 해물탕으로 전락할 수 있다는 것이다.

셋째, 레시피에 맞춰 준비를 했으나, 맛을 장담할 수는 없다는 것이다.

그리고 마지막으로 해물탕을 준비하는 데 소요되는 시간이 너무 많이 걸린다는 점이다.

준비과정의 시간, 식재료를 준비하는 데 걸리는 시간, 음식을 만드는 데 걸리는 시간 등등…

물론 직접 해물탕을 준비해서 회장님께 대접한다면 사랑을 받을 수는 있을지 몰라도 너무 많은 시간이 들어 비효율적이라는 것이다.

그런데 만약 그 해물탕이 맛까지 없다면 커다란 문제가 아닐 수 없다.

그동안의 모든 노력이 수포로 돌아가고 시간과 돈만 낭비하는 결과를 가져오게 된 것이기 때문이다.

만약 부잣집 사모님이 해물탕을 직접 만들지 않고 집사를 불러 지시했다면 어떤 결과가 나왔을까?

집사는 해물탕에 대해 너무나 잘 알고 있으며 어떻게 해야 최고로 맛있는 해물탕을 만들 수 있는 지도 잘 알고 있는 사람이다.

우선 해물탕 준비에는 재료들을 빠짐없이 체크할 것이고, 식재료 구입에 있어서도 둘째가라면 서러워할 만큼 일가견이 있는 전문가이다.

채소의 싱싱함을 구별할 줄 알고 어류 및 패류 또한 상태를 보고 좋은 것과 나쁜 것을 선별할 수 있다.

그러므로 상인들이 그 집사에게 싱싱하지 않은 채소를 권하기 힘들고 신선하지 않은 어패류를 팔기도 힘들다는 것이다.

또 거기에다 가격 또한 적정한 공정가액을 잘 알고 있으니, 가격을 얼토당토않게 부를 수도 없기에 좋은 재료들을 저렴하게 구입할 수도 있을 것이다.

그리고 수산물시장을 언제 어느 때 방문해야 좋은 식재료를 구할 수 있는 지를 잘 알아 계절에 맞는 맛있는 어패류를 선택할 수도 있다.

또한 해물탕 레시피는 그 누구보다도 잘 알고 있으니 그 맛은 당연히 보장할 수 있을 것이다.

그러므로 성공하기 힘든 일을 혼자의 힘으로 직접 하는 것보다 전문가인 집사를 통해 해결한다면 시간과 경비 그리고 맛 또한 훌륭한 결과를 가져오게 할 수 있다.

이제는 비단 음식을 만드는 데에만 집사가 필요한 것이 아니라 자산관리 전반에 걸쳐 컨설팅을 하는 데도 자산관리 집사가 필요한 시기이다.

그것도 자산관리 전반을 혼자서 처리하는 집사이다.

만약 부문별로 집사가 있다면 고용주는 굉장히 피곤할 것이다.

하나하나 사안별로 집사들에게 각각 물어가며 일을 처리해야 하기 때문이다.

그래서 자산관리 전반을 아우르면서 컨설팅을 통합할 수 있는 통합관리형 집사가 필요한 시기가 된 것이다.

따라서 여기에 부합되는 역량을 가진 컨설턴트가 필요하며 그들만이 생존경쟁에서 살아남을 수 있으리라 사료된다.

4
육식동물과 초식동물

아프리카 사바나 경관은 다양한 동물들이 서식하고 있는 곳이다.

대부분 많은 수를 점유하는 것이 초식동물인데, 이러한 초식동물들은 맹수를 피해 하루 종일 먹는 일에 열중하고 있다.

보통 하루 10시간 내외 또는 그 이상을 먹는 일에 할애한다.

그런데 이렇게 먹고도 다음 날에는 또다시 전날과 마찬가지로 10시간 이상 먹는 일에 하루의 대부분을 보내야 한다.

왜 그럴까?

이런 이유는 대부분의 초식동물들의 소화효율이 낮아서 발생하는 문제 때문이다.

즉, 많은 양을 먹어도 제대로 흡수를 다 하지 못하거나, 하루 만에 다 소화되고 더 이상의 열량을 낼 수 없기 때문이다.

아무리 많이 먹어도 몸 안에 축적하지 못하고 에너지로 다 써버리는 것이다.

이에 반해 육식동물들은 소화효율이 높다.

즉, 한 번 초식동물을 사냥해서 먹고 나면 2주 내외를 굶어도 생명이 끊어질 염려가 없다.

육식동물들은 한 번 사냥하고 나면 대부분의 시간을 태평하게 그늘에서 장난하며 놀기도 하고 낮잠을 주로 잔다.

일반 소매마케팅을 초식동물이라고 비유한다면 VIP컨설팅은 육식동물이라고 말할 수 있다.

소매마케팅은 이달도 열심히 뛰어야 하고 다음 달도 열심히 뛰어야 한다. 그래야 살 수 있는 것이다.

하지만 VIP컨설팅은 비록 많은 시간이 걸리지만, 한 번의 계약으로 몇 개월을 쉴 수도 있다.

그만큼 계약효율이 높기 때문이다.

그러나 인간은 동물이 아니기에 그냥 쉬고 있지만은 않는다.

따라서 더 많은 VIP를 만나고 컨설팅을 지속하면서 성장하기에 훨씬 더 여유 있는 영업을 진행할 수 있는 것이다.

바로 이점이 VIP컨설팅(마케팅)의 필요성과 존재 이유이다.

(출처: 네이버)

5
VIP컨설팅으로
영업패턴을 전환한 FC 사례

한 번은 FC가 찾아온 적이 있었다.

그는 8년째 MDRT를 하고 있으며 많은 고객을 가지고 있다고 했다.

하지만 매월 신계약 체결에 부담이 생겨 이제는 VIP영업을 하고 싶다고 한 것이다.

즉, 매달 10여 건의 계약을 체결하기보다 분기에 한 번씩이라도 고액의 계약을 체결해 여유 있는 영업활동과 업그레이드된 영업을 추구하고 싶다는 것이었다.

많은 FC들이 매달 다건의 계약을 하면서 가슴 뿌듯하게 생각한다.

보유고객 또한 많다면 커다란 긍지를 가지기도 한다

그리고 이는 실로 대단하지 않을 수 없는 업적이다

그러나 그 이면에는 어려움이 있다는 것을 잘 알고 있다.

매월 반복되는 영업활동으로 힘들어 하고 많은 고객이 오히려 부담이 되는 경우도 발생하기 때문이다.

고객이 많다는 것은 자랑보다는 부실한 관리가 생길 수 있다는 뜻을 내포하기도 한다.

왜냐하면 그 많은 고객들 한 명, 한 명에게 일일이 최선을 다해 서비스를 다할 수 없기 때문이다.

고객 수가 3,000명이 넘는 FC를 본 적이 있다.

하루에 전화를 100통화씩 해야 한 달에 한 번 터치(쉬는 날도 없이)가 되는 것이다.

과연 정상적인 고객관리가 가능하겠는가?

그렇지 않다고 본다.

만약 그렇다 하더라도 수박 겉핥기 정도 수준의 고객관리일 수밖에 없을 것이라고 판단된다.

필자를 찾아온 FC는 그동안 MDRT를 하고는 있었지만, 생활도 더 크게 나아지는 것이 없이 다람쥐 쳇바퀴 돌 듯 반복되는 일상의 무료함과 무기력함을 느끼고 탈출구로 새로운 영업을 전개할 방법을 모색하러 온 것이었다.

사실 1억 원 내외의 연봉을 받더라도 직장인이 아니기에 영업활동비를 쓰고 나면 가처분 소득이 그다지 많지 않다는 것은 모두 다 알고 있는 사실이다.

영업활동비는 마치 마중물처럼 다음 달 영업을 위한 비용이기 때문에 줄일 수도 없기 때문이다.

이 FC와 컨설팅을 동행하기 위해 지방 출장을 함께 가게 되었다.

3시간여 이동 중에 차 안에서 많은 얘기를 나눴다.

자신은 단일 건으로 월 200만 원까지 고액을 한 경험이 있으며, 이번 동행컨설팅에서 그 기록을 깨고 싶다고 했다.

300만 원 정도를 목표로 하고 있다고 하기에 목표를 더 크게 잡아볼 수는 없겠느냐고 말하니 어느 정도까지가 가능한 지 되물었다.

컨설팅은 영업활동이 아니라 고객의 당면 Issues에 대한 Solution을 제공하는 것이기에 금액을 미리 알 수는 없겠지만, 고객의 Needs를 충분히 충족시켜 준다면 1,000만 원 이상의 계약도 체결 가능하다는 말을 해줬다.

그 말에 FC는 엄청나게 기뻐하면서 잘 성사되게 해 달라고 부탁을 했다.

고객을 만나 제반 정보를 듣고 즉석에서 설명할 내용들은 안내를 해 주었고 얻어진 정보를 바탕으로 전체적인 증여/상속 플랜을 작성해서 그다음 주에 PT를 하기로 하고 돌아왔다.

그 고객의 가장 큰 Needs는 Solution보다도 자산관리사에 대한 신뢰였다.

1년 전 이미 컨설팅을 받았고 계약까지 했지만, 그 이후 지속적인 서비스를 받지 못해 아쉬워하고 있었기 때문이다.

그 전 컨설팅을 한 FC들은 나름대로 고액의 계약을 했지만, 거리가 멀어서 고객관리가 힘들었고 이미 계약을 했기 때문에 추가의 서비스를 해 줄 것이 없어 관리가 부실해졌던 것이었다.

실제 그들은 보험영업을 토대로 컨설팅을 했고 소기의 목적을 달성하였다.
그러나 그 고객에 대한 전반적인 PLAN을 잡지 못했다.
증여/상속플랜, 은퇴플랜, 자산운용플랜 등….
물론 보험 이외에 대한 정보나 능력이 부재해서 발생한 일일 수도 있었다.
어쨌든 전반적인 자산관리서비스를 기대했던 고객의 Needs를 전혀 충족시키지 못했던 것이다.

고객과 1차 상담을 마치고 그다음 주에 제안서를 작성하고 고객을 만나 PT를 했다.

재무상태표, 손익계산서, 현금흐름표의 분석/평가, 가입금융상품 분석/평가, 증여/상속플랜, 은퇴플랜, 자산운용플랜 등 고객은 전반적인 자산관리 제안에 대해 만족했고, 일주일 정도 후에 결론을 내주기로 했다.

또 그다음 주, 고객은 증여/상속플랜을 위해 사전 증여보다는 종신보험을 통한 상속세 재원 마련에 동의했고 부부가 가입금액 30억 원, 보험료로 약 1,000만 원(20년납, 월납)을 가입했다.

또한 종합과세 면제와 노후준비를 위해 변액연금(10년납, 월납)과 VUL 적립상품 월납 등 총 2,000만 원을 가입했다.

전체적으로 약 3,000만 원의 월납을 거둔 FC는 굉장히 흥분했고 VIP 컨설팅의 묘미를 알게 되었다.

그리고 익월에 발생한 수수료를 보고 해당 FC의 부인은 놀랐다고 한다. 1년치 연봉보다도 더 많은 수수료를 받아왔기 때문이었다.

그 이후 지속적인 고객관리를 통해 해당 고객에게서 추가로 월납 3,000여만 원을 더 거두고 명실상부하게 COT를 단숨에 달성하였다.

그리고 본격적으로 VIP컨설팅에만 주력하여 현재는 TOT급으로 활동하고 있다.

이 FC는 영업패턴을 바꾸는 데 약 10여 개월이 소요되었다.

물론 더 빨리 바꿀 수 있었지만, 확신이 없는 상태였고 컨설팅에 대한 자신감이 결여된 상태였기 때문에 더 많은 시일이 필요했던 것이다.

그 이후 이 FC는 VIP관리에 어울리는 골프도 치게 되었다.

30대 중반이었기에 골프를 배우기에는 젊은 나이였지만, 고객들과의 보조를 맞추기 위해 배웠던 것이다.

그 결과 골프 실력도 상당히 발전하여 이제는 80대 초반 타수를 치는 고객들과도 어깨를 나란히 할 수 있게 되어 VIP컨설팅 영업에 커다란 무기를 하나 더 장착하게 되었다.

6
VIP시장의 이해

VIP(자산가)란 구체적으로 누구를 가리키는가?

우리가 말하는 자산가는 누구를 말하는가?
만약 고가의 주택을 소유한 사람은 자산가일까?
그렇지는 않다고 본다.
왜냐하면 주택이 자산의 대부분일 경우 실질적으로 운용할 수 있는 자산은 한정적이기에 자산가로 명명하기가 힘들기 때문이다.
그래서 즉각 투자가 가능한 금융자산이 100만 달러를 넘는 경우를 자산가로 불렀는데, 우리나라의 경우 2017년 기준으로 약 24만 2,000여 명이 해당된다.
그런데 이는 투자적 관점에서 볼 때의 자산가이다.
따라서 일정한 자산(주택 외에 부동산 등 소유)을 가지고 있으며 금융자산이 100만 달러 이상인 사람들이 진정한 자산가라고 말할 수 있다.

이러한 자산가들의 형태는 다음과 같이 나타난다.

법인사업자	토지보상수혜자
개인사업자	고액수령 상속인
임대사업자	기타 자산가
전문직종사자	

1) 법인사업자

법인의 수는 2015년 기준으로 673,374개가 있다.

이 중에서 주식회사 610,063개, 유한회사 28,419개, 합자회사 3,737개, 합명회사 898개, 비영리법인 28,417개, 외국법인 1,840개가 있다.

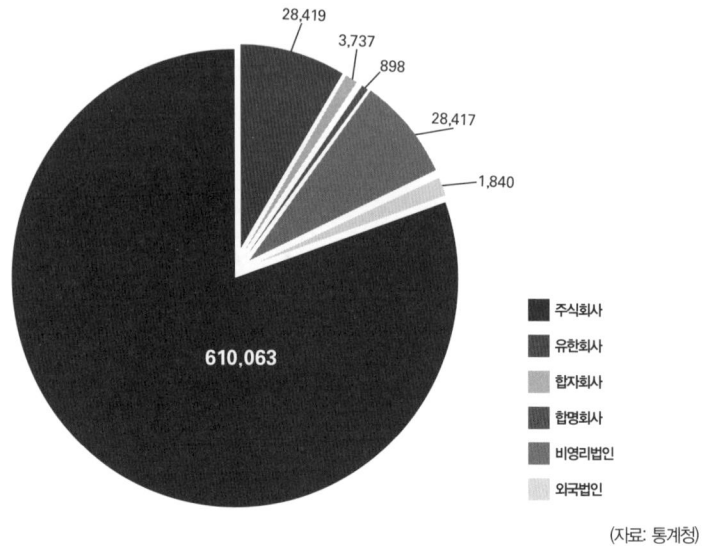

(자료: 통계청)

법인사업자의 대부분은 외국과도 마찬가지인 가족경영체제이다.

가족경영의 진가는 대리경영인에게서 볼 수 있는 대리인비용을 없애고 신속하고 시의적절한 판단을 내려 기회를 놓치지 않고 성공적인 경영을 완수할 수 있도록 해 주는 장점이 있다.

(1) 대리인비용(Agent cost)

회사를 운영할 때 우리는 흔히 대리인비용을 언급하게 된다.
이는 오너(소유주)와 전문경영인의 동상이몽(同床異夢)으로 생겨나는 불필요한 비용을 말한다.
오너가 직접 회사를 운영한다면 대리인비용은 발생하지 않을 것이다.
그것은 오너와 경영인이 한 사람이라서 추구하는 바가 같기 때문이다.
그러나 전문경영인이 있는 경우는 상황이 다르다.
바로 비용이 수반되기 때문이다.

전문경영인을 고용함으로써 생겨나는 비용은 다음과 같다.

감시비용 (Monitoring cost)	■ 오너가 전문경영인의 경영활동을 확인하는 데 드는 비용 예) 기업 내 내부 통제 시스템 설치, 감사제도 등
확증비용 (Bonding cost)	■ 전문경영인이 오너에게 경영이 잘되고 있음을 확인시켜 주는 데 발생하는 비용(외부회계사 감사요청 등)
잔여손실비용 (Residual cost)	■ 확증비용과 감시비용이 지출되었음에도 전문경영인으로 인해 발생한 오너의 재산 손실

기타: 모럴해저드비용(Moral hazard cost) 발생

* 대리인비용(Agent cost): 위임자(Principal)와 대리인(Agent) 관계에서 이해관계 충돌로 초래되는 비용. 젠센(M. Jensen)과 멕클링(W. Meckling)이 발표한 대리인 이론. (1976년)

첫째! 감시비용이 들어간다.

이는 오너가 전문경영인의 경영활동이 잘 되고 있는가를 확인하기 위해 생겨나는 비용을 말하며, 예로 감사제도와 사외감사제도 등에 수반되는 비용을 들 수 있다.
오너가 직접 경영한다면 감사와 관련된 비용은 불필요할 것이다.

둘째! 확증비용이 들어간다.

이는 감시비용과 반대로 전문경영인이 오너에게 자신의 경영이 잘되고 있다는 것을 확인시켜주기 위해 발생하는 비용이다.

전문경영인은 사적으로 직원을 시켜 보고서를 작성할 수도 있고, 외주업체를 동원해 자신의 경영결과를 포장(합리화 등)할 수도 있다.

기업가치 극대화를 위한 것이라기보다는 자신의 치적을 홍보하는 비용으로, 기업의 가치 증대와는 관계가 없는 비용이다.

셋째! 잔여손실비용이 들어간다.

이는 오너와 전문경영인의 추구하는 목표가 상이하기에 발생하는 비용이다.

오너는 기업가치 증대 및 주주의 이익 극대화가 궁극적인 목표이지만, 전문경영인은 재임이나 다른 기업으로 갈 때 자신의 브랜드 가치 극대화가 궁극적인 목표이기에 발생하는 비용이다.

예를 들어 전문경영인이 신규사업을 선택할 때 사업성보다 재임에 무게를 두고 중요한 신규사업 개시를 늦추거나 포기할 수도 있는데, 이로 인해 기회비용이 발생할 수 있다.

재임을 위해서라면 당장 해야 하는 사업을 미룰 수도 있는 것이다.

왜냐하면 그 사업을 추진하면 최종적으로 수익이 나겠지만, 초기에는 비용이 발생해 재임 여부를 평가하는 데 걸림돌이 되기 때문이다.

기타 모럴해저드moral hazard로 발생하는 비용도 만만치 않다.

이는 점심을 먹어도 비싼 것으로, 항공기를 타도 일등석으로, 호텔은 최고급으로 등 내 것이 아니라는 생각에서 발생하는 비용을 말한다.

위에 언급한 것은 전문경영인을 쓰게 됨으로써 발생하는 대리인비용에 의한 폐해의 예로, 그로 인한 비용이 발생해 기업가치 하락을 가져오는 주요 원인임을 언급했다.

(물론 대리인비용이라는 부정적 측면만을 부각한 부분이 있겠으나, 일반적으로 발생할 수 있는 비용일 수 있기에 언급한다.)

법인은 창업한 지 오랜 기간이 지났다면 회사는 매출 및 순익이 증가했을 것이고 이로 인해 유보금이라고 하는 이익잉여금 등이 많이 존재할 것으로 판단된다.

그러나 이러한 건전한 재무제표는 가업승계를 하게 되는 경우 오히려 독이 되는 일이 비일비재하다.

바로 그동안의 매출과 이익의 증가가 기업가치평가 시 순익을 가중시키고, 사내 유보된 잉여금이 순자산을 가중시켜 주당 가치를 엄청나게 높여 상속세부담을 증가시키기 때문이다.

상속세 부담은 대를 이은 가족경영을 어렵게 하거나 실패하게 만든다.

이로 인해 창업자는 가업승계에 대한 고민이 많은 계층이다.

실제로 쓰리세븐 손톱깎이 회사의 사례는 가업승계의 중요성을 시사하고 있다.

한 해 1억여 개의 손톱깎이를 만들어 수출하고 전 세계 약 26억 명이 이 제품을 사용하여 한때 판매점유율이 43%까지 치솟았던 이 우량한 기업체가 한순간에 그저 그런 회사로 전락되었다.

그 이유는 가업승계를 성공적으로 완수하지 못한 채 상속세 납부라는 거대한 암초에 좌초되었기 때문이었다.

창업주가 사망 전 임직원 등에게 증여한 주식의 경우, 증여자가 5년 이내 사망할 시 기증여재산은 상속재산에 합산하여 상속세를 누진적용하게 된다.
그러나 임직원 등에게 증여한 재산일 경우 사인증여나 유증이 아니라면 수증자의 상속세 납부의무가 없기 때문에 고스란히 배우자와 직계가족인 상속인이 상속세를 부담해야 한다.
이러한 이유로 상속인들은 상속세 마련을 위해 지분을 매각하게 되자 결국 가업을 자녀들에게 승계하지 못한 채 다른 사람들에게 회사를 넘겨야 하는 비운의 결과를 가져온 것이었다.

아무리 생전에 기업을 잘 운영했다 하더라도 사후에 가업승계가 제대로 이뤄지지 않는다면 기업의 지속적인 발전은 물론 고용도 불안해지게 된다. 이는 기업주로서는 가장 큰 실수가 된다.
무엇보다도 기업을 계속기업으로서 생존할 수도 있도록 만들고 더 나아가 발전할 수 있는 토대를 만들어 주는 것이 임무이기 때문이다.

따라서 중소기업의 가장 큰 목표는 첫째도 가업승계요, 둘째도 가업승계, 그리고 셋째도 가업승계라는 것을 명심할 필요가 있다.
그러므로 법인사업자의 가장 큰 관심사인 가업승계, 그리고 법인세 절세 등에 대한 컨설팅 능력을 갖추는 것이 무엇보다도 중요하다.

2) 개인사업자

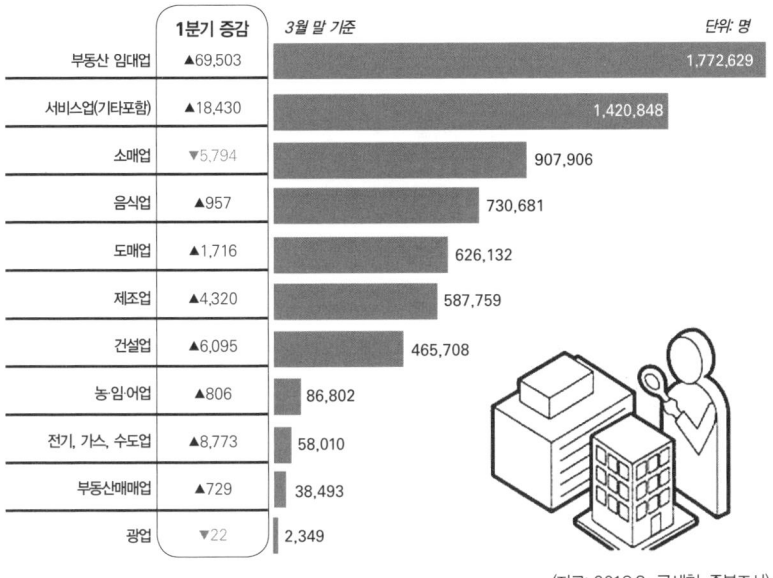

(자료: 2018.3. 국세청, 중복조사)

 개인사업자는 근로소득자에 대비해 이르는 말로 소위 자영업자라고 한다.

 통계청의 '2018년 4월 고용동향'에 따르면, 자영업자는 5,696,000명으로 우리나라 경제활동인구 2,800만 명 중 20.3%에 해당한다고 한다.
 즉, 경제활동인구 5명 중 1명은 자영업자라는 뜻이다.
 이는 취업장벽이 높고 해고가 어려운 고용경직성 때문에 발생하는 문제로 한국은 자영업자 천국이 되었다.

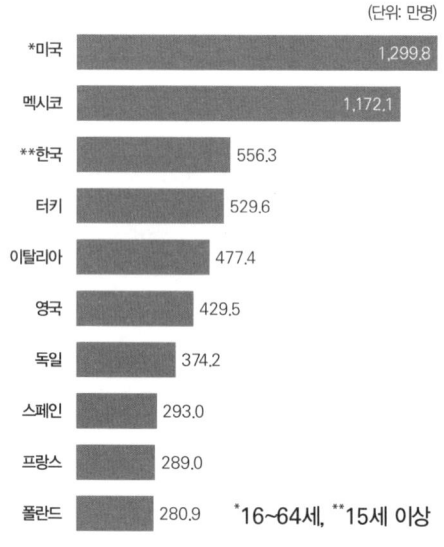

자영업자 숫자로만 보면 위의 그림처럼 한국이 세계 3위를 나타내고 있지만, 비중은 20%가 넘어 사실상 1등 국가이며 OECD 국가평균인 10%보다 두 배가량 높게 나타나고 있다.

(미국의 자영업자 비중은 전체 3억3천만 명 인구 대비 3.9%에 불과하나 한국은 5,200만 명 대비 10.7%에 달한다.)

이들은 다양한 직종에 종사하고 있으며, 작게는 소기업에서 강소기업, 또는 중소기업의 형태를 띠며 매출과 순익이 대기업 못지않게 큰 곳도 있다. 따라서 소득증가에 따른 소득세 부담이 가중되는 경우가 많다.

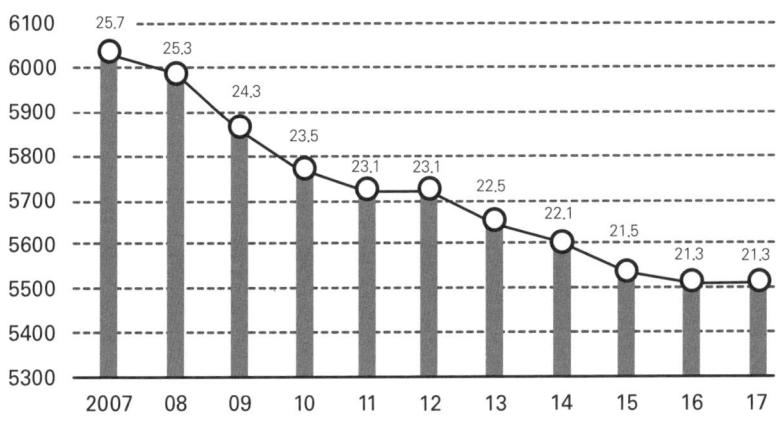

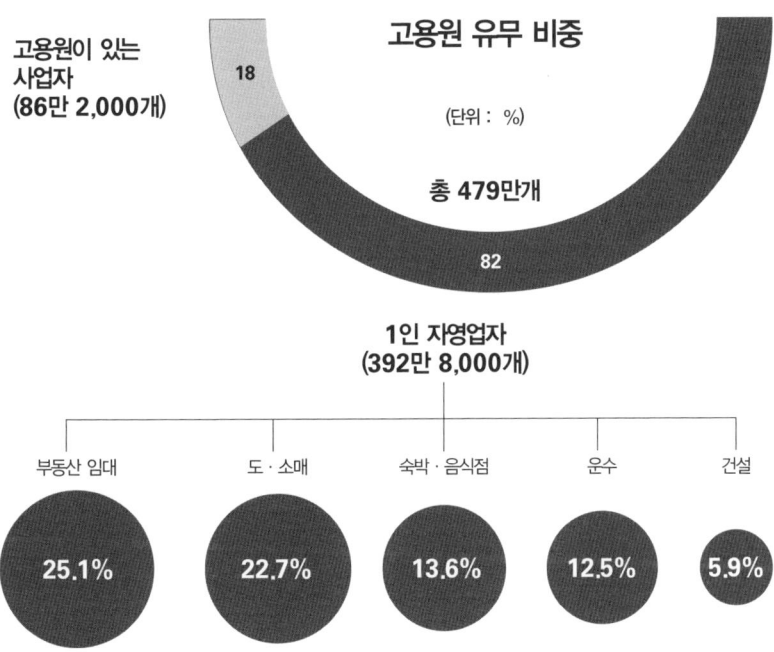

제1장 VIP 컨설팅 개요 | 53

〈소득세율 VS 법인세율〉

소득세율		법인세율	
과세표준	세 율	과세표준	세 율
1,200만 원 이하	6%	2억 원 이하	**10%**
1,200만 원 초과 ~ 4,600만 원 이하	15%	**2억 원 초과 ~ 200억 원 이하**	**20%**
4,600만 원 초과 ~ 8,800만 원 이하	24%	**200억 원 초과 ~ 3,000억 원 이하**	**22%**
8,800만 원 초과 ~ 1.5억 원 이하	35%	**3,000억 원 초과**	**25%**
1.5억 원 초과 ~ 3억 원 이하	38%		
3억 원 초과 ~ 5억 원 이하	40%		
5억 원 초과	**42%**		

　소득세율은 5억 원을 초과할 경우 42%와 주민세 10%를 합쳐서 46.2%를 부담하게 된다.

　그렇게 되면 버는 돈의 절반 가까이는 세금으로 나가게 된다.

　따라서 개인기업에서 법인기업으로의 전환 등 다양한 절세 전략이 필요한 계층이라고 볼 수 있다.

3) 임대사업자

2015년 기준 개인 부동산임대업자는 1,415,000명으로 자영업자 중 1위를 차지하고 있다.

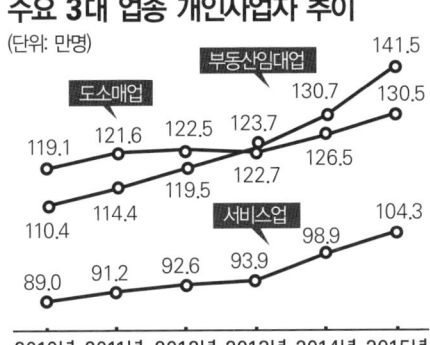

조물주 위에 건물주가 있다는 농담이 있을 정도로 부의 상징인 계층 같지만, 상속에 대한 부담은 그 누구보다도 크다.

사전 증여 등 상속 전략을 세우지 못하는 경우 보유하고 있는 재산인 부동산으로 상속세를 납부해야 하는 일이 발생할 것이기 때문이다.

그리고 살아서는 임대사업소득세로 매년 46.2%를 부담하고 재산을 보유하였기에 재산세와 종합부동산세를 내야 한다.

특히 요즘처럼 공시지가와 공동주택가격이 급등하고 있는 추세라면 상속세는 설상가상(雪上加霜)이 된다.

과거에는 임대법인을 설립해 상속세를 줄이는 전략이 통했지만, 지금은 이런 방법도 절세하기가 여간 힘들지 않아서 보다 다양하고 근본적인 대안이 필요하다.

참고로 우리나라 건축물은 2017년 기준 총 712만 동이다.

⟨2017년 건축물 현황: 통계청⟩

시도명	합계	1백m² 미만	1백m²~ 2백m²미만	2백m²~ 3백m²미만	3백m²~ 5백m²미만	5백m²~ 1천m²미만	1천m²~ 3천m²미만	3천m²~ 1만m²미만	1만m² 이상
합계	7,126,625	3,256,290	1,588,855	529,985	756,192	528,863	261,841	148,306	56,194
비율	100	46	22	7	11	7	4	2	1
서울	611,368	199,824	133,792	97,819	101,796	91,528	35,892	20,721	9,996
부산	369,947	161,062	97,654	22,886	33,421	26,810	15,142	8,526	4,446
대구	254,247	76,689	74,066	23,470	38,548	21,570	10,576	6,386	2,942
인천	219,752	69,748	43,078	20,730	34,180	27,807	12,425	8,429	3,555
광주	141,693	50,914	42,547	8,735	16,934	9,840	6,042	4,756	1,925
대전	133,784	41,210	34,767	10,292	22,077	13,169	5,818	4,260	2,191
울산	135,576	48,321	33,192	11,250	19,763	11,513	6,246	3,678	1,613
세종	33,654	16,124	7,859	2,002	2,999	1,893	1,009	1,322	446
경기	1,148,790	309,170	304,798	114,139	177,708	132,535	55,857	39,281	15,302
강원	403,114	231,924	84,116	23,499	30,288	16,976	10,164	4,956	1,191
충북	383,295	195,139	90,295	24,309	34,396	20,423	11,534	5,772	1,427
충남	523,896	288,919	110,878	27,953	40,487	29,745	16,222	7,529	2,163
전북	445,173	252,317	89,490	24,165	34,564	23,006	14,197	5,635	1,799
전남	636,734	416,935	114,853	26,701	36,275	20,456	14,661	5,407	1,446
경북	805,114	481,861	151,627	39,916	60,517	39,980	20,633	8,071	2,509
경남	710,098	399,343	140,977	42,439	59,522	32,365	20,612	11,619	3,221
제주	170,291	96,790	34,866	9,680	12,717	9,247	4,811	1,958	222

그리고 주택임대사업자도 20만 명을 넘고 있다.

〈임대주택 사업자 현황(2016년)〉

사업자1(1)	사업자2(1)	2016 사업자수	2016 임대호수
합계	합계	202,711	2,273,362
공공주택사업자	건설임대	34	1,004,870
공공주택사업자	매입임대	1	187,067
공공주택사업자	전세임대	2	165,764
기업형임대주택	건설임대	48	34,950
기업형임대주택	매입임대	24	7,457
준공공임대주택	건설임대	282	7,006
준공공임대주택	매입임대	2,608	9,859
단기임대주택	건설임대	1,451	25,517
단기임대주택	매입임대	42,637	96,781
종전 『임대주택법』에 따라 등록한 건설임대사업자	주택건설사업자	1,886	40,178
종전 『임대주택법』에 따라 등록한 건설임대사업자	건축법 허가자	11,185	193,736
종전 『임대주택법』에 따라 등록한 매입임대사업자	종전 『임대주택법』에 따라 등록한 매입임대사업자	142,553	500,177

(자료: 통계청)

4) 전문직종사자

전문직 종사자는 변호사, 변리사, 관세사, 회계사, 세무사, 의사, 약사, 교수, 연구원, 강사 등 자격을 취득한 전문 업종에 종사하는 사람들과 스포츠인, 연예인 등을 일컫는다.

이들 대부분은 가업승계에 대한 Needs보다는 상속과 증여, 종합소득세, 그리고 자산운용에 관심을 많이 가지고 있는 계층이다.

〈직업별 종사자 현황〉

(단위: 천 명)

직업별	2017.12	2018.01	2018.02	2018.03	2018.04	2018.05
계	26,604	26,213	26,083	26,555	26,868	27,064
관리자	327	337	333	354	350	364
전문가 및 관련 종사자	5,435	5,411	5,390	5,464	5,468	5,513
사무 종사자	4,697	4,727	4,733	4,712	4,734	4,780
서비스 종사자	2,975	2,920	2,930	2,919	2,979	2,999
판매 종사자	3,071	3,084	3,071	3,033	3,009	2,987
농림어업 숙련 종사자	1,021	933	942	1,118	1,309	1,383
기능원 및 관련 기능종사자	2,369	2,322	2,301	2,304	2,331	2,336
장치, 기계조작 및 조립종사자	3,180	3,182	3,171	3,165	3,162	3,126
단순노무 종사자	3,528	3,296	3,213	3,487	3,524	3,578

(자료: 통계청)

5) 토지보상수혜자

〈토지보상금 현황〉

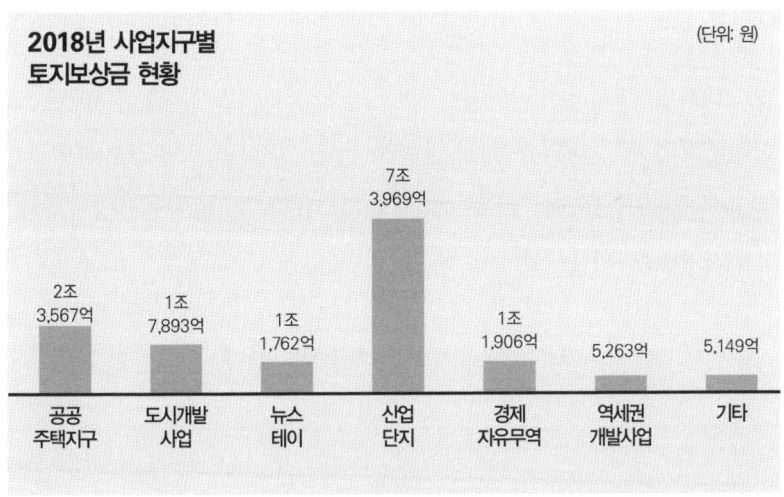

〈지역별 토지보상금 현황〉

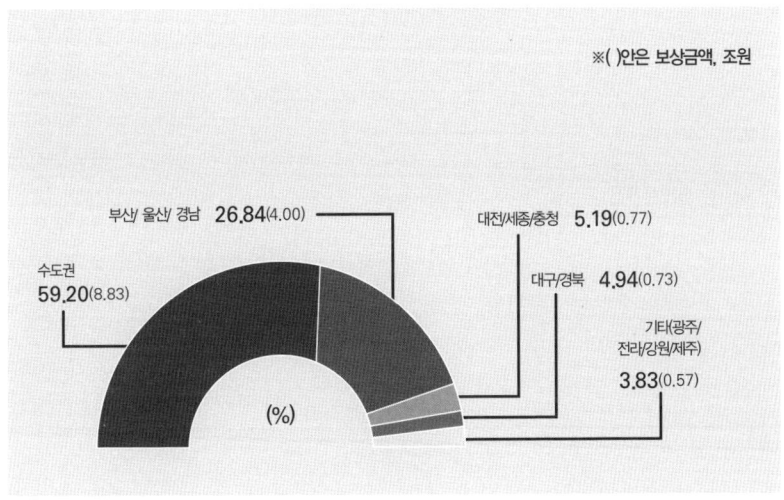

2018년 공공주택 건축, 신도시 및 산업단지 개발 등으로 토지를 수용당하는 경우 받게 되는 보상금의 규모는 약 15조 원에 이른다.

토지보상금 지급현황을 과거 연도별로 살펴보면 2003년 10조 352억 원, 2004년 16조 1,850억 원, 2005년 15조 1,425억 원, 2006년 26조 8,477억 원, 2007년 22조 3,689억 원, 2008년 17조 7,454억 원, 2009년 29조 7,053억 원 등 매년 작게는 10조 원 이내에서 많게는 30조 원에 달하게 지급하고 있다.

〈과거 정부 토지보상금 지급현황: 국토부〉

(단위: 억원)

구분		보상금
정부별	연도별	
문민정부	소계	437,347
	'93	75,758
	'94	78,273
	'95	89,984
	'96	90,825
	'97	102,507
국민정부	소계	374,132
	'98	75,849
	'99	67,988
	'00	78,436
	'01	70,108
	'02	81,751

중서민들이 갑작스럽게 거액의 보상금을 받았을 때 발생하는 문제들은 다양하다.

양도소득세 문제, 자녀들에 대한 증여문제, 자산운용문제, 상속문제 등….

심지어 새로운 사업구상에 대한 문제와 가족 내의 분란발생문제까지, 재무적인 부분 이외에도 비재무적인 부분에 대한 이해가 필요한 계층이다.

6) 고액수령 상속인

한국의 자산가들은 대부분 70세, 80세를 넘어서고 있다.
그만큼 조기에 상속이 발생할 가능성이 높다는 뜻이다.
따라서 고령의 부모님을 모시고 있는 상속인들에 대한 상속문제를 효과적으로 대처할 솔루션이 필요하다.
짧은 시간 안에 이뤄질 수도 있는 상속설계는 고도의 집중력과 전문성을 바탕으로 계획할 필요가 있다.
또한 부동산 위주의 상속재산인 경우 상속세 재원 마련을 위한 대책을 반드시 세워야 플랜을 완성할 수 있다.

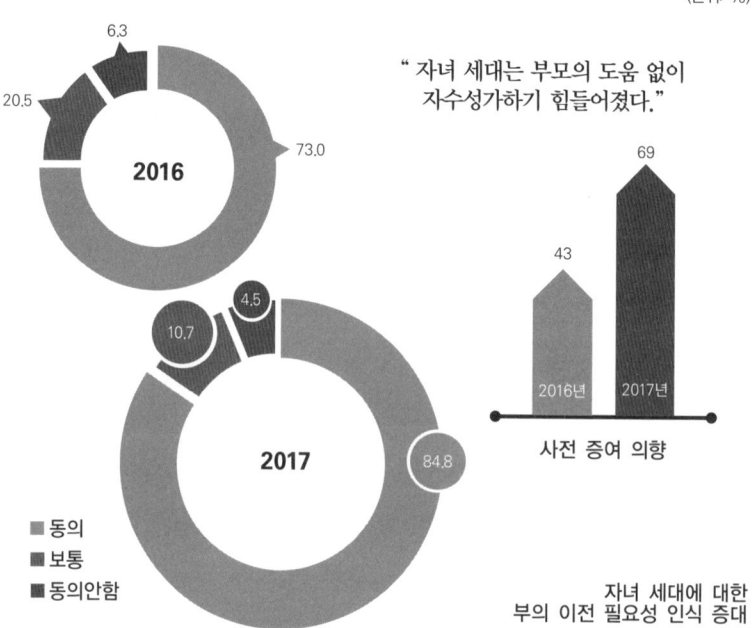

(자료: 2017 한국부자보고서: KB금융지주경영연구소)

7
VIP컨설팅의 필요성

VIP컨설팅 특성화 전략은 영업의 선순환을 불러온다

영업의 핵심은 아무래도 인적 자원인 것임에는 틀림없는 사실이다.

그만큼 영업은 사람이 하는 일이고 영업의 근간은 지식과 경험, 그리고 스킬, 마지막으로 고객과의 신뢰구축이기에 모든 성패는 사람에게 달려 있는 것이다.

그래서 과거로부터 영업관리자는 우수한 인재를 영입하려고 애를 써왔던 것이 사실이다.

각종 혜택은 물론 스카우트비용까지 지불하면서 우량한 영업조직을 만들려고 하였으나, 여러 가지 이유로 시행착오가 반복되는 등 이렇다 할 성과를 나타내기란 여간 힘든 일이 아니다.

왜 이러한 시행착오가 반복되고 지속적으로 인재영입에 실패하는가?

과거에는 우수한 영업조직 도입을 위해 수수료규정을 변경한 경우가 있었다.

바로 수수료분할지급에서 선지급시스템으로 변경한 것인데, 이것이 소위 대박을 쳤다.

IMF 이후 실직한 많은 사람들에게 조기에 수수료를 선지급하다 보니, 폭발적인 반응을 보였던 것이다.

매월 분할하여 지급받던 것에 비해 계약 익월에 수 개월 치의 수수료를 함께 받게 되니, 커다란 반향을 불러왔던 것이다.

그러나 이제는 이러한 선지급시스템이 우수한 인력을 유치하는 데 효과적이지 못하게 되었다.

모두가 선지급시스템을 하다 보니 변별력이 없어진 것이다.

그렇다면 영업을 잘하는 FC는 어떤 환경의 회사를 선택할까?

지금까지는

- 스카우트 비용을 많이 지불하는 회사
- 수수료 지급률과 시책비를 높여 주는 회사
- 직급과 다양한 혜택(독립 사무실, 비서 등 지원)을 주는 회사
- 영업을 잘 할 수 있는 환경(골프 마케팅, 세미나, DB지원 등)을 조성해 주는 회사
- 신분 상승의 비전을 제시해 주는 회사

등 이었다. 그러나 상기의 조건이나 환경 등은 일회성 지원, 지속적이지 못한 지원 또는 의존성 지원에 불과하기에 앞으로의 성공을 담보해 줄 수 없다.

결국 FC는 자기의 능력을 최대화시키면서 자신을 성공으로 이끌 수 있는 회사를 찾게 된다.

얼마 안되는 돈과 지원 등이 자신을 최고의 수준으로 끌어올릴 수 없다는 것을 잘 알게 되기 때문이다.

우수한 영업인력은 모든 영업을 선순환시켜 주며 전문적인 회사로 자리 매김해 줄 수 있다.

VIP컨설팅을 통한 다양한 정보와 솔루션을 제공하여 고액의 계약을 유치하게 되면 이는 엄청난 속도의 파급효과를 초래한다.

VIP영업의 성공사례는 핵분열보다도 빨리 전파된다

즉, 조직 내의 다른 영업인력과의 선의의 경쟁을 불러와 전체적으로 높은 수준의 영업토대를 구축할 수 있게 한다.

이러한 우수 인력의 성공은 회사 밖 영업인력의 선망의 대상이 되며 우수조직의 자발적 도입 등 자연스러운 조직순환을 가져온다.

우량FC 자발적 도입 가능: CIS 등

외부의 우수인력이 들어오고 내부의 따라가지 못하는 조직의 자연스러운 이탈로 회사조직은 점점 더 튼튼하고 굳건해져 VIP컨설팅의 성지로 랜드마크할 수 있게 해준다.

VIP컨설팅은 누구나 도전하고자 하는 자발적 의욕을 고취시킨다.
일하지 않으려는 소에게 일을 시키기란 여간 힘든 일이 아니다.
매번 관리하며 감시하고 때마다 물을 주고, 먹이를 주고 쉬게 하고….
그러나 VIP컨설팅은 자발적 도전과 그로 인해 강한 성취욕을 불러일으키고 이는 다시 자발적 도전으로 승화되기에 영업의 멋진 선순환을 기대할 수 있다.

VIP컨설팅으로 랜드마크를 이루는 순간 영업의 메카로 강력한 블랙홀을 만들어 다른 경쟁자의 영업을 송두리째 빼앗아올 수 있게 된다.

그러나 VIP컨설팅의 길은 힘들고 어렵다.
100명의 지원자 중 처음엔 겨우 1~3%도 시작하기 어렵기 때문이다.
그만큼 처음에는 미지의 세계에 대한 두려움이 생기고 영업에 대한 확신이 없어서이다.
따라서 불을 피우듯 간절한 지원이 필요하다.
그리고 모닥불을 만들어 가는 것이 중요하다.

하지만, VIP컨설팅은 모두가 전문가가 되라는 플랜이 아니다.
아니 절대로 그럴 수도 없다.
왜냐하면 갑자기 리테일 영업만 하고 보험 관련 정보만 접해 오던 FC가 자산관리 전반에 걸친 컨설팅을 하기란 어려운 일이기 때문이다.

따라서 처음에는 브로커로서의 역할을 수행해야 한다.
한국에서는 브로커제도가 정착되지 못해 한낱 중개 정도나 하는 시답지 않은 일로 치부할 수 있겠지만 미국에서는 RR이라고 하여 이미 CFP 못지않게 전문가로 각광받고 있는 직업이다.

⟨대형증권사의 CEP와 RR의 수⟩

회사명	CEP 수	RR 수	비율
Ameriprise Financial Services	4,149	7,658	54.18%
Bank of America/Merrill Lynch	3,424	15,142	22.61%
Wells Fargo & Co.	2,929	15,102	19.39%
Morgan Stanley Smith Barney	2,701	18,087	14.93%
LPL Investment Holdings	2,478	11,214	22.10%
UBS Financial Services Inc.	1,293	6,760	19.13%
Raymond James Financial Inc.	1,230	3,278	37.52%
Fidelity Investments	877	NA	NA
Edward Jones	688	11,993	5.74%
Lincoln National	677	7,682	8.81%
합계	20,446	84,923	24.08%

(주) CFP(Certified Financial Planner)이란 비영리법인 CFP BOARD가 실시하는 민간 자격이며, 교육기준의 책정, 자격심사시험의 실시와 자격인정, 인정자 등록과 윤리규정·업무기준의 책정등을 목적으로 1985년에 미국에 설립

(자료: CL King Professional Investor Services)
* RR: Registered Representative: 증권외무원

미국에서의 브로커는 우리와는 다른 위치와 역할을 수행하고 있다.

브로커는 과거의 소위 찍새(영업거리를 찾아오는 사람)와 딱새(서비스 등을 마무리 해 주는 사람)의 위치에서 찍새가 아니다.

물론 요즘은 찍새가 딱새보다 전문가지만, 브로커는 어레인지(arrange) 역할을 하는 지휘자와도 같다.

만약 관현악단에 지휘자가 없다고 가정해 보자.

과연 제대로 된 연주가 가능할까?

불가능하다고 본다.

따라서 영업은 전문가 외에도 지휘자 같이 어레인지 해주며 조율해 주는 또 다른 전문가가 필요하다.

이제 하루라도 빨리 남들 모두 하는 리테일 영업이라는 레드오션에서 벗어나 VIP컨설팅으로의 전환을 통한 블루오션을 찾아가는 것이 중요하지 않을까?

8
상속세/증여세 절세의 필요성

$$\frac{72}{수익률}$$

72법칙이란 말이 있다.

이는 일정한 투자수익률로 자산을 굴렸을 때, 자산의 가치가 두 배로 되는 기간을 측정하는 방법이다.

가령 자산을 매년 4%로 굴렸을 때, 자산이 두 배가 되는 기간은 18년이 된다.

$$\frac{72}{4}$$

즉 18년이 경과되면 자산이 두 배로 불어나게 되는 것이다.

만약 투자수익률을 8%로 한다면 자산은 9년 만에 두 배로 증가하게 된다.

이러한 법칙은 자산운용수익률의 중요성을 나타내는 지표이지만, 요즘 같아서는 투자하지 않고 가만히 앉아 있어도 자산의 가치가 두 배로 뛰게 될 것 같아 걱정이다.

바로 공시지가의 급등 때문에 그렇다.

표준지 공시지가의 상승은 2000년대 초중반의 최저 10%대에서 최고 20%대 상승을 보이다가 2009년 이후 2~3%대로 낮아졌는데, 이것이 2018년부터 다시 상승하게 된 것이다.

과거 2%로 공시지가가 상승할 경우 자산이 두 배로 되는 기간은 무려 36년이나 걸린다.

그만큼 부동산을 많이 가지고 있는 사람들은 상속세 부담이 크지 않았는데, 이것이 지금 무려 7% 정도로 상승했다.

이로 인해 자산이 두 배로 되는 기간은 약 10년이 걸리게 되어 10년 후에는 상속세 또한 두 배로 물어야 하는 처지에 놓이게 된 것이다.

따라서 투자하지 않았는데도 보유 부동산의 가치 상승으로 상속세를 두 배로 내야 하니 억울하기 짝이 없을 수도 있다.

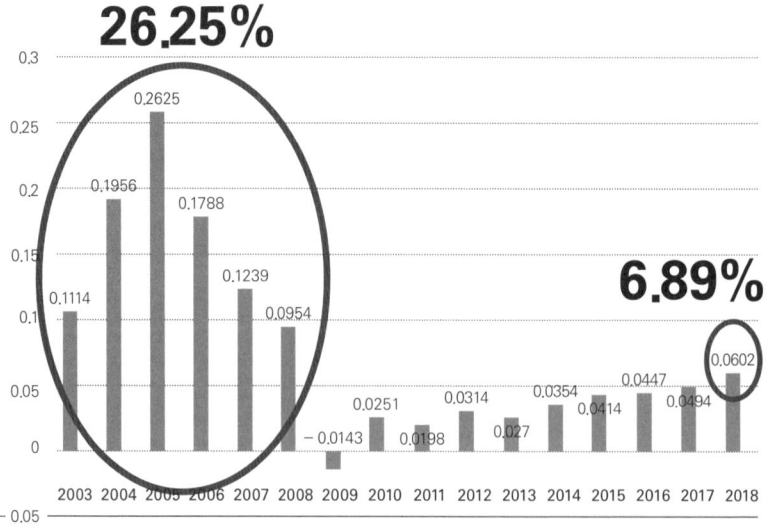

그런데 여기에 한술 더 떠 2018년 5월에 공동주택가격의 상승 폭은 심상치 않다.

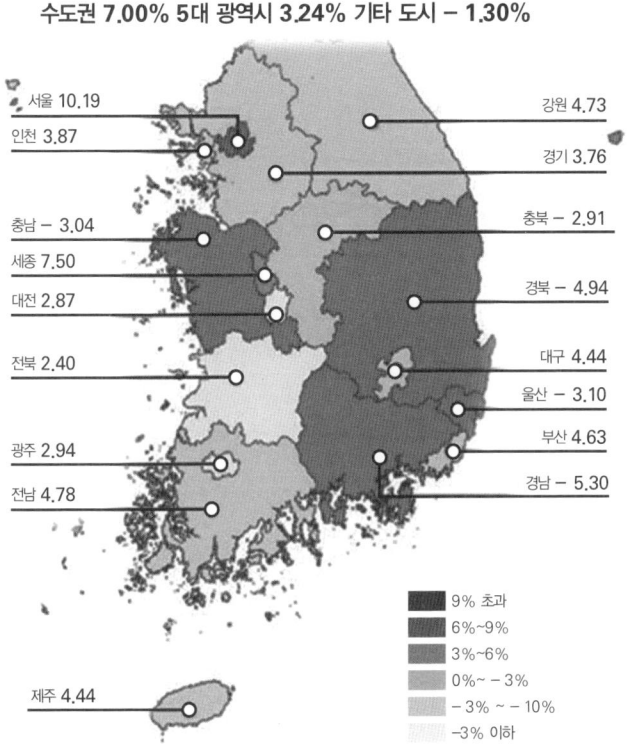

서울은 평균 10.19%가 상승했으며, 서울 송파구는 16.14%로 최고 상승률을 보였고, 강남구 13.73%, 서초구 12.70%, 경기 성남 분당구 12.52%, 성동구 12.19% 등 급상승을 보였다.

만약 이런 상태가 지속된다면 송파구에 아파트를 가지고 있는 사람은 불과 4.5년 만에 자산이 두 배로 증가하게 되고 이로 인해 상속세를 두 배로 내야 한다.

그런데 여기서 끝나는 것이 아니라 다시 4.5년 그러니까 총 9년이 경과하게 되면 자산은 4배로 늘어나게 되고 상속세 또한 4배를 내야 한다는 점이다.

과연 이러한 상속세를 감당할 수 있는 사람들이 있을까?

여기에다 보유세인 종합부동산세의 인상 또한 예견되어 있어 그야말로 소나기 같이 세금폭탄을 피할 수 없게 만든다.

공시지가로 이미 올라있는 부동산 자산에 세율까지 상승하게 되니 엎친데 덮친 격이 된 것이다.

이미 소득세는 최고 46.2%(주민세 포함)로 올라 있는 상태라 이제는 벌어서 46.2%의 세금을 내야 하고, 자산을 보유하고 있다면 특별한 소득이 없다 하더라도 재산세 및 종합부동산세를 내야 하고 죽어서는 50%의 상속세를 내야 하는 것이다.

말 그대로 요람에서 무덤까지 세금을 피할 수 없게 되었다.

그런데 앞으로 세금은 늘게 되면 늘었지 줄게 되는 경우는 없을 것 같으니 더 큰 걱정이 아닐 수 없다.

OECD 국가들의 소득세는 대부분 50%대로, 네덜란드는 무려 60%의 소득세를 내고 있다.

이웃 나라인 일본은 2013년도에 이미 상속세의 최고세율을 55%로 올린 바 있다.

올해 우리 또한 상속세 인상을 조심스럽게 예견할 수 있어 어쩌면 50%를 초과하여 60%가 될 지도 모른다.

그리고 우리의 부가가치세는 10%인 데 반해 유럽의 부가가치세는 평균 22%이다.

이 또한 우리의 부가가치세를 올릴 수 있는 근거가 될 수 있다.

유럽 국가들과의 경제규모와 복지정책 등이 다르기 때문에 무턱대고 따라가는 것은 합리적이지 못할 것 같지만, 보편적 복지를 펼치는 사람들에게는 막대한 재원조달이 필요하게 되므로 세금인상의 바로미터로 삼을 수도 있다는 것이다.

여기에다 각종 비과세 혜택을 줄이거나 없앤다면 그야말로 세금천하에 살게 되는 것이다.

세금은 현재 또는 미래에 지불해야 하는 확정적 비용이기 때문에 이를 피할 방법은 없다.

벤자민 프랭클린도 인간이 피할 수 없는 두 가지로 죽음과 세금을 꼽았는데, 이제는 죽어야만 세금에서 벗어난다는 말로 요약할 수 있을 것 같다. (물론 죽을 때 상속세는 반드시 내야 한다.)

그렇다면 미래의 확정된 비용을 어떻게 하면 줄여나갈 수 있을 것인가?

프랑스의 유명한 국민배우나 세계적인 셰프처럼 보유세가 싫어서 국적을 포기하고 다른 나라로 귀화하지 않는 한 세금을 감당해야만 한다.

그러므로 다양한 절세 전략이 강구되어야 하는 필요성이 여기 있다 하겠다.

세금을 피하는 방법에는 탈세와 조세회피, 그리고 절세가 있다.

그런데 탈세는 정상적으로 열심히 살아오다가 조세범으로 죽을 수는 없기에 당연히 피해야 하고, 조세회피도 이제는 할 수 있는 부분이 대부분 사라졌기에 불가능하다.

따라서 마지막 남은 절세 전략을 확실히 세워나가는 것이 중요하다.

절세는 미래의 확정된 비용을 줄여 줄 수 있는 유일한 길이 되기 때문이다.

이제 VIP컨설팅 사례를 통해 VIP 마케팅을 이해해 보도록 해 보자.

제 2 장

VIP 컨설팅 사례

1. 상속세는 어느 정도 나올까?

1) 상속세 산출사례

과세표준	세율 (%)	누진공제액
1억 원 이하	10	
1억 원 초과 ~ 5억 원 이하	20	1,000 만원
5억 원 초과 ~ 10억 원 이하	30	6,000 만원
10억 원 초과 ~ 30억 원 이하	40	1억 6,000 만원
30억 원 초과	(50)	4억 6,000 만원

상속세는 전 세계에서 일본 다음으로 그 세율이 높다.

우리나라는 과세표준이 30억 원을 초과하는 경우 50%를 적용하나, 일본은 5억 엔 초과인 경우 55%를 부과하기 때문이다.

(상속세는 피상속인의 전체 상속재산에서 불산입 또는 비과세재산을 공제하고 인적공제 등 제반공제를 하고 난 과세표준에 대해 일정한 세율을 매기는 방법이다.)

우리나라 상속세율은 5단계 누진세율을 적용한다.

따라서 상속재산이 많을수록 누진과세를 당하게 되어 높은 상속세를 부담해야 한다.

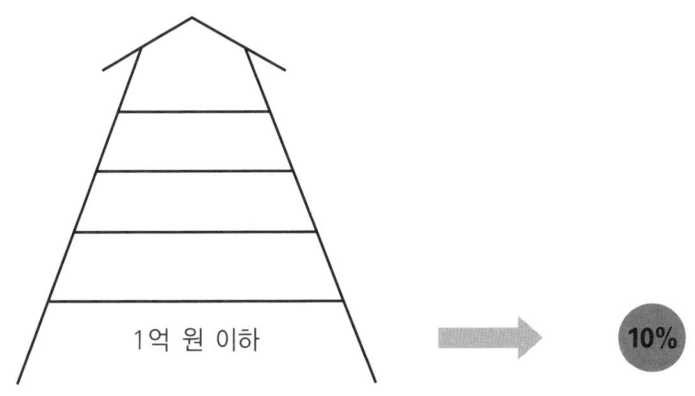

〈과세표준 1억 원 이하인 경우〉

과세표준이 1억 원 이하인 경우 10%를 적용한다.

1억 원(과세표준) × 10% = 1,000만 원

예를 들어 제반공제를 하고 난 이후 과세표준이 7,000만 원이 되었다면 10%인 700만 원이 상속세가 되는 것이다.

그리고 상속이 개시된 익월부터 6개월 이내에 신고납부를 한다면 3%의 신고세액공제를 받아 최종적으로 679만 원(700만 원 × 0.97)이 된다.

신고세액공제는 2018년에 5%에서 2019년 이후 3%(이하 동일)로 낮춰지게 된다.

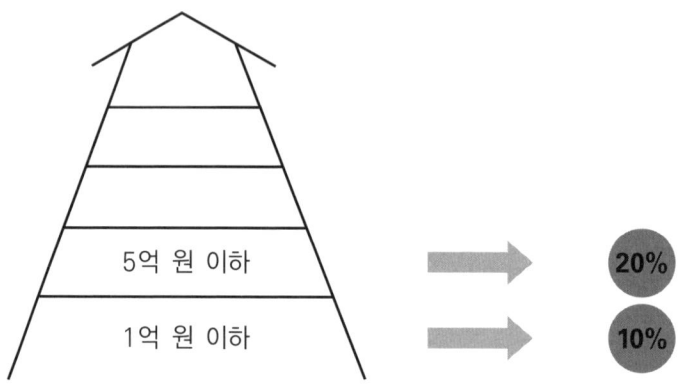

⟨과세표준 5억 원 이하인 경우⟩

과세표준이 5억 원 이하인 경우 20%를 적용한다.

1억 원(과세표준) × 10% = 1,000만 원
4억 원(과세표준) × 20% = 8,000만 원
==========================
합계   9,000만 원

예를 들어 제반공제를 하고 난 이후 과세표준이 3억 원이 되었다면 1억 원에 대해서는 10%(1,000만 원), 2억 원에 대해서는 20%(4,000만 원)를 적용해 총 5,000만 원이 상속세가 되는 것이다.

물론 3%의 신고세액공제를 받아 최종적으로 4,850만 원(5,000만 원 × 0.97)이 된다.

⟨과세표준 10억 원 이하인 경우⟩

과세표준이 10억 원 이하인 경우 30%를 적용한다.

1억 원(과세표준) × 10% = 1,000만 원
4억 원(과세표준) × 20% = 8,000만 원
5억 원(과세표준) × 30% = 1억 5,000만 원
==========================
합계   2억 4,000만 원

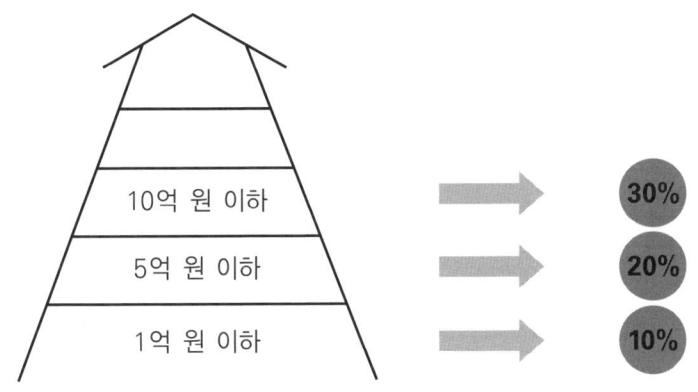

 예를 들어 제반공제를 하고 난 이후 과세표준이 8억 원이 되었다면 1억 원에 대해서는 10%(1,000만 원), 4억 원에 대해서는 20%(8,000만 원), 3억 원에 대해서는 30%(9,000만 원)를 적용해 총 1억 8,000만 원이 상속세가 되는 것이다.
 물론 3%의 신고세액공제를 받아 최종적으로 1억 7,460만 원(1억 8,000만 원 × 0.97)이 된다.

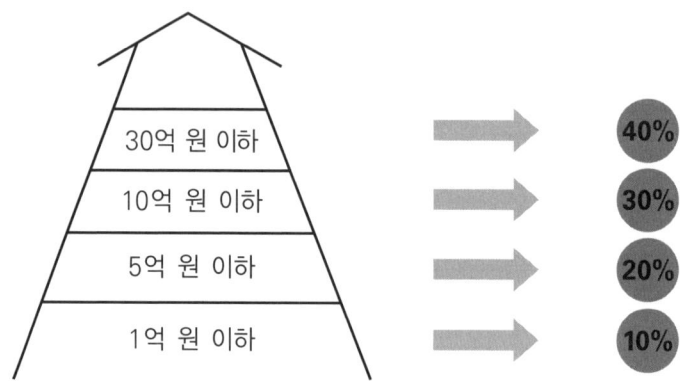

예를 들어 제반공제를 하고 난 이후 과세표준이 20억 원이 되었다면 1억 원에 대해서는 10%(1,000만 원), 4억 원에 대해서는 20%(8,000만 원), 5억 원에 대해서는 30%(1억 5,000만 원), 10억 원에 대해서는 40%(4억 원)를 적용해 총 6억 4,000만 원이 상속세가 되는 것이다.

물론 3%의 신고세액공제를 받아 최종적으로 6억 2,080만 원(6억 4,000만 원 × 0.97)이 된다.

상속세 산출액이 클수록 신고세액공제의 효과는 크다고 볼 수 있으므로 신고기한 내에 납부하는 것도 절세효과가 크다.

⟨과세표준 30억 원 초과인 경우⟩

과세표준이 30억 원 초과(예를 들어 40억 원)인 경우 50%를 적용한다.

1억 원(과세표준) × 10% = 1,000만 원
4억 원(과세표준) × 20% = 8,000만 원
5억 원(과세표준) × 30% = 1억 5,000만 원
20억 원(과세표준) × 40% = 8억 원
10억 원(과세표준) × 50% = 5억 원
==========================
합계   15억 4,000만 원

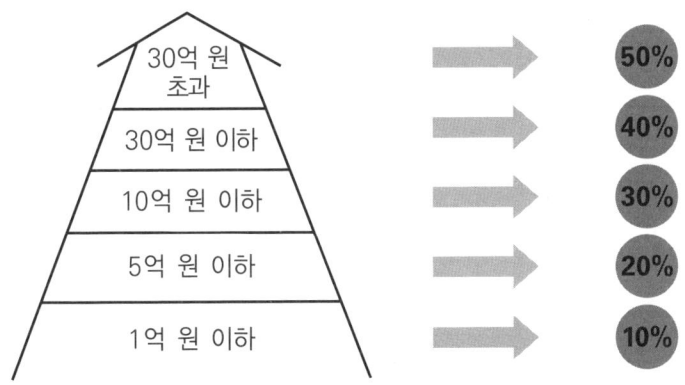

예를 들어 제반공제를 하고 난 이후 과세표준이 60억 원이 되었다면 1억 원에 대해서는 10%(1,000만 원), 4억 원에 대해서는 20%(8,000만 원), 5억 원에 대해서는 30%(1억 5,000만 원), 20억 원에 대해서는 40%(8억 원), 30억 원에 대해서는 50%(15억 원)를 적용해 총 25억 4,000만 원이 상속세가 되는 것이다.

물론 3%의 신고세액공제를 받아 최종적으로 24억 6,380만 원(25억 4,000만 원 × 0.97)이 된다.

신고세액공제로 무려 7,620만 원의 절세효과를 볼 수 있으니 반드시 신고기한 내에 납부하는 것이 중요하다.

또한 미래에 이렇게 많이 부담해야 하는 상속세에 대한 사전 대비로 효과적인 증여 전략과 상속세를 저렴하게 만드는 전략 등이 강구되어야 한다.

그런데 상속세는 누진공제액을 활용하면 간단하고 쉽게 계산할 수 있다. (속산법)

예를 들어 상속세 과세가액이 15억 원인 경우 아래와 같이 계산하면 시간이 많이 걸린다.

```
과세표준이 15억 원 이하인 경우 40%를 적용한다.

1억 원(과세표준) × 10% = 1,000만 원
4억 원(과세표준) × 20% = 8,000만 원
5억 원(과세표준) × 30% = 1억 5,000만 원
5억 원(과세표준) × 40% = 2억 원
==========================
합계                    4억 4,000만 원
```

따라서 누진공제액을 활용하여 계산해 보면 다음과 같다.

15억 원(과세표준) × 40% - 1.6억 원(누진공제액) = 4.4억 원

그러므로 누진공제액을 암기해 놓는다면 편하고 빠르게 상속세를 계산할 수 있다.

2) 상속세 증가 추이 판단

상속세는 미래에 부담해야 하는 확정적 비용이다.
따라서 일정한 기준에 따라 미래 상속세 추이를 산출할 수 있다.

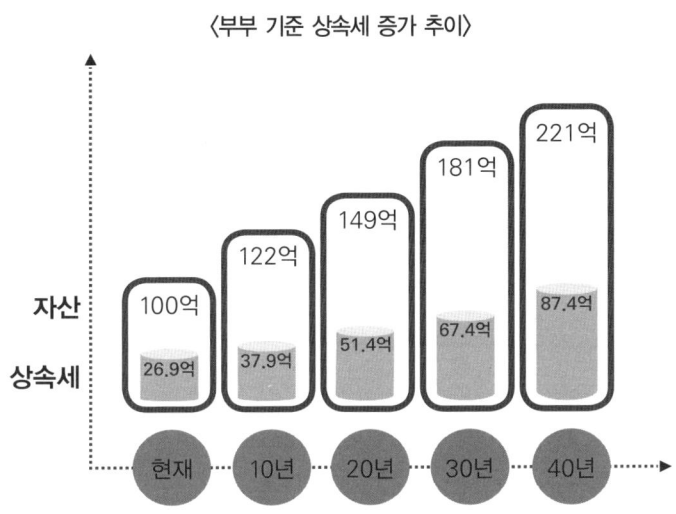

〈부부 기준 상속세 증가 추이〉

※ 기준
자산증가율 연 2% 가정 시
적용공제금액
· 배우자공제　　: 30억 원
· 일괄공제　　　: 5억 원
· 금융재산공제　: 2억 원

그런데 상속세는 배우자의 유무에 따라 세금산출이 달라진다.
바로 최대 30억 원까지 공제해 주는 배우자공제 때문이다.
따라서 배우자가 있는 경우 상속세 부담이 적게 된다.

한편 표처럼 자산의 증가속도를 연 2%라고 가정할 때 10년 뒤에 자산은 122억 원, 20년 뒤에 149억 원, 30년 뒤에 181억 원, 40년 뒤에 221억 원으로 증가하게 된다.

이에 따라 상속세를 산출할 수 있는데, 현재 26.9억 원에서 10년 뒤에는 37.9억 원으로 141%가 상승하고, 20년 뒤에는 51.4억 원으로 191% 급상승하게 된다.

자산은 매년 2%씩 상승하여 10년 뒤에 122%, 20년 뒤에 149%가 되지만, 상속세는 그것보다 더 가파르게 상승하고 있다는 것을 알 수 있다.

한번 더 상속세를 산출해 보자.

30년 뒤에는 67.4억 원으로 251%가 상승하고, 40년 뒤에는 87.4억 원으로 325%로 급상승하게 된다.

이에 반해 자산은 매년 2%씩 상승하여 30년 뒤에 181%, 40년 뒤에 221%에 그친다.

결국 자산의 증가속도보다는 상속세의 증가속도가 더 빠르다는 것을 알 수 있으니, 자산이 증가하는 것을 보고 좋아할 것이 아니라 상속세가 훨씬 더 가중된다는 사실을 먼저 인지하는 것이 더 중요하지 않을까?

그러므로 상속세 절세대책이 절실히 필요하다는 것을 알 수 있다.

〈자산과 상속세 증가 추이 비교〉

	부부기준				
	현재	10년 후	20년 후	30년 후	40년 후
자산증가율	100%	122%	149%	181%	221%
상속세증가율	100%	141%	191%	251%	325%
차이	–	19%	42%	70%	104%

그런데 만약 배우자가 없다면 상속세는 어떻게 변화될까?

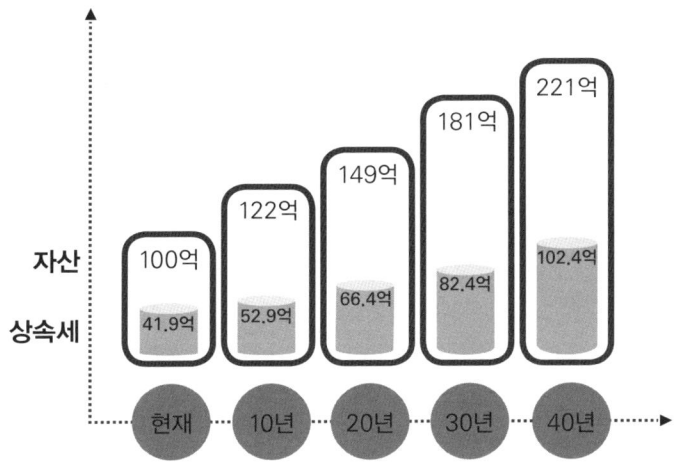

배우자가 없는 경우 상속이 발생하게 된다면 배우자공제인 30억 원을 공제받지 못해 공제받는 경우와 비교하여 15억 원의 상속세를 더 납부해야 한다.

〈부부 기준 VS 단독 배우자 기준 상속세 증가 추이 비교〉

	현재	10년 후	20년 후	30년 후	40년 후
부부기준	26.9억 원	37.9억 원	51.4억 원	67.4억 원	87.4억 원
단독배우자기준	41.9억 원	52.9억 원	66.4억 원	82.4억 원	102.4억 원
차이	15억 원	15억 원	15억 원	15억 원	15억 원

그리고 현재 기준으로 볼 때, 26.9억 원 대비 41.9억 원은 무려 55.8%의 세금을 더 내야 한다는 점에서 배우자공제가 상속세 절세에 얼마나 막대한 영향을 끼치는지 알 수 있다.

이어서 공시지가의 상승이 평균 7%의 내외일 경우 자산과 상속세의 추이를 알아보자.

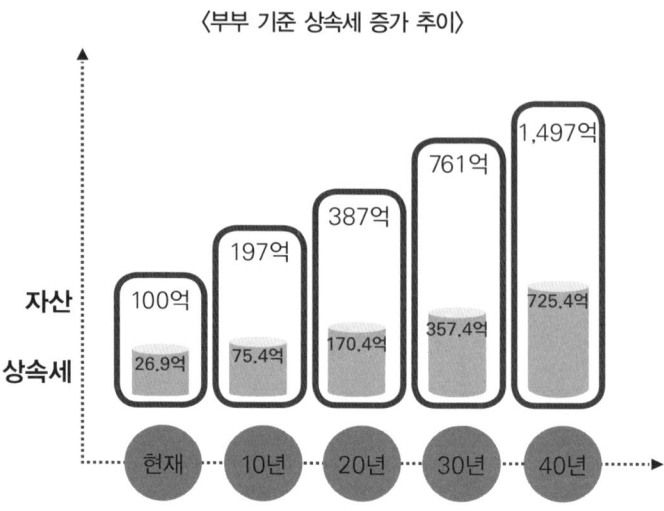

〈부부 기준 상속세 증가 추이〉

※ 기준
자산증가율 연 7% 가정 시
적용공제금액
 · 배우자공제   : 30억 원
 · 일괄공제   : 5억 원
 · 금융재산공제   : 2억 원

흔히들 은퇴준비를 하지 않고 오래 사는 것은 축복이 아니라 재앙이라고 한다.

은퇴 후 30년 또는 40년 이상을 아주 힘들게 살아야 하기 때문이다.

그렇다면 상속세를 준비하지 않은 자산의 증가 또한 재앙이 되지는 않을까?

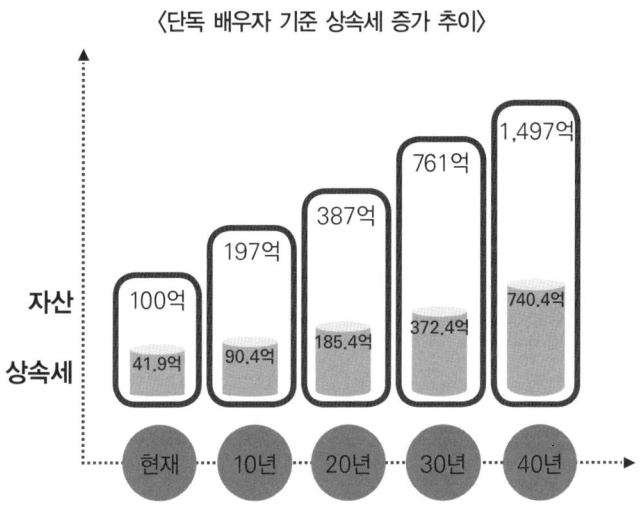

※ 기준
자산증가율 연 7% 가정 시
적용공제금액
· 배우자공제　　　: 0억 원
· 일괄공제　　　　: 5억 원
· 금융재산공제　　: 2억 원

따라서 현명한 자산가라면 자산증가의 기쁨보다 상속세 증가의 고통을 미리 인지해 사전에 대비하는 절세 전략을 세울 것으로 사료된다.

2. 상속세가 준비되지 않았다면 어떻게 상속세를 납부해야 하나?

상속이 발생하게 되면 죽은 사람에 대한 애도와 더불어 더욱 힘들고 슬픈 일은 상속세를 납부할 재원이 부족하다는 점일 것이다.

상속세 · 증여세 납세 방식

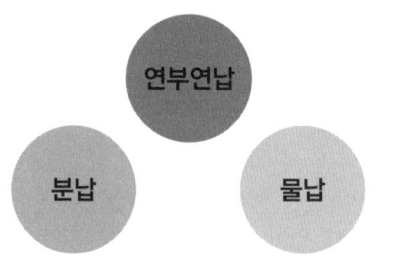

상속이 발생했을 때 높은 세율과 누진과세로 많은 세금이 발생하게 되므로 미리 준비하지 못했다면 한꺼번에 납부하기가 어렵다.

이런 어려움을 고려하여 상속세는 일시에 납부하는 것이 원칙임에도 분할하여 납부할 수 있는 제도가 마련되어 있다.

바로 분납, 연부연납(年賦延納) 등이 그것이다.

또한 상속세 납부 재원 마련이 어려울 경우에는 현금이 아닌 부동산 등으로 납부하는 물납제도도 있다.

1) 상속세 분납

상속세의 납부할 세액이 1,000만 원을 초과하는 때에는 납부기한 경과 후 2개월 이내에 이자 부담 없이 분납할 수 있다.

예를 들어 상속세가 1,800만 원일 경우 신고납부 기간 내에 1,000만 원을 내고 2개월 이내에 나머지 800만 원을 이자 없이 납부하면 된다.

이러한 분납의 효과는 다음과 같다.

만약 상속세 10억 원을 분납하는 경우 상속세 5억 원을 2개월 동안 운용할 수 있다는 장점이 있다.

최소 5억 원에 대한 2개월간의 이자상당액 이상의 효과를 볼 수 있으며, 분납을 하지 않고 상속세 납부를 위해 대출 등을 고려했다면 그 이상의 효과도 거둘 수 있으리라 사료된다.

〈분납〉

○ 납부할 세액이 1,000만 원을 초과하면 세금을 2회에 걸쳐 분납 가능
  · 납부할 세액이 2,000만 원 이하: 1,000만 원을 초과하는 금액
  · 납부할 세액이 2,000만 원 초과: 그 세액의 50% 이하 금액
○ 2회분 금액은 납부기한 경과 후 2개월 이내에 이자 부담 없이 분할 납부 가능

예를 들어 상속세가 2,000만 원을 넘어 만약 10억 원이라면 그 절반인 5억 원을 먼저 납부하고 나머지 5억 원을 다음에 납부하면 된다.

(분납을 할 경우는 미리 세무서에 신청하여 인가를 받아야 한다.)

2) 상속세 연부연납(年賦延納)

상속세 연부연납 제도는 상속세를 여러 차례에 걸쳐 분할하여 납부하는 형태로 마치 할부로 물건을 구매하는 것과 비슷하다.

연부연납은 납세자의 신청에 따라 과세당국이 허가해 주는데, 이때 연부연납 금액에 해당하는 담보(통상 120%)를 제공해야 한다.

그리고 연부연납은 각 회 분할 납부 세액이 1,000만 원을 초과해야 신청이 가능하다.

〈연부연납〉

○ 다음의 요건을 충족하는 경우 납세자의 신청을 받아 연부연납 허가 가능
  · 상속세 납부세액이 2,000만 원을 초과해야 함
  · 과세표준 신고기한 또는 납부고지서상의 납부기한까지 연부연납 신청서를 제출해야 함
  · 납세 담보를 제공해야 함(연부연납 이자율 연 1.6% / 2018년 현재)

상속세에서 연부연납은 가업상속재산이 50% 미만인 경우 2년 거치 후 5년간 분할 납부(총 6회로 분할 납부)를 할 수 있다.

그리고 가업상속재산이 50% 이상인 경우 3년 거치 후 12년간 분할 납부(총 13회로 분할 납부)를 할 수 있다.

가업상속재산이 아닌 일반 상속재산인 경우 거치기간 없이 5년간 분할 납부(총 6회로 분할 납부)를 할 수 있다.

연부연납 가능기간

구분			연부연납 기간
상속세	가업상속재산	50% 미만 소유	3년 거치 후 7년간 분할납부
		50% 이상 소유	5년 거치 후 15년간 분할납부
	일반 상속재산		5년간 분할납부(거치기간 없음)
증여세			5년간 분할납부(거치기간 없음)

<연부연납 사례: 5년 납부>

일반 상속재산의 상속세는 거치기간 없이 5년에 걸쳐 6회로 연부연납을 할 수 있다.

총 납부할 세금의 1/6씩 납부하며 미납원금에 대한 가산이자는 연 1.6%를 적용한다.

예를 들어 6억 원의 상속세를 연부연납 하는 경우 납부할 세금과 이자를 알아보자.

연부연납을 하게 되면 총 2,400만 원의 이자를 부담하게 되지만, 일반 대출 등을 고려한다면 훨씬 낮은 금리로 상속세를 분할 납부한다는 것을 알 수 있다.

연부연납(6억 원) 예시: 5년 납부

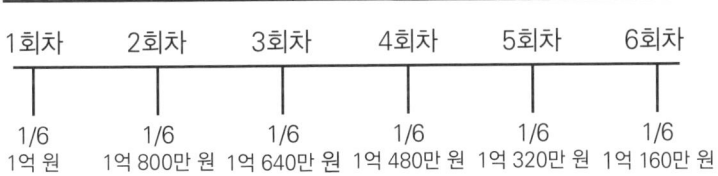

이자(연 1.6%) 총 2,400만 원

〈연부연납 사례: 3년 거치 7년 납부〉

가업상속재산이 50% 미만인 경우 연부연납을 알아보자.

상속재산 중 가업상속재산 비율이 50% 미만인 경우 연부연납은 3년 거치 후 7년에 걸쳐 총 8회로 분할 납부한다.

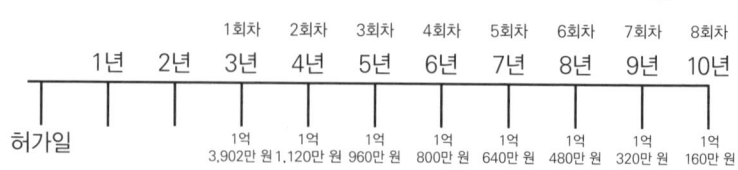

〈연부연납(13억 원) 예시: 5년 거치 15년 납부〉

상속재산 중 가업상속재산 비율이 50% 이상인 경우 연부연납은 5년 거치 후 15년에 걸쳐 총 16회로 분할 납부한다.

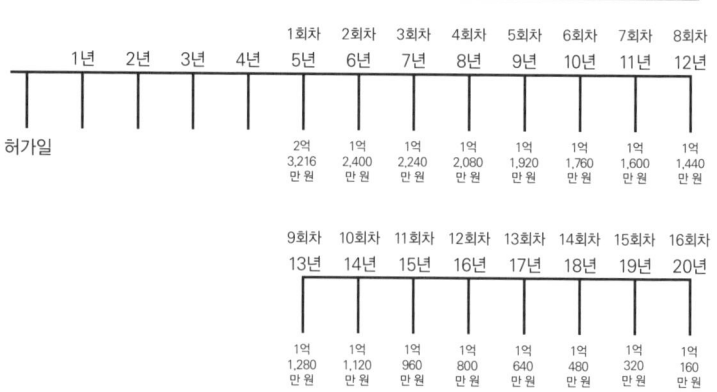

3) 상속세 물납

상속세를 현금으로 납부하기 어려운 경우 세무서장의 승인을 받으면 상속받은 비현금 재산으로 세금을 납부할 수 있는데 이를 물납이라고 한다.

〈물납〉

○ 세금을 현금으로 납부하기 곤란한 경우 일정한 요건을 갖추어 세무서장의 승인을 받으면 상속받은 재산으로 세금납부 가능

상속받은 재산 중 부동산과 유가증권 가액이
① 당해 재산가액의 1/2을 초과하며
② 상속세 및 증여세 납부세액이 2,000만 원을 초과하는 경우 물납 신청이 가능함

○ 비상장주식은 물납이 불가하나 상속세의 경우 다른 상속재산이 없는 등의 부득이한 경우 비상장주식의 물납이 허용됨

그런데 물납이라고 해서 상속인이 상속재산 중 아무것이나 마음대로 납부하는 것은 아니다.

그렇게 되면 아주 보잘것없는 자산을 납부할 수도 있기 때문에 국가는 손해가 발생할 수도 있다.

따라서 물납을 할 수 있는 자산의 우선순위를 다음과 같이 두고 통제하고 있다.

〈물납충당 우선순위〉

① 국채 및 공채
② 상장 · 협회 등록된 유가증권(다른 상속재산이 없는 경우에만 물납 가능)
③ 국내에 소재하는 부동산(상속개시일 현재 상속인이 거주하는 주택 제외)
④ 비상장 · 미등록 유가증권
⑤ 상속개시일 현재 상속인이 거주하는 주택 및 부수토지

결론적으로 상속세가 준비되지 않는다면 분납을 통해 상속세를 2개월간 나눠 낼 수 있으나, 이는 상속세가 충분히 준비되었을 때 절세효과를 볼 수 있다는 것이다.

만약 상속세가 충분히 준비되지 않았다면 결국 1회분과 2개월 뒤의 2회분은 대출을 받아서 내야 하기에 2개월간의 대출이자(상속세액의 1/2에 대한 이자) 외에는 절세효과가 없는 것이다.

그리고 연부연납의 경우 저렴한 이자율로 여러 번에 걸쳐 상속세를 나눠 낼 수 있으나, 담보를 미리 제공해야 하는 어려움이 있다.

실제 연부연납 신청 후 상속받은 재산이 담보로 제공되어 있어서 유사시 필요한 자금을 융통해서 활용할 수 없는 경우가 발생하기도 한다.

이럴 때는 또다시 자금을 변통해야 하기에 결국 효과적이지 못할 수 있는 것이다.

마지막으로 물납의 경우는 알짜배기 부동산을 세금으로 헐값에 넘기는 우를 범할 수 있다는 것이다.

따라서 보다 효과적인 납세 전략과 상속세를 미연에 줄일 수 있는 절세 전략이 강구되어야 할 것이다.

3
상속세는 어머니가 전부 내게 하는 전략이 필요하다.

상속이 개시되었을 때 상속세를 절세할 수 있는 방법은 극히 제한적이다. 그러나 상속세 납부 방법을 잘 활용한다면 상속세를 크게 줄일 수 있다.

〈A씨 상담 사례〉

> 1년 전 아버지가 돌아가시고 재산을 상속받은 A씨는 상속세를 연부연납으로 내고 있었다. 필자는 상담하는 과정에서 상속세를 어머니와 자녀 두 명이 나눠서 내고 있다는 것을 알게 되었다.
> 그래서 왜 상속세를 모두 다 내느냐고 질문하니 A씨는 상속인들이 모두 상속재산을 받았기에 안분하여 세금을 낸 것이라며 이것이 문제가 되느냐고 반문하였다.

이 경우 고령인 어머니가 상속재산을 받았기에 나중에 어머니가 사망할 경우 상속세 부담이 클 수밖에 없다.

왜냐하면 배우자가 없는 경우 일반적으로 5억 원을 초과하는 재산은 모두 상속세 부과 대상이 되기 때문이다.

(배우자공제를 최대한 30억 원까지 받을 수 있는 기회가 없는 것이다.)

따라서 아버지 사망 시 배우자공제를 받기 위해 어머니가 상속재산의 일부를 받았어도 어머니 상속재산을 줄이기 위해 상속세는 어머니가 전부 다 내게 해야 상속세 절세를 할 수 있다.

상속세는 연대납세의무제도가 있어서 상속받은 재산 범위 내에서 한 명이 세금을 다 낼 수 있기 때문이다.

(한 명이 세금을 다 내도 증여세는 부과되지 않는다.)

그리고 아버지 사망 시 어머니 배우자공제도 최대한 받는 것보다 상속세 발생분만큼만 받아서 재차 상속 시 상속세를 줄일 필요가 있다.

(어머니 고유 재산이 많은 경우는 더욱더 그렇다.)

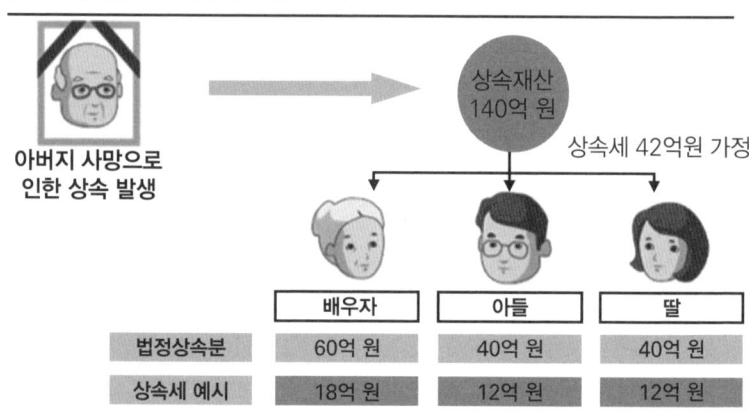

상속세 상속인 각자 납부하는 것이 원칙

A씨처럼 배우자와 자녀가 2명인 상태에서 아버지가 사망하였을 경우 상속재산이 140억 원(상속세 42억 원)일 때, 배우자 지분은 3/7으로 60억 원, 자녀들은 각각 40억 원이 된다.

배우자공제로 최대 30억 원을 받고 산출된 상속세를 어머니가 다 내게 된다면 자녀들은 상속세 부담 없이 아버지 재산 80억 원을 받게 된다.

그러나 어머니는 상속재산을 60억 원 받았지만, 상속세를 혼자서 납부하기 때문에 실제 상속재산은 18억 원(60억 원 − 42억 원)이 되어 향후 상속세 부담이 적어지게 되는 것이다.

따라서 자녀들이 내야 하는 상속세 총 24억 원을 어머니가 대신 납부하였기에 24억 원에 대한 상속세를 최대 12억 원(50% 세율 가정)까지 줄일 수 있는 것이다.

그러나 A씨는 이미 연부연납으로 상속세(2회 연부연납)를 내고 있어서 나머지 4회 연부연납 분은 어머니가 전부 대납하는 것으로 하여 최대한 상속세를 절세할 수 있게 했다.

상속세 연대납세 의무를 활용한 사례

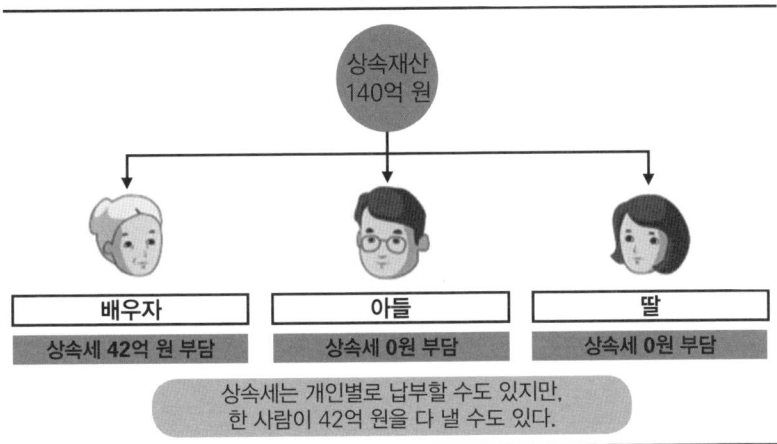

⟨상속세 연대납세 의무⟩

「상속세 및 증여세법」 제3조 2(상속세 납세 의무)
1. 상속인 또는 유증을 받은 자는 이 법에 의하여 계산된 비율에 따라 상속세로 납부할 의무가 있다.
2. 제1항 규정에 의한 상속세는 상속인 또는 수유자 각자가 받았거나, 받을 재산을 한도로 연대하여 납부할 의무를 진다.

4
어느 정도 상속재산이 있다 해도 배우자가 있으면 상속세는 걱정하지 않아도 된다!

상속세율이 최고 50%에 달하다 보니 보유하고 있는 재산에 대해 상속세 걱정을 하는 사람들을 주위에서 어렵지 않게 보게 된다.

상속세 과세표준액이 30억 원을 초과하게 되면 50%의 세율로 상속세를 부과하기에 그럴 수도 있겠지만, 그렇다고 무턱대고 걱정만 할 필요는 없다.

배우자공제 등 제반 공제를 활용한다면 상속세를 크게 걱정하지 않아도 되기 때문이다.

예를 들어 상속재산이 10억 원 이하인 경우를 알아보자.

상속가액이 10억 원이라는 것은 총 상속재산 중에서 부채 등을 제외한 것을 말한다.

즉, 상속재산이 아파트 한 채일 경우 상속재산은 15억 원인데, 은행대출이 5억 원이 있다고 가정해 보면 상속가액은 10억 원이 된다.

이럴 경우 상속세는 발생하지 않게 된다.

배우자와 직계비속이 있는 경우 배우자공제 5억 원과 일괄공제(인적공제의 합) 5억을 합쳐서 계산해 보면 상속세 과세표준액이 '0'이 되기 때문이다.

> 10억 원(상속가액) − 5억 원(배우자공제) − 5억 원(일괄공제)
> = 0(과세표준액)

따라서 배우자와 직계비속이 있는 경우 상속가액이 10억 원 이하일 때 상속세는 발생하지 않는다.

그렇다면 상속가액이 10억 원을 초과하는 경우는 상속세가 어떻게 되는지 알아보자.

예를 들어 상속가액이 25억 원이라고 치자. (아파트 10억 원, 금융재산 15억 원)

그리고 상속인으로는 배우자와 아들만 있는 상황이다.

이럴 경우 배우자공제에 대해 알아보자.

배우자공제는 법정상속분(한도 30억 원)과 실제로 배우자가 상속받은 재산 중 적은 금액을 공제해 준다.

> 배우자공제 = min
> (배우자의 법정상속분, 실제로 배우자가 상속받은 재산)

위와 같이 아들과 배우자만 있는 경우 배우자의 법정상속지분은 60%이다. (아들은 40%)

따라서 배우자는 상속재산 25억 원의 60%인 15억 원을 공제받을 수 있다.

(이때 배우자가 상속받은 재산이 15억 원 이상이 되어야 실제로 15억 원을 공제받을 수 있다.

예를 들어 10억 원만 실제로 상속받았다면 배우자공제는 10억 원만 가능하다.

그러므로 배우자공제에 있어서 배우자는 법정상속분만큼 최대한 재산을 상속받을 필요가 있다.)

그리고 일괄공제를 5억 원을 받고 금융재산공제(순금융재산의 20%, 2억 원 한도)와 동거주택상속공제(주택가액의 80%, 5억 원 한도)를 받는다면 상속세는 다음과 같이 산출된다.

```
25억 원(상속가액) − 15억 원(배우자공제)
              − 5억 원(일괄공제)
              − 2억 원(금융재산공제)
              − 5억 원(동거주택상속공제)
            = −2억 원(0)
```

이처럼 상속가액이 25억 원이나 되지만, 배우자공제 등 제반 공제를 활용하게 되니 상속세가 한 푼도 나오지 않게 되는 것이다.

이것이 바로 배우자공제의 위력인 것이다.

따라서 일정 금액 이상의 상속재산이 있다 해도 배우자공제를 활용한다면 상속세를 줄이거나 피할 수 있게 된다.

예로부터 화목한 가정에 복이 온다고 했다.

부부금슬(夫婦琴瑟)이 좋아 백년해로(百年偕老)를 하게 된다면 배우자공제를 통해 상속세를 절세할 수 있는데, 만약 배우자가 없다면 많은 세금을 부담해야 하는 위험에 처하게 된다.

그렇다고 없는 배우자를 대신해 상속세를 절감할 목적으로 새로운 배우자를 들이는 것은 권하고 싶지 않다.

당장 상속세는 절세할 수 있어도 재혼 등에 따라 발생할 수 있는 상속분쟁은 피하기 어려울 수도 있기 때문이다.

(괜히 상속세를 줄이려고 하다가 골육상쟁의 비극을 자초할 수도 있다.)

〈배우자공제 여부에 따른 상속세 절세효과 예시〉

배우자, 자녀1인 기준	공제 안 한 경우 (배우자 없는 경우)	공제한 경우
상속재산	25억 원	25억 원
배우자공제(3/5)	**0억 원**	**15억 원**
일괄공제	5억 원	5억 원
금융재산공제	2억 원	2억 원
동거주택상속공제	5억 원	5억 원
과세표준	**13억 원**	0
세율	40%	0%
산출세액	3.6억 원	0원
신고세액공제	3%	3%
납부할 세액	**3억 4,920만 원**	**0원**

3억 4,920만 원 차이

그러므로 상속세를 위해서라도 곁에 있는 배우자를 극진히 모시고 사랑할 필요가 있다.

만약 배우자가 없는 상태에서 상속이 발생한다면 대부분 5억 원이라고 하는 일괄공제를 초과하는 재산은 모두 상속세 과세 대상이 되기 때문에 미리 상속세 절세 전략을 강구할 필요가 있다.

또한 30억 원을 훌쩍 넘는 상속재산이 있는 경우라면 제반 공제를 한다 해도 상속세를 피할 수 없게 된다.

이때는 보다 실질적인 중장기적 상속세 절세 플랜을 세우는 것이 필요하다.

먼저 증여를 통한 상속세 절세 전략을 알아보자.

5
증여의 이해: 증여(贈與)란?

증여는 한쪽 당사자(증여자)가 대가 없이 자기의 재산을 상대방(수증자: 친족, 타인 등)에게 주겠다는 의사를 표시하고 상대방(수증자)이 이를 승낙함으로써 성립하게 되는 계약이다. (민법 제554조~제562조)

<증여의 특징>

- 불요식계약(不要式契約): 일정한 요식을 요하지 않는 계약이다. (단, 서면이 아닐 경우 당사자는 해제 가능)
- 낙성계약(諾成契約): 수증자의 승낙으로 계약이 성립된다.
- 무상계약(無償契約): 대가 없이 이뤄지는 계약이다.
- 편무계약(片務契約): 일방만(증여자)이 급부를 제공하고, 상대방(수증자)은 반대급부를 제공하지 않는 계약이다. (단, 부담부 증여는 예외)

상속과 증여는 똑같이 재산을 무상으로 이전하는 행위이다.

그러나 다른 점은 상속이 죽어서 하는 행위라면 증여는 살아서 하는 행위라는 것이다.

따라서 상속은 사망 후 재산을 무상으로 이전하는 행위이고 증여는 생전에 재산을 무상으로 이전하는 행위라고 요약할 수 있다.

그리고 상속은 1회에 걸쳐 이뤄지지만, 증여는 여러 차례 반복하여 할 수 있다는 점이 다르다.

1) 증여재산 평가방법은?

일반적으로 상속을 하거나 증여를 할 경우 그 재산의 평가는 어떻게 할까?
상속세 및 증여세법 제60조(평가의 원칙 등)에서 보면
"이 법에 따라 상속세나 증여세가 부과되는 재산의 가액은 상속개시일 또는 증여일('평가기준일') 현재의 시가(時價)에 따른다."
라고 되어 있어서 언제나 재산의 평가는 시가(공정가액)로 하게 된다.
여기서 시가라고 하는 것은
"시가란 불특정다수인 사이에 자유롭게 거래가 이루어질 때 인정되는 가액을 시가(공정가액)"
라고 말한다.

그러나 거래라고 해서 다 인정되는 것은 아니다.
예를 들어 특수관계인끼리의 거래 중 그 거래가액이 객관적으로 부당하다고 여겨질 때는 시가에서 제외되기도 한다.
또한 비상장주식같이 거래가 빈번하지 않은 경우에는 일정 금액 또는 일정 비율 이상 거래되지 않으면 시가로 인정하지 않기도 한다.

그렇다면 시가로 보는 경우를 알아보자.

〈시가로 보는 경우〉

첫 번째로는 거래가액으로 시가를 평가할 수 있다.
상속, 증여재산에 대한 매매사실이 있는 경우 해당하는 거래가액을 말한다.

다만, 특수관계인과의 거래 등으로 그 거래가액이 객관적으로 부당하다고 인정되는 경우는 제외한다.

두 번째로는 감정가액으로 시가를 평가할 수 있다.
공신력 있는 둘 이상의 감정기관이 평가한 감정가액의 평균액을 말하는 것이다.

세 번째로는 경매 · 공매가액, 수용보상가액으로 평가할 수 있다.
당해 재산을 경매 · 공매, 수용한 사실이 있는 경우 해당하는 경매, 공매가액 또는 보상가액을 말한다.

네 번째로는 유사한 자산의 매매가액을 시가로 평가할 수 있다.
당해 재산과 유사한 재산의 매매사실이 있는 경우 그 매매가액을 말하는 것이다.

그러나 시가를 알 수 없을 때는 보충적 평가방법을 통해 증여재산을 평가한다.

일반적으로 아파트와 오피스텔은 시가를 알 수 있으나, 거래가 빈번하지 않고 부동산 형태가 다른 토지나 상가빌딩, 일반주택 등은 보충적 방법에 의해 가치를 평가한다.

토지의 경우는 개별공시지가로 평가하고, 건물은 국세청 건물기준시가, 일반주택 등은 개별주택 공시가격으로 평가한다.

〈증여재산 평가원칙과 보충적 평가방법〉

시가평가 원칙	
	보충적 평가방법
토지	개별공시지가(시, 군, 구청 홈페이지)
아파트(오피스텔)	시가평가
상가빌딩	토지: 개별공시지가 건물: 국세청 건물기준시가
단독, 다가구	개별주택 공시가격(각 구청 홈페이지)
예금, 적금	평가기준일 현재 예금총액 + 미수이자 x (1−원천징수세율) (금융감독원의 금융소비자보호센터)
상장주식	max(평가기준일 전후 2개월간의 종가평균, 최종시세가격)
비상장주식	(1주당 순손익가치 x 3 + 1주당 순자산가치 x 2) ÷ 5 − 순손익가치: 1주당 3년간 가중평균 순이익 ÷ 10% − 순자산가치: 법인의 순자산가액 ÷ 총발행주식수

〈예금, 적금 평가방법〉

예금과 적금의 경우 평가일 현재 원금과 미수이자를 합하여 계산하는데, 미수이자에서는 원천징수세율을 뺀 금액으로 평가한다.

예를 들어 예금의 경우 원금이 1억 원이고 미수이자가 200만 원이라고 한다면 평가금액은 다음과 같다.

1억 원 + 200만 원 x (1 − 0.154) = 1억 169만2천 원

〈보험의 평가방법〉

보험의 평가방법에 대해 여러 가지 의견이 있으나 상속세 및 증여세법에서의 평가방법은 '납입원본 + 이자상당액'이다.

일부에서는 해약환급금 내지 적립금으로 평가한다고들 하지만, 상속세 및 증여세법에서는 오로지 '납입원본 + 이자상당액'으로 평가한다는 것이다.

그러나 실제 해약을 한 경우라면 해약환급금으로 평가할 수 있다.

그리고 연금을 수령하는 단계에서 평가할 경우는 연금정기금 평가에 의해 현재가치로 할인하여 평가하게 된다.

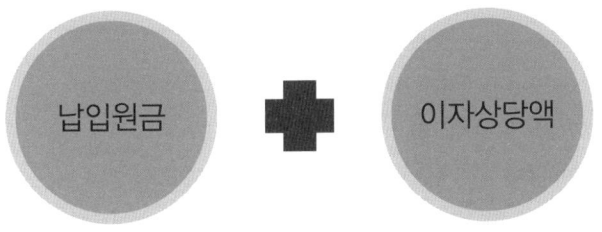

증여재산은 평가방법에 따라 효과적인 증여를 통해 증여세를 절세할 수 있다.

일반적으로 현금증여보다는 부동산 증여가 유리하고, 부동산 증여도 부담부 증여, 부분 증여 등을 통해 더욱더 증여세를 절세할 수 있다.

금융상품 활용 시에도 절세상품을 활용한 증여가 효과적이라고 할 수 있다.

6 효도절세 전략

요즘 자녀에게 봉양을 목적으로 부동산을 증여하고 나서 그 자녀가 제대로 봉양을 하지 못한다 하여 증여를 취소하고 부동산을 돌려받는 사례가 장안의 화제가 되고 있다.

소송까지 간 결과 부모 봉양을 제대로 하지 않은 자녀에게 증여를 취소하고 부동산을 부모에게 돌려주라는 판결이 났으나 씁쓸함을 금치 못한 뉴스였다.

그래서 혹자는 이러한 불상사를 미연에 방지하고자 조건부 또는 부담부로 증여계약을 써서 자녀가 제대로 이행하지 않으면 취소하는 것이 필요하다고들 하나 이는 잘못된 대응방법인 것 같다.

왜냐하면 이미 엎질러진 물이며 사후약방문(死後藥方文)이 되기 때문이다.

이미 나빠질 대로 나빠진 부모와 자식 간의 관계를 다시 복원하기가 어렵기 때문에 효과적인 대응책이 아니라는 것이다.

따라서 사전에 효과적인 전략이 필요하다.

즉 효도와 절세를 동시에 노릴 수 있는 전략!

절세만을 위해 사전 증여를 할 경우 증여세 및 상속세를 절세할 수 있을지 몰라도 잘못된 부모자식 간의 관계로 인해 아름다워야 할 부모님의 노후를 분노와 배신감으로 채워 급기야 부모님의 여생마저도 불행하게 만들 수 있는 위험이 도사린다는 점을 알아야 한다.

(어떤 이는 재산의 사전 증여로 절세효과를 톡톡히 봤으나, 자식과의 교류단절로 부모의 생명까지도 줄였다고 하소연을 하는 경우가 있었다. 절세가 절명까지 만든 아이러닉한 결과가 아닐 수 없다.)

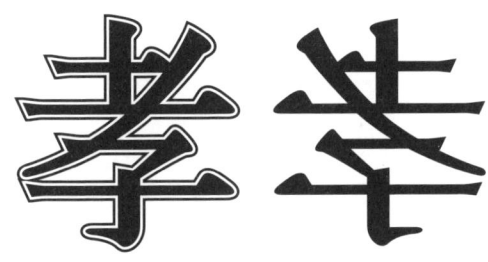

그래서 앞으로 효심을 부르는 절세 전략에 대해 몇 가지 방안을 제시하고자 한다.

〈효심을 부르는 절세 전략〉

동거주택 상속공제 활용
연금(부동산보다는 연금) 활용
증여도 증여 나름: 부분 증여
상속유언 고지: 이순신 전술
장애인 자녀 비과세 활용

1) 동거주택 상속공제 활용

그 첫 번째는 동거주택을 활용한 효도 전략이다.

동거주택은 2016년 개정된 세법에 따라 주택가액의 80%, 최대 5억 원까지 공제받을 수 있다.

이렇게 공제받는다면 상당 부분 상속세를 줄일 수 있고 자녀와 여생을 함께 보낼 수 있다.

동거주택 상속공제금액은 상속주택가액의 80%이며 5억 원 한도이다.

따라서 6억 2,500만 원 이상의 주택이라면 5억 원까지 공제받을 수 있다.

동거주택 상속공제는 노년의 부모를 자식이 봉양하게 됨으로써 추후에 상속세가 절세되는 동시에 부모와 자식 간의 유대관계를 돈독하게 해 주는 일거양득(一擧兩得)의 효과가 있다고 말할 수 있다.

〈동거주택 상속공제의 효과 1〉

구분	공제 안 한 경우	공제한 경우
상속재산	20억 원	20억 원
배우자공제	5억 원	5억 원
일괄공제	5억 원	5억 원
동거주택상속공제 (주택가액 7억 원)	0	5억 원
과세표준	10억 원	5억 원
세율	30%	20%
산출세액	2.4억 원	0.9억 원
신고세액공제	3%	3%
납부할 세액	2억 3,280만 원	8,730만 원

1억 4,550만 원 차이

상속재산이 20억 원이라고 가정했을 때, 동거주택의 공제효과는 무려 1억 4,550만 원의 절세를 가져온다.

〈동거주택 상속공제의 효과 2〉

구분	공제 안 한 경우	공제한 경우
상속재산	70억 원	70억 원
배우자공제(3/7)	30억 원	30억 원
일괄공제	5억 원	5억 원
동거주택상속공제 (주택가액 7억 원)	0	5억 원
과세표준	35억 원	30억 원
세율	50%	50%
산출세액	12.9억 원	10.4억 원
신고세액공제(2019년 기준)	3%	3%
납부할 세액	12억 5,130만 원	10억 880만 원

2억 4,250만 원 차이

상속재산이 70억 원이라고 가정했을 때, 동거주택의 공제효과는 무려 2억 4,250만 원의 절세를 가져온다.

따라서 일정금액의 상속재산을 가진 경우 상속재산이 많을수록 그 공제효과는 크다고 말할 수 있다.

〈동거주택 요건〉

동거주택 상속공제를 받을 수 있는 동거주택은 다음과 같은 요건을 만족하여야 한다.
1. 피상속인과 상속인(직계비속인 경우로 한정)이 상속 개시일부터 소급하여 10년 이상 계속하여 하나의 주택에서 동거할 것(상속인 미성년자 기간 제외)
2. 피상속인과 상속인이 동거주택 판정 기간에 계속하여 1세대를 구성하면서 1세대 1주택에 해당할 것
3. 상속 개시일 현재 무주택자로서 피상속인과 동거한 상속인이 상속받은 주택일 것
* 계속 동거 인정 사유: 징집, 취학·근무상 형편 또는 질병 요양의 사유로서 기획재정부령으로 정하는 사유

2) 부동산보다는 연금활용이 중요

흔히들 어르신들께서는 부동산을 활용하여 노후에 연금처럼 임대료 수입으로 살아가길 원하는 분들이 많이 있다.

그리고 그 임대료로 자녀들에게 용돈을 주면서 효심을 자극하여 함께 잘 지내보고자 하는 것이 요즘 트렌드이다.

재산이 어느 정도 있는 노년의 부모들은 대부분 부동산 임대수입이 있다면 그것을 중심으로 노후를 보내고 싶은 욕구가 있겠지만, 실제로 부동산 임대소득보다는 연금소득이 더 중요할 수 있기 때문에 비교해 봐야 한다.

〈부동산 임대소득 VS 연금소득〉

구분	임대수입	연금수령
소득세과세여부	과세 (최고 46.2%)	비과세
소득감소요인	많음 (공실, 가격하락)	없음
관리부담	O	X
분쟁리스크	O	X
상속세 절세효과	없음	정기금평가 절세 (최고 40%내외)
자녀기대치	부모사망 시 자녀소유	부모사망 시 연금소멸
결론	연금액으로 자녀용돈 지원하는 방법이 최선	

위의 표처럼 임대수입은 매년 소득세를 최고 46.2%까지 납부해야 한다. 그에 반해 연금소득은 비과세이다.

그리고 임대소득은 향후 공실위험 또는 부동산버블에 따른 자산가치 하락을 맞이할 수 있는 위험이 있어서 소득감소 요인이 되기도 한다.

그러나 연금은 공시이율의 작은 변동만이 있을 뿐 특별한 소득감소요인을 찾아보기 힘들다.

또한 임대는 부동산 관리에 대한 부담(경비 등 관리자를 두는 것도, 노령의 자신이 직접 관리하는 것도 힘들다고 본다)과 임차인과의 분쟁 등의 리스크 발생으로 뜻하지 않게 노년에 험한 꼴을 보거나 난감한 상황에 직면하게 된다면 어떻게 될까?

아름답고 평화로워야 하는 노년이 한 순간에 지옥으로 변하게 될지도 모르는 일이다.

그러나 연금은 이러한 리스크가 전혀 발생하지 않는다.

그리고 결정적으로 부동산으로는 추후 상속세를 절세할 수 있는 방법이 없다는 점이다.

그러나 연금은 다르다.

연금은 정기금 평가에 의해 최고 그 평가액을 40% 내외로 떨어뜨릴 수 있으니 상속세 절세에 커다란 도움이 된다.

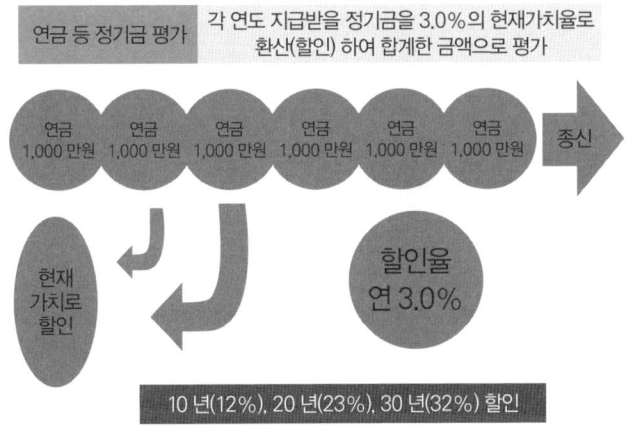

연금을 받아 생활하다가 사망하게 되면 남아 있는 미래에 받을 연금에 대해 상속재산을 평가하게 되는데, 이때 연금정기금 평가방법을 적용한다.

그림에서 보듯이 최고 32% 정도(남아 있는 연금수령 기간에 따라 달라짐)까지 상속재산가액을 줄일 수 있어서 상속세 절세가 가능하다.

실제 1년에 1억 원의 연금을 받다가 사망한다고 가정했을 때 잔여 기대여명에 따라 아래 표와 같이 정기금 평가로 인해 상속재산이 줄어들게 된다. 그만큼 상속세 부담이 줄어들게 되니 상속세 절세상품으로 손색이 없다.

연금연액 1억 원 가정				
기대여명	일반 평가액	정기금 평가액	감소액	감소율
10년	10억 원	8.79억 원	1.21억 원	12.1%
20년	20억 원	15.32억 원	4.68억 원	23.4%
30년	30억 원	20.19억 원	9.81억 원	32.7%
40년	40억 원	23.81억 원	16.19억 원	40.48%

마지막으로 위와 같은 재무적 관점이 아닌 비재무적인 관점에서 임대수입과 연금수입을 비교해 보자.

임대수입은 부동산의 주인인 부모님이 돌아가시면 모두 자녀들의 차지가 된다.

그러나 연금수입은 주인인 부모님이 돌아가시면 일정 금액(최저보증기간 수령액) 외엔 전혀 연금을 지속적으로 받을 수 없게 된다.

따라서 연금을 지속적으로 수령하려면 부모님을 잘 모셔서 장수하실 수 있도록 건강관리하며 제반 노력이 필요할 것이다.

이에 반해 부동산의 경우 그 노력이 반감되지는 않을까 하는 것은 지나친 억측일까?

분명 과장된 측면이 있으나 현실적으로 판단해 본다면 무시할 수 없는 고려의 대상이다.

3) 증여도 증여 나름

부분 증여가 효자이다

요즘 현금보다는 부동산이 증여세를 절세하는 데 도움이 된다고 믿고 부동산을 증여하는 사례가 빈번하다.

일반적으로 현금의 경우 증여재산가액을 줄일 수 없기 때문에 공시지가 등 실거래 가격보다 저평가되어 있는 부동산을 증여하는 것이 절세에 효과적일 수는 있다.

그러나 부동산 전체를 증여하는 것보다 부동산 일부를 증여하는 것이 여러 가지 측면에서 훨씬 더 유리하다는 점을 알 필요가 있다.

〈부동산 전체 증여 VS 부분 증여〉

구분	전체 증여	부분 증여
증여세	과다	상대적 낮음
상속세	-	감가상각으로 감소
대출 여부	가능	부모 동의없이 불가
매도 여부	가능	부모 동의없이 불가
임대료 수입	가능	가능
자녀이민 가능여부(?)	가능성 농후	가능성 미약
재산권	자녀	부모+자녀(부모동의 없이 불가)
결론	부모가 재산권을 종신토록 유지하면서 자녀통제가 가능한 부분증여가 유리	

먼저 부동산 20억 원(건물 10억 원 + 토지 10억 원)이 있다고 가정해 보자.

그리고 이 부동산을 성인 자녀 한 명에게 증여하고자 한다.

(여기서 여러 명에 자녀에게 증여한다든가 부담부 증여는 논외로 하자.)

〈증여세 비교〉

전체 증여 시 증여세는 6억 140만 원이 된다.

(20억 원 − 0.5억 원) × 40%(세율) × 1.6억 원(누진공제액) × 97%(신고세액공제) = 6억 140만 원

그러나 부분 증여(토지만 증여) 시 증여세는 2억 1,825만 원이 된다.

(10억 원 − 0.5억 원) × 30%(세율) × 0.6억 원(누진공제액) × 97%(신고세액공제) = 2억 1,825만 원

일단 부분 증여는 전체 증여보다 3억 8,315만 원을 줄일 수 있다.

〈상속세 비교〉

부분 증여는 토지만 증여받고 건물은 받지 않았기에 나중에 부모님이 돌아가시게 되면 건물에 대한 평가를 하게 된다.

이때 건물은 국세청장이 고시한 건물단가에 의해서 평가하지만 건물은 감가상각에 의해 시간이 지날수록 그 가치가 떨어지게 된다.

실제로 건물은 30년~40년으로 감가상각을 하며 그 후에는 잔존가치가 10%~20%로 낮게 평가되므로 부모님 소유의 건물은 1~2억 원 수준으로 낮게 평가되기에 추후 상속세 부담은 없거나 미미하게 될 것이다.

〈부동산 대출이나 매도, 재산권 여부〉

부동산을 전체 증여하는 경우 자녀는 자기 소유가 되므로 언제든지 그 부동산을 담보로 대출을 받거나 매도를 할 수 있다.

그러나 토지만 부분 증여한 경우 토지 위에 건물주가 부모인 관계로 지상권이 설정되어 있어 토지주인 마음대로 대출을 받거나 매도할 수 없다.
그럴 경우 언제나 건물주의 동의를 받아야 하므로 부모님 살아생전에 독단적인 대출과 매도는 불가능하다고 볼 수 있다.

이처럼 부분 증여는 부모님이 그 부동산에 대해 재산권을 종신토록 행사하면서도 나중에 상속세에 대한 걱정 또한 갖지 않아도 되는 일석이조(一石二鳥)의 효과를 볼 수 있는 방안이다.

〈비재무적인 문제들: 자녀들과의 네트워크 단절, 자녀들의 이민 걱정〉

부동산을 전체로 증여받은 자녀들은 그 부동산을 마음대로 처분할 수 있고, 더 이상 부모로부터 증여받을 재산이 없는 경우 자연스럽게 부모와의 인적교류가 뜸해지거나 심하면 단절되기까지 하는데 이런 현상은 비일비재하게 나타나곤 한다.
혹은 부동산을 다 팔아 치우고 외국으로 이민 가는 사례가 발생한다고 하면 노년에 부모님들은 자녀 없이 외롭게 생활해야 한다.
우스갯소리로 부모님은 죽어서도 제삿밥을 먹기 위해 미국으로 가야 하고 죽어서도 영어를 배워 두지 못하면 낭패를 겪을 수도 있다고 말할 수 있다.

이처럼 전체증여는 세금을 줄이려고 노력했으나, 목숨을 줄이는 현상을 가져올 수도 있는 데 반해 부분증여라는 현명한 증여방법은 증여세, 상속세를 절세하고 자녀와의 인적교류를 죽을 때까지 유지할 수 있는 중요한 해결책이 된다.

부분증여 효과

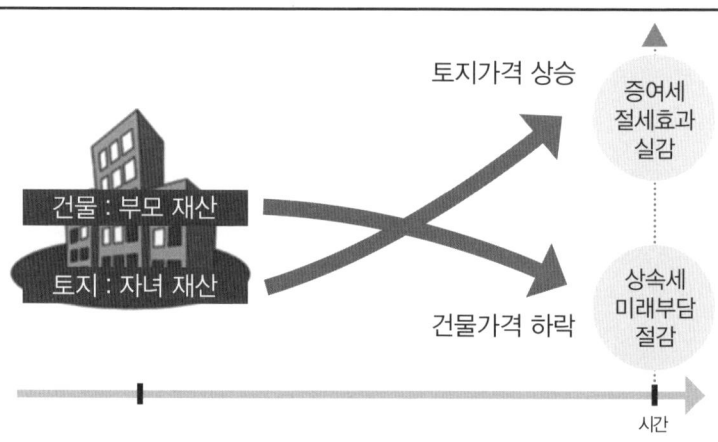

4) 장애인 자녀 비과세 활용

현재 우리나라 등록 장애인은 약 250만 명 이상이 된다.
(그러나 실제 비등록 장애인까지 고려한다면 약 400만 명 이상으로 추산하고 있다.)

〈등록 장애인 현황: 2014 통계청〉

연령별	2014 총계		
	계	남자	여자
계	2,494,460	1,448,878	1,045,582
0~4세	5,159	3,059	2,100
5~9세	17,798	11,690	6,108
10~14세	27,307	17,684	9,623
15~19세	40,258	25,989	14,269
20~24세	43,746	29,046	14,700
25~29세	45,423	30,725	14,698
30~34세	70,917	49,208	21,709
35~39세	93,780	66,486	27,294
40~44세	137,802	97,664	40,138
45~49세	186,669	130,863	55,806
50~54세	250,931	172,074	78,857
55~59세	285,510	185,156	100,354
60~64세	255,852	153,513	102,339
65~69세	265,680	146,565	119,115
70~74세	289,553	141,606	147,947
75~79세	248,660	107,140	141,520
80~84세	145,152	53,614	91,538
85~89세	61,607	20,090	41,517
90~94세	18,834	5,780	13,054
95~99세	3,313	819	2,494
100세 이상	509	107	402

대부분의 가정에 장애인이 꽤 있다 보니, 장애인 자녀를 둔 부모님들의 마음을 헤아려 효도절세를 도모하는 방법이 있다.

장애인 자녀를 둔 부모님들의 한결 같은 소원이 바로 "장애인 자녀보다 하루 더 살다 죽는 것이다"라는 말이 있듯이 장애인 자녀를 두고 부모가 먼저 죽을 수는 없다는 애절한 바람이지만, 현실적으로는 장애인 자녀보다 부모가 먼저 죽을 가능성이 높다.

따라서 장애인을 평생토록 보살피면서 관리해 주는 방법이 필요한데, 바로 장애인 신탁과 장애인 보험금 비과세를 활용한다면 아주 효과적이다.

〈장애인 과세가액불산입 및 비과세 혜택〉

5억원
(신탁회사에 신탁하는 경우)
과세가액 불산입
증여세 없음

연간 4,000만원
(장애인을 수익자로 하는 보험금)
비과세
증여세 없음

〈관련 근거〉

상속세 및 증여세법 제 52조의2 (장애인이 증여받은 재산의 과세가액 불산입)

장애인이 그의 직계존비속과 친족으로부터 재산을 증여받고 신고기한까지 다음 요건을 모두 갖춘 경우, 그 증여받은 재산가액(5억원 한도)을 증여세 과세가액에 산입하지 아니한다.

- 증여받은 재산 전부를 신탁업자에게 신탁하였을 것
- 그 장애인이 신탁의 이익 전부를 받는 수익자일 것
- 신탁기간이 그 장애인이 사망할 때까지로 되어 있을 것
  다만, 장애인이 사망하기 전에 신탁기간이 끝나는 경우에는 신탁기간을 장애인이 사망할 때까지 계속 연장하여야 한다.

상속세 및 증여세법 제 46조의8 (장애인을 보험금 수령인으로 하는 보험)

"대통령령으로 정하는 보험의 보험금" 이란 「장애인복지법」에 따라 등록한 장애인 및 「국가유공자 등 예우 및 지원에 관한 법률」에 따라 등록한 상이자를 수익자로 한 보험의 보험금을 말하며 비과세되는 보험금은 연간 4천만원을 한도로 한다.

장애인 신탁의 경우 5억 원을 신탁하고 그 신탁의 이익 전부를 장애인이 수익자가 되게 한다면 비과세 혜택(과세가액 불산입)을 준다.

장애인을 보험금 수령인으로 하는 보험에 가입한 경우 예를 들어 계약자가 아버지이고, 피보험자가 자녀 또는 장애인 자녀(피보험자에 대한 제한은 없다)이고, 보험금 수익자가 장애인자녀인 경우 장애인이 연간 수령하는 보험금의 4,000만 원까지는 과세를 하지 않는다는 것이다.

(이럴 경우 적합한 상품은 생명보험사의 연금보험이며 연금의 수령방식을 종신형으로 선택할 경우 더욱 유리하다.

왜냐하면 종신형 연금인 경우 장애인이 연금을 수령하다가 중도에 해지할 수 없도록 안전장치가 되어 있기 때문에 장애인 후견인이 나중에 연금을 해약하고 써버릴 수 있는 여지를 사전에 없애 버렸기 때문이다.)

따라서 이러한 장애인 신탁과 보험금 비과세를 활용한다면 장애인 케어는 물론 절세효과도 보게 된다.

	증여가액	증여세 절세액
장애인 신탁 증여	5억 원	8,000만 원
장애인 보험금 증여 (연금준비금 기준)	10억 5,000만 원	2억 4,000만 원
합계	15억 5,000만 원	3억 2,000만 원

추가 증여 가능

이 제도를 활용하면 최대 약 3억 2,000만 원의 증여세를 절세(장애인이 아닐 때 증여할 경우 납부해야 할 증여세와 비교한 금액)할 수 있다.

그리고 무엇보다도 장애인 신탁으로 오늘 바로 증여해도 증여한 재산이 10년 합산규정에 포함되지 않기 때문에 바로 상속세를 반 이상 줄일 수가 있다.

증여의 경우는 증여 후 10년 이내에 상속이 되면 기증여재산이 상속재산에 포함되는 데 반해, 장애인 신탁은 증여 즉시 상속재산에서 제외된다는 것이 최대 이점(利點)이다.

또한 장애인 신탁의 경우 중간에 해지를 못하고 장애인이 사망할 때까지 신탁을 연장해야만 비과세 혜택을 부여했는데, 2018년도 개정세법에서는 장애인 신탁의 원금인출을 가능하게 하고 있다.

즉, 중증장애인 본인에 대한 의료비와 특수교육비 지출을 위해 원금인출을 허용한다는 내용이다.

장애인 신탁의 가장 큰 단점이 5억 원의 신탁원금을 죽을 때까지 묶어 둬야 하는 점이었는데, 개정세법은 이러한 단점마저도 커버해 주는 아주 유용한 비과세 플랜이 될 것으로 사료된다.

7
거주자, 비거주자에 따른 상속재산은?

피상속인이 거주자인 경우 거주자의 국내외 모든 재산이 상속재산에 포함된다.

반대로 피상속인이 비거주자인 경우 비거주자의 국내에 있는 모든 재산이 상속재산에 포함된다.

거주자 사망 시	비거주자 사망 시
거주자의 국내외 모든 상속재산 (무제한 납세의무)	국내에 있는 비거주자의 모든 상속재산 (제한 납세의무)

요즘은 해외에 유학하거나, 영주권 및 시민권을 얻는 경우가 많은데 이럴 경우 상속세와 증여세는 어떻게 되는지 궁금해하는 경우가 많다.

세법에서는 내국인과 외국인으로 구분하여 세금을 매기지는 않고 거주자와 비거주자로 구분하여 세법을 적용하고 있다.

여기서 거주자는 국내에 주소를 두거나 183일 이상 거소를 둔 사람을 말하며, 비거주자는 이러한 거주자가 아닌 사람을 말한다.

그러나 거주자, 비거주자를 구분하는 데는 종합적인 판단이 중요한데 예를 들어 국내에서의 거주 기간이나, 직업, 국내에서 생계를 같이 하는 가족, 국내 소재 자산 유무 등 생활 관계의 객관적 사실에 따라 판단하게 된다.

따라서 단순하게 거소를 183일 이상 둔다고 거주자가 되는 것은 아니다.

〈거주자, 비거주자 판단 기준〉

① 주소는 국내에서 생계를 같이 하는 가족 및 국내에 소재하는 자산의 유무 등 생활관계의 객관적 사실에 따라 판정한다.
② 거소는 주소지 외의 장소 중 상당 기간에 걸쳐 거주하는 장소로서 주소와 같이 밀접한 일반적 생활관계가 형성되지 아니한 장소로 한다.
③ 국내에 거주하는 개인이 다음 각 호의 어느 하나에 해당하는 경우에는 국내에 주소를 가진 것으로 본다.
   1. 계속하여 183일 이상 국내에 거주할 것을 통상 필요로 하는 직업을 가진 때
   2. 국내에 생계를 같이 하는 가족이 있고, 그 직업 및 자산상태에 비추어 계속하여 183일 이상 국내에 거주할 것으로 인정되는 때
④ 국외에 거주 또는 근무하는 자가 외국국적을 가졌거나 외국법령에 의하여 그 외국의 영주권을 얻은 자로서 국내에 생계를 같이하는 가족이 없고 그 직업 및 자산상태에 비추어 다시 입국하여 주로 국내에 거주하리라고 인정되지 아니하는 때에는 국내에 주소가 없는 것으로 본다.
⑤ 외국을 항행하는 선박 또는 항공기의 승무원의 경우 그 승무원과 생계를 같이하는 가족이 거주하는 장소 또는 그 승무원이 근무 기간 외의 기간 중 통상 체재하는 장소가 국내에 있는 때에는 당해 승무원의 주소는 국내에 있는 것으로 보고, 그 장소가 국외에 있는 때에는 당해 승무원의 주소가 국외에 있는 것으로 본다.

* 해외 현지법인에 파견된 임직원 및 공무원도 거주자: 거주자나 내국법인의 국외사업장 또는 해외현지법인(내국법인이 발행주식 총수 또는 출자지분의 100/100을 직접 또는 간접 출자한 경우에 한정한다) 등에 파견된 임원 또는 직원이나 국외에서 근무하는 공무원은 거주자로 본다.

예를 들어 해외파견 공무원은 183일 이상 해외 거주하고 국내에는 며칠밖에 거주하지 않는 경우 비거주자가 되는 것이 아니고 거주자가 되는데, 이는 「소득세법 시행령」에 따른다.

- 거주자: 국내에 주소를 두거나 183일 이상 거소를 둔 사람
- 비거주자: 거주자가 아닌 사람
- ■ 종합적인 판단: 국내에서의 거주 기간이나, 직업, 국내에서 생계를 같이 하는 가족, 국내 소재 자산 유무 등 생활 관계의 객관적 사실에 따라 판단

거주자는 내국인, 비거주자는 외국인이 아님

거주자와 비거주자의 사망으로 발생하는 상속세는 다음 표와 같다.

비거주자인 경우 제한된 범위 내에서의 공제(기초공제 2억 원 등)밖에 지원되지 않는다.

거주자와 비거주자 사망으로 인한 상속세 비교

	거주자 사망 시	비거주자 사망 시
신고기한	6개월 이내(상속 개시일이 속하는 달 말일로부터)	9개월 이내(상속 개시일이 속하는 달 말일로부터)
과세재산	국내외 소재 모든 상속재산	국내에 소재하는 모든 상속재산
공제항목	공과금, 장례비용, 채무, 인적공제, 물적공제, 세액공제 등	상속재산을 목적으로 하는 전세권, 임차권, 저당권, 담보채무, 국내사업장 공과금, 채무, 기초공제(2억원), 감정평가 수수료
납세 방법	연부연납, 물납 가능	연부연납, 물납 가능

또한 증여세의 경우에도 거주자는 증여재산공제를 받는 반면, 비거주자는 받을 수 없다.

거주자, 비거주자 증여세 비교

수증자가 거주자인 경우	수증자가 비거주자인 경우
증여재산공제 가능	증여재산공제 불가

따라서 증여재산공제를 받는 경우와 받지 않는 경우를 비교해 보면 다음 표와 같다.

거주자, 비거주자 증여세 절세 효과 비교

증여액	수증인	거주자 증여세	비거주자 증여세
6억 원	배우자	0	1억 2,000만 원
5,000만 원	성년 자녀	0	500만 원
2,000만 원	미성년 자녀	0	200만 원

요즘 비거주자의 증가에 따라 거주자와 비거주자의 관계에서 증여를 하는 경우 증여세 과세 여부에 대한 관심이 많다.

따라서 요약해 보면 다음과 같다.

거주자, 비거주자 증여세 정리

증여자	증여재산	수증자	증여세 과세 여부
거주자	국내	거주자	과세
		비거주자	과세
	국외	거주자	과세
		비거주자	과세

거주자가 비거주자에게 증여시 증여세 연대납세의무

거주자인 증여자가 비거주자에게 증여할 경우 원래는 수증자가 증여세를 부담해야 하지만, 조세채권 확보의 차원에서 증여자도 증여세 연대납세의무를 지게 하고 있다.

증여세 연대납세의무

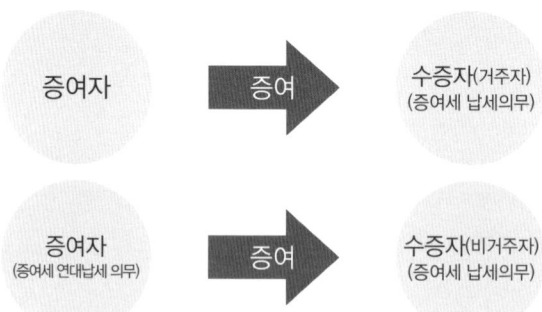

그러므로 증여자가 증여세를 내는 경우에도 추가의 증여세가 부과되지 않는데, 이는 증여세 연대납세의무 조항 때문이다.

이러한 연대납세의무에 따라 증여자가 증여세를 낼 경우 증여세 절세효과는 다음과 같다.

증여세 연대납세 효과

성년 자녀 증여	연대납세 안 한 경우	연대납세 한 경우
증여재산	10억 원	10억 원
증여세(자녀)	2억 2,500만 원	0
증여 후 자녀 재산	7억 7,500만 원	10억 원

2억 2,500만 원 차이

거주자, 비거주자 증여세 정리

증여자	증여재산	수증자	증여세 과세 여부
비거주자	국내	거주자	과세
		비거주자	과세
	국외	거주자	과세
		비거주자	비과세

8
부동산 매각자금 100억 원 은닉사건

상속재산 현금 100억 원 은닉사건!
상속재산을 숨길 수는 있으나 피할 수는 없다!

상속은 장기적인 관점에서의 합법적인 플랜이 필요하다.

상속에 대한 장기계획을 사전에 준비하지 않고 있다가 갑자기 상속이 임박해서 제대로 준비하지 못하는 사례가 있는데, 이럴 때 순간의 잘못된 판단으로 돌이킬 수 없는 커다란 실수를 저지를 때가 있다.

다음의 사례는 와병 중인 아버지를 모시고 있는 자녀의 잘못된 상속플랜 사례이다.

> B씨에게는 부동산 임대사업을 하고 있는 아버지가 있는데, 갑자기 뇌출혈로 쓰러져서 의사진단으로 1년을 못 버티게 되는 일이 발생했다.
> B씨는 사전에 아버지로부터 재산을 증여받은 적이 없는 상태이기에 상속세 절세 전략도 펴보지 못하고 아버지 상속재산의 50%를 상속세로 부담해야 하는 딱한 처지에 놓이게 된 것이다.
> B씨는 친구들에게 알아본 결과 상속재산을 금괴나 현금으로 가지고 있으면 나중에 상속세를 피해 갈 수 있다는 얘기를 듣고, 아버지의 부동산을 급히 매각해 현금으로 100억 원가량을 확보했다.
> 그런데 과연 B씨는 자신이 원하는 대로 상속세를 피할 수 있을까?

정답은 'NO'이다.

왜냐하면 상속세·증여세법에는 추정 상속재산제도라는 것이 있어서 상속재산을 숨겨도 상속인이 증명해야 하는 것이 있다.

따라서 무조건적으로 모른다고 발뺌을 하더라도 상속세를 피할 수 없다.

〈추정상속재산 제도〉

재산의 종류	사전처분 등의 금액	
	1년 이내	2년 이내
현금, 예금, 유가증권 등	2억 원 ↑	5억 원 ↑
부동산, 부동산권리 등	2억 원 ↑	5억 원 ↑
기타 재산(채무 등)	2억 원 ↑	5억 원 ↑

1. 피상속인이 재산을 처분하여 받은 금액이나 피상속인의 재산에서 인출한 금액이 상속개시일 전 1년 이내에 재산 종류별로 계산하여 2억 원 이상인 경우와 상속개시일 전 2년 이내에 재산 종류별로 계산하여 5억 원 이상인 경우로서 용도가 객관적으로 명백하지 아니한 경우
2. 피상속인이 부담한 채무를 합친 금액이 상속개시일 전 1년 이내에 2억 원 이상인 경우와 상속개시일 전 2년 이내에 5억 원 이상인 경우로서 용도가 객관적으로 명백하지 아니한 경우
3. 피상속인이 국가, 지방자치단체 및 금융회사 등이 아닌 자에 대하여 부담한 채무로서 상속인이 변제할 의무가 없는 것으로 추정되는 경우

피상속인이 사망 전 1년 이내에 부동산을 처분하고 그 처분금액이 2억 원 이상인 경우에는 추정상속재산에 포함하여 상속인들이 처분금액에 사용처를 입증해야만 상속재산에서 제외될 수 있다.

만약 입증하지 못한다면 추정상속재산에 포함되는 것이다.

(입증의 책임은 과세관청에 있는 것이 아니라 상속인에게 있다. 실제로 피상속인이 상속인 몰래 부동산을 처분했다 하더라도 상속인이 입증해야 하는 책임이 있는 것이다.)

추정상속재산의 종류에는 현금과 예금, 부동산, 채무, 기타 재산이 있다. 각각의 재산이 사망 전 1년 이내에 2억 원 이상인 경우와 2년 이내에 5억 원 이상인 경우 추정상속재산에 포함된다.

(추정상속재산 기준에 해당하지 않는 경우라도 안심할 수는 없다. 상속인에게 입증의 책임은 없지만, 과세관청이 입증하는 경우에는 상속재산에 포함될 수 있기에 상속재산관리에 만전을 기해야 한다.)

〈추정상속재산 계산 방법〉

추정상속재산 = 처분재산가액 - 입증금액 - min(처분재산가액 × 20%, 2억 원)

가령 피상속인 사망 전 1년 이내 부동산을 매각한 금액이 3억 원이라고 가정해 보자.

이 경우 상속인이 입증한 금액이 다음과 같을 때 추정상속재산을 산출해 보자.

① 전액을 입증하지 못했을 경우

3억 원 - 0(입증금액) - min[3억 원 × 20%(6,000만 원), 2억 원]

추정상속재산 = 2억 4,000만 원

② 1억 원을 입증했을 경우

3억 원 − 1억 원(입증금액) − min[3억 원 × 20%(6,000만 원), 2억 원]
추정상속재산 = 1억 4,000만 원

따라서 만약 B씨의 아버지가 1년 또는 2년 안에 사망한다면 은닉한 재산 중 2억 원을 제외한 전액이 상속세 대상이 되는 것이다.

그런데 여기서 한 가지 더 주목해야 하는 사항이 있다.
바로 B씨는 상속세를 피할 수도 없었지만, 이러한 행위로 인해 엄청난 손해를 보게 되었다는 점이다.

첫 번째!

B씨는 서둘러 아버지 소유의 부동산을 매각하였는데, 일반적으로 급매를 하는 경우 10%에서 20% 정도 싸게 양도하는 경우가 많다.
총 양도금액이 약 200억 원이라 가정했을 때, 최소 20~40억 원 정도는 손해를 보고 매각했던 것이다.
결국 B씨는 앉은 자리에서 20~40억 원을 급매로 손해를 본 것이다.

두 번째!

B씨는 부동산을 매각하면서 아버지 명의로 양도소득세를 납부했는데, 장기 보유한 부동산이었기에 장기보유특별공제 30%를 감안하더라도 양도차익이 많이 발생하였으므로 양도소득세가 30억~40억 원가량 발생했을 것으로 판단된다.

이 또한 상속으로 갔다면 불필요한 양도소득세는 내지 않아도 되는데도 말이다.

〈양도소득세 산출 FLOW〉

고액의 양도소득세 납부: 최고 46.2% 납부		
	양도가액	실지거래가액
(−)	취득가액	실지거래가액
(−)	필요경비	
=	양도차익	
(−)	장기보유특별공제	(10~30%)
=	양도소득금액	
(−)	양도소득기본공제	연간 250만 원
=	과세표준	
(X)	적용세율	(6~42%)
=	산출세액	
(−)	감면세액	
=	결정세액	

세 번째!

부동산을 매각하지 않은 채 상속으로 갔더라면 B씨는 상속받고 나중에 부동산을 처분할 경우 취득가액이 상속 시 가액으로 평가되어 올라가게 된다.

따라서 양도차익이 줄게 되므로 지금보다 훨씬 적은 금액의 양도소득세를 낼 수 있었다.

(상속 시 부동산 평가는 아버지가 최초 취득 시 가격보다 높아진 상태에서 산정되었기에 나중에 양도할 경우 취득가액이 높아져 양도차익이 줄어들게 된다.)

또한 부동산으로 상속 후 나중에 부동산을 매각하게 된다면 양도차익이 줄어들 뿐 아니라 상속인이 다수라서 양도소득세 분산으로 절세에 커다란 도움이 되었을 것이다.

하지만 상속 전 미리 매도하게 됨으로써 커다란 손해를 보게 된 것이다.

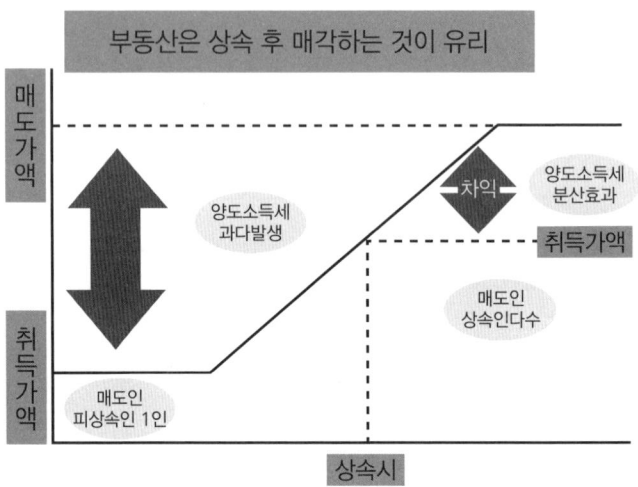

네 번째!

B씨는 현재 부동산 매각 후 은닉자금이 전부 현금이기에 상속가액을 전혀 줄이지 못하였다.

하지만, 부동산을 매각하지 않고 상속으로 갔더라면 부동산 평가 시 기준시가 및 공시지가로 상속가액이 20~40% 내외로 줄어들어 상속세 부담을 훨씬 많이 줄일 수 있는 기회를 놓쳤다.

여기서도 꽤 많은 금전적 손실을 감수해야 했다.

⟨상속재산 평가방법⟩

상속재산은 시가평가가 원칙이나 부동산은 보충적 방법으로 평가한다	
	보충적 평가방법
토지	개별공시지가(시, 군, 구청 홈페이지)
아파트(오피스텔)	시가평가
상가빌딩	토지: 개별공시지가 건물: 국세청 건물기준시가
단독, 다가구	개별주택 공시가격(각 구청 홈페이지)
예금, 적금	평가기준일 현재 예금총액 + 미수이자 x (1−원천징수세율) (금융감독원의 금융소비자보호센터)

결론적으로 B씨는 부동산 매각으로 인해 약 100억 원 내외의 손실을 보게 되었고, 그토록 피하려고 했던 상속세마저 피할 수 없게 되었다.

이처럼 잘못된 상속설계는 나중에 엄청난 결과를 가져온다.

이러한 상황은 시간이 없으면 발생할 수밖에 없는 것이기에 미리 준비하는 것이 중요하다.

선무당이 사람 잡는 것이고, 봄에 뿌린 씨앗이 여름이 아닌 가을이 되어야 열매를 맺듯이 상속설계 또한 오래전부터 준비한다면 '절세'라고 하는 커다란 과실을 맛볼 수 있을 것이다.

9
노령의 부친이 빌딩을 팔면 안 되는 이유

C씨는 85세의 고령이다.
C씨는 살아생전에 자녀들에게 사전 증여를 하고자 소유하고 있는 상가건물을 처분하고자 했다. 그래서 은행과 증권사 그리고 보험사까지 찾아가 컨설팅을 받았다.
그런데 놀랍게도 모든 금융사에서는 건물을 매도하고 자녀들에게 일정 금액씩 증여하는 것에 동의했다.
결국 건물을 처분하기로 결정한 C씨에게 건물매입자가 나타났는데, 약간의 불안한 마음에 마지막으로 한 번 더 확인하려고 필자에게 문의해 왔다.

일반적으로 고령인 경우 부동산 등을 처분하는 것은 금기사항이다.

왜냐하면 매도하고 나서 사망하는 경우 상속세 측면에서 손해가 발생하기 때문이다.

죽기 전에 현금을 가지고 있는 것보다는 부동산을 가지고 있는 것이 훨씬 유리하다.

그래서 일단 검토한 후에 의견을 냈다.

검토의견은 바로 매각하지 말고 보유하라는 것이었다.

보유하라고 하는 이유에는 여러 가지가 있었다.

첫째, 부동산 매도 시 고액의 양도소득세가 발생하기 때문이다.

해당 건물은 오래전부터 소유하고 있던 것이라 양도차익이 많이 발생하였다.

양도금액이 80억 원일 경우 취득가액 등이 적어서 양도차익이 무려 70억 원에 달했다.

장기보유특별공제를 하더라도 약 50억 원의 양도소득 과세표준이 발생하게 되는데, 이 경우 양도소득세는 무려 약 22억 7,000만 원이 발생하게 된다.

둘째, 양도 후 자녀 세 명에게 10억 원씩 증여한다고 가정했을 때, 증여세가 많이 발생한다는 것이다.

증여세는 1인당 2억 2,500만 원씩 발생하며 총 6억 7,500만 원(3명)이 된다.

그런데 문제는 C씨가 85세의 고령이기 때문에 증여한 이후 10년이 경과되기 전에 사망할 경우 기증여된 재산은 다시 상속재산에 합산된다면 점이다.

증여를 하는 가장 큰 이유는 상속재산가액을 줄여서 낮은 상속세율을 적용받고 싶어서였다.

예를 들어 현재 상속재산 과세표준이 50억 원이 되는 경우 적용세율은 50%이며, 산출세액은 무려 20억 4,000만 원이 된다.

그런데 이럴 경우 사전 증여(30억 원)를 통해 과세표준액을 20억 원으로 줄인다면 적용세율은 40%가 되며 산출세액은 6억 4,000만 원이 된다.

전에 비해 14억 원이나 절세했다.

따라서 C씨의 경우는 사전 증여를 하게 되면 10년 이내 사망할 경우 상속재산을 전혀 줄일 수 없게 되기에 사전증여 효과가 사라지게 된다.

셋째, 건물을 매도하지 않고 보유한 상태로 사망한다면, 현금보유보다 훨씬 유리해서 상속세 절세를 톡톡히 할 수 있겠지만, 매도를 하게 되면 그런 혜택이 사라지게 된다는 점이다.

해당 부동산은 공시지가 및 건물기준시가를 합쳐서 40억 원에 불과했었다.

그런데 매각을 할 경우 양도소득세를 내고 나면 현금은 57.3억 원이 남게 되어, 부동산 보유 대비 17.3억 원이 많다.

이에 상속세 최고세율(50%)을 적용할 경우 8.65억 원의 상속세를 더 내게 된다는 것이다.

넷째, 살아생전에 부동산을 매각하는 것보다 상속 후 매각하는 것이 훨씬 유리하다.

왜냐하면 상속으로 인해 취득가액이 올라갔고 이로 인해 양도차익이 줄어들기 때문이다.

이는 양도소득세를 줄일 수 있는 기준이 된다.

상속 시 취득가액이 40억 원이므로 상속개시 후(장기보유특별공제 30% 반영) 80억 원에 양도한다고 가정했을 때, 양도소득세는 다음과 같다.

(물론 상속으로 인해 건물의 소유는 배우자와 자녀 3인이 되었다.)

1인당 양도소득세는 2억 5,860만 원이며 총 4인의 양도소득세는 10억 3,440만 원이다.

전에 비해 12억 3,560만 원이 절감된 것이다.

이렇게 양도소득세가 많이 나오는 이유는 무엇보다 양도차익이 많이 발생한 이유도 있지만, C씨 혼자서 해당 건물을 소유했기 때문에 누진과세를 피할 수 없어서였다.

만약 건물을 여러 명이 소유했더라면 누진과세를 어느 정도 피할 수 있었을 것이다.

결국 C씨는 건물을 매각하지 않기로 결정했다.

그런데 나중에 안 사실이었지만 놀랄 만한 일이 더 있었다.

그것은 바로 다음 내용 때문이었다.

대로변 건물 안쪽에 위치한 C씨의 건물은 준맹지에 가까워 제대로 된 가격을 받을 처지가 못 됐다.

그런데 알고 보니 대로변의 건물주는 C씨와 삼촌지간의 가족이었다.

대로변 건물이 겨우 120여 평에 불과해 C씨의 건물 90여 평을 합쳐야만 제대로 된 건물을 신축할 수 있다.

C씨 사후에 사촌끼리 건물을 신축할 경우 대지 210여 평에 15층 이상 건물을 지을 수가 있게 되는데, 이때 C씨의 준맹지에 가까운 토지는 대로변 건물과 합쳐져서 가격은 엄청나게 오를 수 있을 것이다.

만약 C씨가 건물을 매각했더라면 당장 몇십 억 원의 손해 말고 수백억 원의 손해를 더 볼 수 있는 상황이 되었을 것이다.

그런데 매각을 철회하게 되자 이제는 수백억 원의 이익을 기대할 수 있게 된 것이다.

물론 대로변과 합쳐져서 취득가액이 올라가 취득세는 더 내겠지만, 이는 행복한 세금이 될 것이다.

10
1세대 2주택자가 제반 세금을 절세하는 방법

부동산 자산이 대부분인 D씨는 요즘 1세대 2주택자로 고민이 많다.
2018년 4월 1일부터 양도하는 주택에 대해 다주택자인 경우 양도소득세를 중과하기 때문이다.
1세대 2주택자인 경우 조정대상지역 내 주택을 양도할 때는 기본세율 + 10%P의 중과세 및 장기보유특별공제가 배제되고, 만약 1세대 3주택자인 경우 기본세율 + 20%P 및 장기보유특별공제가 배제된다.

D씨의 경우 서울 소재 1주택은 아파트(a)로 20여 년 전부터 보유하고 있던 것으로 시세가 약 20억 원에 달하며 양도차익 또한 10억 이상 난다.
그리고 또 다른 주택 또한 서울 소재 아파트(b)로 시세는 약 14억 원에, 양도차익도 8억 원에 육박한다.

D씨는 b아파트를 매각하려고 하는데, 양도소득세 때문에 엄두가 나지 않는 상황이다. 양도세만 4억 원 이상이 나오기 때문이다.

<양도소득세율>

구분	과세표준	세율			누진공제
		기본	2018년 4월 1일부터 시행 (조정지역내)		
			2주택	3주택	
2년 이상 보유 다주택자 (1년 이상 보유한 조합원 입주권)	1,200만 원 이하	6%	16%	26%	–
	1,200만 원 초과 ~ 4,600만 원 이하	15%	25%	35%	108만 원
	4,600만 원 초과 ~8,800만 원 이하	24%	34%	44%	522만 원
	8,800만 원 초과 ~15,000만 원 이하	35%	45%	55%	1,490만 원
	15,000만 원 초과 ~3억 원 이하	38%	48%	58%	1,940만 원
	3억 초과~5억 이하	40%	50%	60%	2,540만 원
	5억 원 초과	42%	52%	62%	3,540만 원
1년 미만 보유	주택, 조합원 입주권 40%, 토지 50%				
1~2년 미만 보유	주택, 조합원 입주권 6~42%, 토지 40%				
미등기 양도	70%				

b 아파트의 양도소득세를 계산해 보자.

양도소득세 산출

양도가액: 14억 원(가정)
취득가액(제반경비포함): 6억 원(가정)
양도차익: 8억 원
장기특별공제: 0억 원
양도소득기본공제 : 250만 원
과세표준: 7억 9,750만 원
산출세액: 7억 9,750만 원 × 52% − 3,540만 원(누진공제액) = 3억 7,930만 원
양도소득세(주민세 10% 포함): 총 4억 1,723만 원

양도가액을 14억 원으로 하고 취득가액을 6억 원으로 가정해 보면, 양도차익은 8억 원이 나온다.

장기보유특별공제는 없으므로 양도소득기본공제 250만 원만 하면 과세표준은 7억 9,750만 원이 된다.

여기에 1세대 2주택 중과세율 52%를 적용하고, 주민세까지 구한다면 양도소득세는 무려 4억 1,723만 원이 나오게 된다.

이러한 결과는 1세대 2주택자 중과규정이 원인이고 양도차익이 과다해서 생긴 문제이다.

사실 D씨는 b아파트를 매각하고 남은 자금으로 자녀에게 증여할 계획까지 가지고 있었다.

자녀 2명에게 5억 원씩 증여하여 각자 주택을 구입할 수 있도록 하겠다는 것이었다.

그러므로 D씨는 양도소득세 말고도 증여세를 또 부담해야 하는 상황이 벌어질 것이다.

이렇게 할 경우 만약 D씨가 b아파트를 팔고 증여까지 하게 되면 무려 세금이 5억 7,723만 원이나 발생하게 된다.

4억 1,723만 원(양도소득세) + 1억 6,000만 원(증여세)
= 5억 7,723만 원

그렇다면 어떻게 해야만 양도소득세를 줄일 수 있을까?
또한 자녀에게 효과적으로 증여할 수 있는 방법은 무엇일까?

D씨의 경우 양도소득세와 증여세를 한꺼번에 절세할 수 있는 방법은 사전 증여를 통해 가능하다.

즉 b아파트를 사전 증여하고 나서 추후에 양도하게 된다면 양도소득세와 증여세를 동시에 줄일 수 있게 된다.

먼저 b아파트를 총 12억 원으로 하여 배우자 및 자녀들에게 증여하기로 해 보자.

특수관계자에게 아파트를 시가보다 현저하게 낮게 양도하는 경우 증여의제로 증여세를 낼 수 있는 위험이 있으나, 시가와 대가 대비 차액이 시가의 30% 이하이거나, 3억 원 이하일 경우는 관계없다.

[아파트 분할 증여]

〈저가 양도에 따른 증여의제〉

특수관계인인 경우
(시가-대가)의 차액이 시가의 30% 이상 또는 3억 원 이상
특수관계인이 아닌 경우
(시가-대가)의 차액이 시가의 30%일 경우,
증여재산가액: (시가-대가)-min(시가의 30%, 3억 원)

이렇게 증여할 경우 증여세는 다음과 같이 산출된다.

증여대상 증여액	배우자 6억 원	子 3억 원	女 3억 원	계
증여공제	6억 원	0.5억 원	0.5억 원	7억 원
과세표준	0억 원	2.5억 원	2.5억 원	5억 원
세율	0%	20%	20%	20%
산출세액	0억 원	0.4억 원	0.4억 원	0.8억 원
신고세액공제 (2019년)	3%	3%	3%	3%
납부할 세액	0만 원	3,880만 원	3,880만 원	7,760만 원

※취득세 4% (4,800만원)별도

배우자에게 6억 원까지는 증여재산공제가 6억 원이므로 증여세가 발생하지 않는다.

자녀들은 성인이라 각각 5,000만 원의 증여재산공제 후 3,880만 원씩 증여세(총 7,760만 원)를 내면 된다. (물론 취득세 4%는 별도이다)

그리고 나서 5년이 경과되었을 때, 양도한다고 가정하고 양도소득세를 알아보자.

여기서 증여 후 5년 이후 양도를 하는 이유는 증여재산 이월과세 및 증여재산 부당행위계산 부인 규정을 피하기 위해서이다.

(만약 증여 후 양도할 경우 우회양도가 되어 최초 증여자인 아버지가 양도한 것으로 간주하기 때문에 사전 증여효과가 없어진다.)

⟨증여재산 이월과세 및 부당행위계산 부인 규정⟩

구분	증여재산 이월과세	특수관계자 증여재산 부당행위계산 부인
증여자와 수증자관계	배우자, 직계존비속	특수관계자
과세대상재산	토지, 건물, 특정 시설물 이용권	양도소득세 과세대상
수증일~양도일 기간	증여 후 5년 이내	증여후 5년 이내
납세의무자	수증받은 배우자, 직계존비속	당초 증여자
증여세 처리문제	필요경비에서 공제	증여세를 과세하지 않음
연대납세의무규정	없음	연대납세의무규정
기타	조세부담의 부당한 감소가 없어도 적용	조세부담이 부당히 감소된 경우만 적용

5년 후 14억 원에 매각한다고 가정할 때 양도소득세는 다음과 같다.

양도소득세 산출

양도가액: 14억 원(가정)
취득가액(제반경비 포함): 13.3억 원(증여가액, 취득세, 제반 비용 등)
양도차익: 0.7억 원(배우자 3,500만 원, 子女 각 1,750만 원)

[배우자 양도소득세]
양도차익: 3,500만 원
양도소득기본공제: 250만 원
과세표준: 3,250만 원
산출세액: 3,250만 원 × 25% − 108만 원(누진공제액) = 704.5만 원
양도소득세(주민세 10% 포함): 총 775만 원

[子女 각 양도소득세]
양도차익 : 1,750만 원
양도소득기본공제: 250만 원
과세표준: 1,500만 원
산출세액: 1,500만 원 × 25% − 108만 원(누진공제액) = 267만 원
양도소득세(주민세 10% 포함): 각각 294만 원(총 587만 원)

Total: 1,362만 원

양도소득세는 총 1,362만 원이 나오게 되어 증여를 하지 않고 양도하였을 때와 비교해 보면 무려 2억 7,801만 원을 절세할 수 있다.

	증여 전	증여 후	절세액
양도소득세	4억 1,723만 원	1,362만 원	4억 361만 원
사전 증여세 + 취득세	–	7,760만 원 4,800만 원	−1억 2,560만 원
합계	4억 1,723만 원	1억 3,922만 원	2억 7,801만 원

그런데 단순하게 상기 금액만 절세할 수 있는 것만은 아니다.

왜냐하면 아버지에게만 편중되었던 재산을 어머니와 자녀들에게 증여한 형식이 되기 때문에 양도 후 실질적으로 어머니와 자녀들이 받은 세후 자금을 증여한다고 했을 때, 총 1억 246만 원의 증여세를 추가로 절세하게 된 것이다.

[증여받은 다음 양도 후 실소득을 다시 증여한다고 가정 시 증여세 산출]

증여대상	배우자	子	女	계
증여재산	6억 9,225만 원	3억 4,706만 원	3억 4,706만 원	13억 8,638만 원
증여공제	6억 원	0.5억 원	0.5억 원	7억 원
과세표준	9,225만 원	2억 8,706만 원	2억 8,706만 원	6억 6,637만 원
세율	10%	20%	20%	20%
산출세액	923만 원	4,741만 원	4,741만 원	1억 405만 원
신고세액공제	3%	3%	3%	3%
납부할 세액	1,048만 원	4,599만 원	4,599만 원	1억 246만 원

또한 사전 증여는 증여 후 10년간 기증여재산을 합산하게 되어 있는데 미리 5년 전에 증여했기에 그 기간을 줄이거나 또 다른 증여를 가능하게 해 주기 때문에 그 효과는 이루 말할 수 없을 것 같다.

1) 참조: 주택의 중과 제외 주택

① 3주택 이상자의 중과제외대상 주택(장기임대주택 등)
② 수도권·광역시·특별자치시(세종시) 외의 지역*의 양도 당시 기준시가 3억 원 이하 주택**
　* 광역시·특별자치시 소속 군 및 읍·면 지역 포함
　** 보유주택 수 계산 시에도 제외
③ 취학, 근무상 형편, 질병 요양 등의 사유로 취득한 수도권 밖 주택 및 다른 시·군 소재 주택*
　* 취득 당시 기준시가 3억 원 이하, 취득 후 1년 이상 거주하고 사유 해소 후 3년 이내 양도
④ 혼인합가일로부터 5년 이내 양도하는 주택
⑤ 부모봉양합가일로부터 10년 이내 양도하는 주택
⑥ 소송진행 중이거나 소송결과에 따라 취득한 주택(확정판결일로부터 3년 이내 양도)
⑦ 일시적 2주택인 경우 종전 주택
⑧ 양도 당시 기준시가 1억 원 이하 주택*
　* 「도시 및 주거환경 정비법」상 정비구역 내 주택은 제외
⑨ 상기 ①~⑥의 주택 외에 1개의 주택만을 소유하는 경우 해당 주택

〈개정이유〉 양도소득세 중과 제외 대상 규정
〈적용시기〉 '18.4.1. 이후 양도하는 분부터 적용 ☞ 소득령 부칙 제28637호 ('18.2.13) 제1조

(자료: 국세청)

2) 참조: 3주택의 중과 제외 주택

① 수도권 · 광역시 · 특별자치시(세종시) 외의 지역*의 양도 당시 기준시가 3억원 이하 주택**
  * 광역시 · 특별자치시 소속 군 및 읍 · 면 지역 포함
  ** 보유주택 수 계산 시에도 제외

② 장기임대주택*
  * 준공공임대주택 등으로 등록하여 8년 이상 임대한 주택
    (다만, '18.3.31일까지 등록한 경우에는 5년 이상 임대한 주택)
  · 매입임대주택: 6억 원 이하(비수도권 3억 원 이하) 주택
  · 건설임대주택: 대지 298㎡ 이하, 건물 연면적 149㎡ 이하, 6억 원 이하 주택을 2호 이상 임대

③ 조특법상 감면대상 주택*
  * 장기임대주택(§97, §97의2), 미분양주택 등(§98~§98의3, §98의5~§98의8), 신축주택 등(§99~§99의3)

④ 10년 이상 무상제공한 장기사원용 주택

⑤ 5년 이상 운영한 가정어린이집 등

⑥ 상속받은 주택(5년 이내 양도)

⑦ 문화재주택

⑧ 저당권 실행 또는 채권 변제를 위해 취득한 주택(3년 이내 양도)

⑨ 상기 ①~⑧의 주택 외에 1개의 주택만을 소유하는 경우의 해당 주택

〈개정이유〉 임대주택 공급 확대 지원 등을 감안
〈적용시기〉 '18.4.1 이후 양도하는 분부터 적용 ☞ 소득령 부칙 제28637호('18.2.13) 제1항

(자료: 국세청)

3) 참조: 장기보유특별공제액

'장기보유특별공제액'이란 양도소득세를 계산할 때 자산의 양도차익에 해당 자산의 보유 기간별로 일정률을 곱하여 계산한 금액을 말하고, 이 금액은 해당 자산의 양도차익에서 뺀다.

따라서 장기보유특별공제액만큼 세부담이 줄어들게 된다.

> 장기보유특별공제액 = (실지양도가액 − 실지취득가액 − 기타 필요경비) X 보유 기간에 따른 공제율

양도가액 (−) 취득가액 (−) 필요경비	양도가액에서 취득가액 및 기타필요경비를 공제하여 양도차익을 계산
= 양도차익 (−) 장기보유공제	양도차익에서 장기보유특별공제액을 공제하여 양도소득금액을 계산
= 양도소득금액 (−) 기본공제	양도소득금액에서 양도소득기본공제를 공제하여 양도소득 과세표준을 계산
= 과세표준 X 세율	양도소득 과세표준에 양도소득세율을 적용하여 산출세액을 계산
= 산출세액	

(출처: 홈택스 양도소득세 종합안내)

장기보유특별공제의 대상이 되는 자산은 보유 기간이 3년 이상인 토지 또는 건물(미등기 양도자산 제외) 및 조합원입주권(조합원으로부터 취득한 것은 제외하며, 조합원입주권을 양도하는 경우에는 「도시 및 주거환경정비법」 제74조에 따른 관리처분계획 인가 전 토지분 또는 건물분의 양도차익으로 한정)이다.

2018년도 공제율		
보유기간	다주택자/ 건물, 토지	1세대 1주택
3년 이상~4년 미만	10%	24%
4년 이상~5년 미만	12%	32%
5년 이상~6년 미만	15%	40%
6년 이상~7년 미만	18%	48%
7년 이상~8년 미만	21%	56%
8년 이상~9년 미만	24%	64%
9년 이상~10년 미만	27%	72%
10년 이상	30%	80%

2019년도 공제율	
보유기간	다주택자/ 건물, 토지
3년 이상~4년 미만	6%
4년 이상~5년 미만	8%
5년 이상~6년 미만	10%
6년 이상~7년 미만	12%
7년 이상~8년 미만	14%
8년 이상~9년 미만	16%
9년 이상~10년 미만	18%
10년 이상~11년 미만	20%
11년 이상~12년 미만	22%
12년 이상~13년 미만	24%
13년 이상~14년 미만	26%
14년 이상~15년 미만	28%
15년 이상	30%

(자료: 국세청)

- 조정대상지역 내에 위치한 중과대상 주택은 2018.4.1 이후 양도 시부터 장기보유특별공제 배제

11
토지처분 전략

> 사업을 하는 E씨는 부동산 자산이 많은 편이다.
> 원단 도소매업을 하면서 벌어들인 소득을 대부분 부동산에 투자했기 때문이다.
> 다행히도 부동산 가격이 떨어지지 않고 상승하였기에 투자성과는 대부분 좋게 나타났다.
>
> 그런데 요즘은 부동산 자산 비중을 낮추며 금융자산의 Portfolio를 더 구성하기 위해 부동산을 일부 매각하는 쪽으로 가닥을 잡았다.
> E씨에게는 부동산 중 경기도 지역의 토지가 있는데 워낙 오래전에 구입한 것이라 매각 시 양도소득세가 많이 나올 것으로 판단해 효과적인 절세 전략이 필요했다.
> 이 경우 양도소득세를 절세할 수 있는 방법은 무엇인가?

양도소득세를 절세할 수 있는 방법은 여러 가지가 있는데 우선 양도차익을 줄이기 위한 필요경비의 계상이 중요하다.

먼저 취득 시 지출된 필요경비 증빙을 준비하고, 부동산 보유 간 자본적 지출액 또한 증빙해야 한다.
그리고 마지막으로 부동산 처분 간 소요되는 필요경비 증빙을 해서 양도차익을 줄여나가는 것이 중요하다.

① 취득 시 지출액
   취득 시 소요된 지출액은 모두 필요경비로 인정된다.
   취득세, 제반 수수료(세무사, 법무사, 공인중개사), 자산취득과정에서 소요된 소송비용 등.

② 자본적 지출액
   보유 간 지출된 자본적 지출액(고정자산에 투여된 비용으로 고정자산의 가치를 증가시키고 가용연수를 증가시키는 지출) 경비.
   샷시, 발코니, 방 확장공사, 상하수도 배관공사, 난방공사(보일러 교체 등) 등.

※ 수익적 지출액 (양도소득세 필요 경비로 인정하지 않음)
   부동산 등 고정자산을 취득한 후 해당 고정자산의 원상을 회복하거나, 활용능률을 유지하기 위해 지출된 경비.
   보일러 등 수리, 건물/벽의 도장, 벽지/장판 교체, 싱크대 교체, 파손된 유리 등 교체 비용 등.

③ 매각 시 양도비용
   자산 양도 간 발생하는 계약서 등(양도소득세 신고서 작성비용)의 경비.
   작성비용, 부동산중개수수료, 부동산매각검토 등 컨설팅비용(단, 매각이 어려운 부동산일 경우 비용 인정 가능), 광고비용 등.

그리고 부동산을 장기 보유하여 장기보유특별공제를 활용한 방법 또한 중요하다.

E씨의 경우 토지를 소유한 지 20여 년이 흘렀기 때문에 장기보유특별공제를 받을 수 있다.

그렇다면 E씨가 해당 토지를 매각한다고 가정했을 때, 양도소득세를 알아보자.

<기준>
취득 시 공시지가 2억 원
현재 공시지가 10억 원
현재 양도가액 20억 원

양도소득세 산출

양도가액: 20억 원(가정)
환산취득가액: 4억 원
개산공제액(3%): 600만 원
양도차익: 15억 9,400만 원
장기특별공제(30%): 4억 7,820만 원
양도소득기본공제: 250만 원
과세표준: 11억 1,330만 원
산출세액: 11억 1,330만 원 × 42% − 3,540만 원(누진공제액) = 4억 3,219만 원
양도소득세(주민세 10% 포함): 총 4억 7,540만 원

$$환산취득가액 = 양도당시실지거래가액 \times \frac{취득당시기준시가}{양도당시기준시가}$$

※ 1990년 1월 1일 개별공지시가 × $\frac{취득일토지등급가액}{(1990년 8월 30일 토지등급가액 + 직전토지등급가액) \div 2}$

E씨의 경우 비록 장기보유특별공제를 받았지만 양도소득세 4억 7,540만 원은 피할 수 없게 되었다.

과연 E씨에게는 양도소득세를 줄이고 나아가서 상속세도 줄일 수 있는 방법은 없을까?

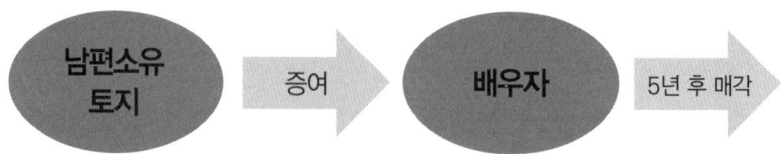

⟨Solution: 배우자 증여 후 매각방안⟩

배우자에게 토지를 증여하고 나서 일정 기간 경과 후 매각하는 방법이다.
배우자에게 6억 원까지 증여해도 증여세는 발생하지 않는다.

따라서 증여효과를 높이기 위해 7억 원의 토지지분을 증여한다고 했을 때, 증여세는 6억 원 초과 1억 원에 대해 1,000만 원이 발생한다.

하지만, 5년 후 매각 시 아래와 같이 남편 양도소득세 1억 1,825만 원, 아내 양도소득세 2억 3,512만 원으로 총 3억 5,337만 원이 소요되어 증여 전에 비해 1억 2,203만 원이 절세된다.

남편 양도소득세

양도가액(지분): 6억 원
환산취득가액: 1.2억 원
개산공제액(3%): 180만 원
양도차익: 4억 7,820만 원
장기보유특별공제(30%): 1억 4,346만 원
양도소득기본공제: 250만 원
과세표준: 3억 3,224만 원
산출세액: 3억 3,224만 원 × 40% − 2,540만 원(누진공제액) = 1억 750만 원
양도소득세(주민세 10% 포함): 1억 1,825만 원

아내 양도소득세

양도가액(지분): 14억 원
취득가액: 7억 원
비용(증여세, 취득세 등): 0.38억 원
양도차익: 6억 6,200만 원
장기보유특별공제(10%): 6,620만 원
양도소득기본공제: 250만 원
과세표준: 5억 9,330만 원
산출세액: 5억 9,330만 원 × 42% − 3,540만 원(누진공제액) = 2억 1,379만 원
양도소득세(주민세 10% 포함): 2억 3,512만 원

물론 사전 증여세 1,000만 원과 취득세 2,800만 원을 감안할 경우 최종 8,403만 원 절세되지만, 증여하지 않았을 때와 비교한다면 아래 표와 같이 상속세 절감액은 무려 5억 2,143만 원이 된다.

만약 매각 후 배우자에게 증여한다고 할 경우 1억 946만 원이 더 발생하게 되니, 사전 증여 후 매각효과는 단순히 양도소득세만 절세하는 것이 아니라 상속세와 증여세 또한 절세하기에 반드시 필요한 전략이라 말할 수 있다.

	남편	아내
증여 전 매각 시 자산보유액 (매각대금 − 양도소득세)	15억 2,460만 원	
증여 후 매각 시 자산보유액 (매각대금 − 양도소득세)	4억 8,175만 원	11억 6,488만 원
차이	−10억 4,285만 원	11억 6,488만 원
상속세 경감액(50% 감안)	5억 2,143만 원	
증여하지 않고 매각 후 배우자 증여시 증여세 산출		1억 946만 원

12
상가를 매입해
자녀에게 증여하려고 하는 경우

F씨는 건물임대업을 하며 배우자 없이 노후를 보내고 있다.
배우자가 없는 경우 배우자공제를 최대 30억 원까지 받지 못해 상속세가 가중된다는 말을 듣고 서둘러 사전 증여를 고민했다.

그런데 이미 상가건물을 팔아 놓은 상태라 가지고 있는 현금으로 자녀들에게 고급 한정식당을 할 수 있도록 상가건물을 사주기로 했다.
해당 건물은 번화한 곳의 1층으로 향후 부동산 가격상승이 예견되는 물건이었다.
상가건물의 가격은 약 16억 원으로 세 자녀들에게 각각 5.3억 원씩 총 15.9억 원을 증여하면 어떨까 하고 문의해 왔다.

과연 이런 증여방법은 효과가 있는 것일까?

성인 자녀에게 증여할 경우 기증여 사실이 없다면(아니면 기증여 후 10년이 경과되었다면) 5,000만 원의 증여재산공제를 한 후 증여세를 산출할 수 있다.

수증자	女	子	子	비고
증여가액	5.3억 원	5.3억 원	5.3억 원	
증여공제	0.5억 원	0.5억 원	0.5억 원	1.5억 원
과세표준	4.8억 원	4.8억 원	4.8억 원	14.4억 원
세율	20%	20%	20%	20%
산출세액	8,600만 원	8,600만 원	8,600만 원	2억 5,800만 원
신고세액공제	3%	3%	3%	3%
납부할 세액	8,342만 원	8,342만 원	8,342만 원	2억 5,026만 원

표처럼 과세표준 4억 8,000만 원에 세율 20%를 적용해 산출하면 8,600만 원이 나오는데, 2019년 이후에 증여할 경우 신고세액공제를 3% 받아 최종적으로 증여세는 8,342만 원이 나온다.

결론적으로 세 명의 증여세를 합쳐서 총 2억 5,026만 원이 발생한다.

증여세를 더 줄일 수 있는 방법은 없을까?

다행히도 세 자녀들은 모두 결혼해서 가정을 이루고 있었다.

그래서 사위와 며느리들을 포함하여 총 6명에게 증여한다고 가정해 보자.

수증자	女	子	子	사위	며느리	며느리
증여가액	2.7억 원	2.7억 원	2.7억 원	2.6억 원	2.6억 원	2.6억 원
증여공제	0.5억 원	0.5억 원	0.5억 원	0.1억 원	0.1억 원	0.1억 원
과세표준	2.2억 원	2.2억 원	2.2억 원	2.5억 원	2.5억 원	2.5억 원
세율	20%	20%	20%	20%	20%	20%
산출세액	3,400만 원	3,400만 원	3,400만 원	4,000만원	4,000만원	4,000만원
신고세액공제	3%	3%	3%	3%	3%	3%
납부할 세액	3,298만 원	3,298만 원	3,298만 원	3,880만 원	3,880만 원	3,880만 원

표처럼 자녀에게는 각각 2억 7,000만 원씩 증여하고, 사위와 며느리들에게는 각각 2억 6,000만 원씩 증여한다고 했을 때, 총 증여세는 2억 1,534만 원이 나오게 되어 처음보다 3,492만 원을 절세할 수 있다.

그런데 지금까지 살펴본 것들보다 더 효과적으로 절세할 수 있는 방안은 무엇일까?

특히 F씨는 사위나 며느리들에게 증여할 생각이 별로 없어 보였다.

아무래도 팔은 안으로 굽는다고 인척지간(姻戚之間)인 사위와 며느리보다 혈육인 자녀들에게 재산을 더 물려주고 싶은 생각을 가지고 있었던 것이다.

그래서 이런 방안을 강구하였다.

자녀들에게만 증여할 경우 증여세가 과다 발생하고, 사위나 며느리에게 증여하는 것은 탐탁지 않으니 우선 건물을 살 경우 건물가격의 50%는 대출로 하고 나머지 금액만 증여하는 것으로 하였다.

그리고 자녀들과 사위, 며느리들에게도 증여를 하되 사위나 며느리들은 증여받은 재산을 자기 배우자들에게 줘서 건물은 세 자녀 명의로만 사는 것으로 했다.

수증자	女	子	子	사위	며느리	며느리
증여가액	1.5억 원	1.5억 원	1.5억 원	1.1억 원	1.1억 원	1.1억 원
증여공제	0.5억 원	0.5억 원	0.5억 원	0.1억 원	0.1억 원	1.5억 원
과세표준	1억 원	1억 원	1억 원	1억 원	1억 원	1억 원
세율	10%	10%	10%	10%	10%	10%
산출세액	1,000만 원	1,000만 원	1,000만 원	1,000만 원	1,000만 원	1,000만 원
신고세액공제	3%	3%	3%	3%	3%	3%
납부할 세액	970만 원	970만 원	970만 원	970만 원	970만 원	970만 원

표처럼 총 7.8억 원을 증여하는데 자녀들에게 각각 1.5억 원씩, 사위나 며느리들에게 각각 1.1억 원씩을 나눠줬다.

그랬더니 증여세는 각각 970만 원씩 총 5,820만 원밖에 나오지 않았다. 대출을 활용한 레버리지(Leverage) 증여의 효과가 발생한 것이다.

대출금은 한정식 사업을 하면서 이자를 비용처리하여 소득세를 줄이고 점진적으로 상환하는 것으로 마무리하였다.

13
종중 선산 매각 관련

G씨는 경기도에 소재한 종중산 매각에 관심이 많다.
벌써 10여 년째 매각이 되지 않고 있는 상황이었는데, 주변에 뉴타운이 형성되면서 개발업자들로부터 종중산 매입을 하려는 움직임이 많아졌기 때문이다.

종중산은 낮은 구릉지대에 약 12,000여 평이었다.
U자형인 종중산 중앙에 타인소유의 텃밭이 있고 종중 소유의 약간의 텃밭 외에는 전부 묘가 안장되어 있는 형태였다.

시행사 선정을 도와주고 마침내 계약이 체결되었다.
1년 안에 묘지를 전부 이장하는 조건으로 계약금과 잔금을 치르는 것으로 하였고 묘는 전부 이장된 상태였다.

그런데 잔금을 받으면서 문제가 발생했다.
바로 양도소득세 납부에 관한 건이었다.
오래전부터 내려온 종중산이라 취득가는 형편없이 낮았기에 양도세만 해도 약 80억 원 이상 나오게 되었다.

일반적으로 종중산을 매각하고 종중원들에게 분배하게 된다면 양도소득세와 분배된 금액에 따라 종중들은 증여세를 납부하고 마무리하게 된다.
따라서 약 80억 원의 양도소득세와 1인당 받게 될 1억 원 미만의 분배금의 10%인 증여세를 납부하는 것이다.

이러한 종중산이 대표 종중원 약 10여 명 명의로 되어 있는 것으로 알고 있었는데 알고 보니, 소유는 수익사업을 하지 않는 비영리법인으로 이미 고유번호까지 받은 상태였다.

이렇게 되면 세금의 문제가 복잡해진다.

비영리법인에게 양도소득세를 부과할 수는 없다.

다만, 법인세 부담이 예상되지만, 비영리법인의 고유목적사업으로 발생한 수익에 대해 법인세 부과도 적절하지 않다.

따라서 양도소득세 및 법인세는 납부하지 않고 법인소유의 작은 텃밭에서의 수익을 법인세 대상으로 하여 납부하는 것으로 하였다.

또한 종중원 분배 간에 변호사를 선임하여 분배 관련 총회를 개최하고 종중원 파악 및 분배절차 등을 진행해 나가기로 했다.

종중산 소유구분	개인/단체	비영리법인
양도소득세	대상(최고 46.2%)	대상아님
법인세	대상아님	대상아님 (고유목적사업수익인 경우)
증여세	분배금액별 수증자 납부 (10%~50%)	분배금액별 수증자 납부 (10%~50%)

14
펜션 매각 절세방안

> H씨는 지방 소재의 전원주택과 펜션을 운영하고 있다.
> 펜션은 전체 1필지 내에 있으며, 전원주택 1개 동과 펜션 3개 동으로 구성되어 있다.
>
> H씨는 전원주택과 주거용 펜션이라서 양도소득세 걱정을 하지 않고 있었다.
> 그런데 펜션은 아무리 공부상에 다가구주택으로 되어 있어도 실제 숙박용으로 쓰이고 있다면 주택으로 보지 않는다는 것을 모르고 있었던 것이다.
>
> 따라서 펜션 등을 매각하게 된다면 주택과 일반부동산 매도로 간주되어 주택은 1가구 1주택일 경우 비과세 혜택을 볼 수 있으나, 펜션은 양도소득세를 피할 수 없게 된다.

만약 전원주택과 펜션이 한 개 동으로 구성되어 있다면 겸용주택으로 간주되어 주택 부분이 펜션보다 더 클 경우 전체를 주택으로 보고 1가구 1주택일 경우 비과세를 받을 수 있다.

물론 9억 원을 초과하게 되는 경우는 초과분에 대해 양도소득세를 납부하게 되지만, 10년 이상 장기보유를 하였다면 양도차익의 최고 80%까지 공제를 받기 때문에 양도소득세는 크게 걱정하지 않아도 된다.

한 개 동에 1층을 주택으로 쓰고 나머지 2, 3층을 펜션으로 쓰게 된다면 주택과 펜션으로 각각 분리하여 펜션 부분은 양도소득세를 내야 한다.

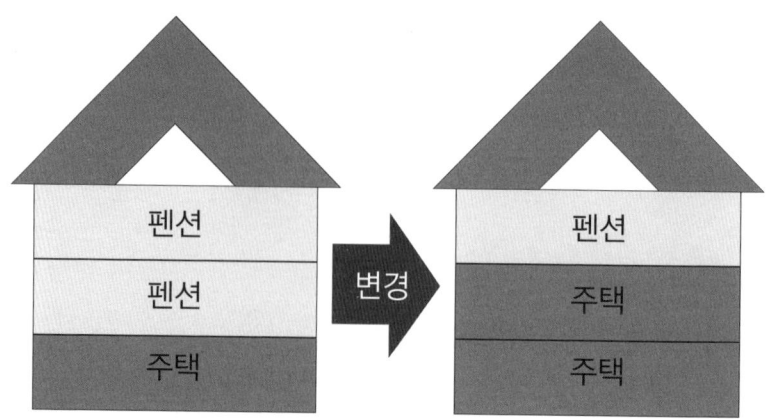

　이때 부수토지에 대한 건도 전체 면적에 비례하여 주택과 펜션 부수토지로 안분하게 되면 주택의 부수토지가 적게 되기에 비과세 혜택이 그만큼 줄게 된다.

　이럴 경우는 전체를 주택으로 하고 펜션사업을 접은 상태에서 매도를 하여 전체 주택과 부수토지에 대한 비과세를 받아야 한다.

　주택부속토지 중 기준면적(도시지역은 주택이 정착된 면적의 5배, 도시지역 외 지역은 10배) 이내의 토지는 주택과 함께 비과세 혜택을 볼 수 있다.

　물론 기준면적을 초과하는 부분은 비사업용 토지로 간주되어 양도소득세를 내야 한다.

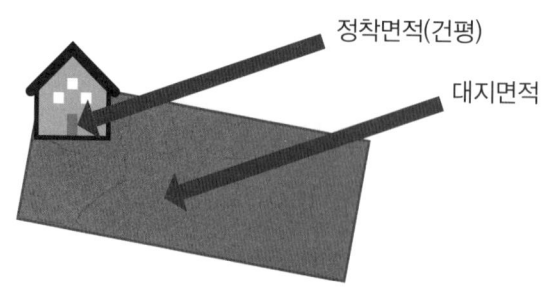

그런데 H씨처럼 한 필지 내에 전원주택과 펜션이 함께 있는 경우라면, 주택은 주택으로 매각하여 비과세 혜택을 볼 수 있으나 나머지 펜션은 양도소득세를 피할 수가 없게 된다.

펜션을 멸실하고 전체를 주택으로 해 본들 주택건평이 25평에 불과해 그의 10배인 250평만 비과세 혜택을 받고 나머지 100여 평은 양도소득세를 내야 하니 멸실은 절세 전략이 아니다.

따라서 H씨는 한 필지에 속한 펜션과 주택을 분리할 필요가 있었다. 결국 주택소유 부수토지를 최대로 하는 필지분할을 진행하고 낮은 취득가의 펜션 부분은 자녀에게 증여하고 5년 뒤에 매각하는 것으로 결론지었다.

〈펜션의 주택해당 여부 관련 예규〉

> 양도소득세 과세 여부를 판단함에 있어 "주택"이라 함은 공부상 용도구분에 관계없이 사실상 주거용으로 사용하는 건물을 말하며, 사실상 사업용 숙박용역을 제공하는 건물은 주택에 해당하지 않는다. (재산세과-4158, 2008.12.09.)

15
장애인 자녀 설계

I씨는 80대 중반 고령인데도 손수 자산을 관리하고 있다.
농부였던 I씨는 모든 일을 자기 손으로 해 왔던 습관 탓에 남을 믿지 않는 경향이 있었다. 자녀들도 믿지 않아 크레믈린처럼 본인 외에 자녀들은 모르게 자산관리를 해 왔던 것이었다.

농부였던 I씨가 갑자기 자산가가 된 것은 토지보상금 때문이었다.
집안 대대로 서울 외곽에서 논과 밭을 일구며 살아왔었는데, 어느 날 갑자기 개발 붐에 막대한 토지보상금을 받게 된 것이다.
토지보상을 받았던 많은 사람들의 조언을 듣고 자녀에게 증여할 경우 오히려 역효과가 난다는 생각에 자산을 직접 운용한 것이었다.

그런데 이제 나이도 들고 몸도 허약해지며 몸져눕는 일이 많아지자 증여상속 관련 상담을 하게 되었다.
자산은 예금과 주식, 그리고 부동산을 합쳐서 120억 원가량 되었다.

배우자는 이미 사망한 상태라서 사전 증여 전략을 세워야 하는데, 그렇게 하지 못했기에 증여상속설계의 어려움이 예상되었다.
통상 배우자가 없는 경우 상속재산 중 5억 원을 초과하는 자산은 모두 상속세 과세대상이 되기 때문이었다.

I씨의 경우 당장 상속세를 산출해 보면 특별한 공제가 없기 때문에 약 50억 원이 발생하게 된다.

다행히 예금과 주식 등 금융상품이 많이 있어서 상속세 납부에는 문제가 없으나, 상속을 받은 자녀의 경우 부동산 외에 금융자산이 별로 없기에 향후 자산운용이 힘들 것으로 판단된다.

금융자산 등이 있다면 여유를 가지고 부동산을 운용할 수 있겠지만, 그렇지 않은 경우 자금압박에 부동산을 매도하지 않으면 안 되는 일이 발생할 수도 있기 때문이다.

〈상속세 산출〉

구분	공제한 경우
상속재산	120억 원
배우자공제	0
일괄공제	5억 원
금융재산공제	2억 원
장례비공제	0.1억 원
과세표준	112.9억 원
세율	50%
산출세액	51.85억 원
신고세액공제	3%
납부할 세액	50억 2,945만 원

만약 배우자가 있었다고 가정해 보면 상속세는 다음과 같다.

〈배우자 존재 시 상속세 산출〉

구분	공제한 경우
상속재산	120억 원
배우자공제	**30억 원**
일괄공제	5억 원
금융재산공제	2억 원
장례비공제	0.1억 원
과세표준	82.9억 원
세율	50%
산출세액	36.85억 원
신고세액공제	3%
납부할 세액	35억 7,445만 원

배우자가 있는 경우 배우자공제 최대한도인 30억 원 공제를 통해 무려 14억 5,500만 원을 더 줄일 수 있다.

하지만 I씨는 배우자가 존재하지 않았기 때문에 사전 증여 전략부터 다양한 증여상속설계를 해야 했다.

그런데도 자산을 끝까지 움켜쥐고 살았기 때문에 상속세부담을 이겨낼 수 없는 지경에 몰린 것이다.

〈배우자공제〉

거주자가 사망한 경우 사망한 거주자에게 배우자가 생존해 있으면 배우자공제를 한다.

- 거주자의 사망으로 배우자가 실제 상속받은 금액은 상속세 과세가액에서 공제
- 배우자의 법정상속분(상속을 포기한 사람이 있는 경우 포기하지 아니한 경우의 배우자 법정상속분, 30억 원 한도)
  * 배우자상속공제는 상속세 과세표준 신고기한의 다음날부터 6개월이 되는 날까지 배우자의 상속재산을 분할(등기·등록·명의개서 등 한정)한 경우 적용
  * 배우자법정상속분: 총상속재산가액 × 배우자법정상속분 − 10년 이내에 배우자에게 증여한 재산이 있는 경우 증여세 과세표준
  * 총상속재산가액 − 상속인이 아닌 수유자가 유증 등을 받은 재산가액
    − 비과세 상속재산가액
    − 상속세 과세가액 불산입 재산가액
    − 공과금 및 채무(장례비용 제외)
    + 10년 이내에 상속인이 증여받은 재산가액
  * 배우자공제 한도 = min(배우자가 실제 상속받은 금액, 배우자의 법정상속분)
- 배우자가 실제 상속받은 금액이 없거나 상속받은 금액이 5억 원 미만이면 5억 원 공제

그렇다면 I씨에게 효과적인 증여와 상속플랜은 무엇일까?

상속인(자녀)들에게 사전 증여는 효과가 별로 없다.

왜냐하면 상속발생 전 10년 이내에 상속인에게 증여한 자산은 상속재산에 다시 합산하여 상속세를 산출하기 때문이다.

따라서 상속인인 자녀들에게 사전 증여를 해 본들 상속세 절세에는 아무런 소용이 없다는 것이다.

특히 I씨의 경우 자녀들에게 일부 사전 증여를 한 지라 추가적인 사전 증여는 증여세 부담은 물론 상속세 절세에도 도움이 되지 않는 것이다.

사전 증여는 10년간 증여한 자산을 합산하여 다시 계산하게 된다.

예를 들어 자녀에게 과거에 2억 원을 증여했다고 가정해 보자.

그리고 5년이 지난 지금 추가로 5억 원을 증여한다고 하면 증여세는 다음과 같이 산출된다.

성인자녀 증여	2억 원 증여	5억 원 추가 증여
증여재산합계	2억 원	7억 원
증여재산공제	0.5억 원	0.5억 원
과세표준	1.5억 원	6.5억 원
적용세율	20%	30%
산출세액	2,000만 원	1억 3,500만 원
신고세액공제(3%)	60만 원	405만 원
기납부증여세 공제	-	2,000만 원
결정세액	1,940만 원	1억 1,095만 원

따라서 자녀들에게 이미 증여했다면 추가의 증여는 증여세 누진과세로 세금부담이 가중되며 상속인에게 증여한 기록은 10년간 유지되어 사망 시 상속재산에 합산되어 증여효과가 떨어진다.

그러므로 다른 방법을 강구해야 하는데, I씨에게 장애인 자녀가 두 명 있다는 것과 두 명의 다른 자녀는 결혼하여 손자녀를 두었다는 점을 착안했다.

즉, 장애인 자녀에게 증여하는 방법과 비상속인인 며느리와 사위, 그리고 손자녀에게 증여하는 방법을 제안했다.

특히 비상속인인 사위, 며느리, 손자녀에 대한 증여는 증여 후 5년이 경과되면 상속재산에서 제외되기 때문에 고령인 I씨에게는 아주 효과적인 방법이 된다.

또한 장애인 신탁재산증여도 증여와 동시에 경과 기간에 관계없이 상속재산에서 제외된다.

비상속인들에게 총 18억 원을 증여한다고 하고 장애인 자녀 두 명에게 각각 5억 원씩 총 10억 원의 장애인 신탁 증여를 할 경우 전체적으로 28억 원이 소요된다.

이에 따른 증여세는 2억 9,488만 원인데, 이 계획을 실행하자마자 상속재산에서 10억 원이 차감되어 상속세 50%를 감안했을 때 5억 원을 절세할 수 있다.

그리고 5년이 경과될 경우 또다시 18억 원이 상속재산에서 제외되어 9억 원의 상속세를 절세할 수 있다.

수증자	사위	며느리	손자	손자	손녀	손녀	소계
증여가액	3억 원	3억 원	3억 원	3억 원	3억 원	3억 원	18억 원
증여공제	0.1억 원	0.1억 원	0.5억 원	0.5억 원	0.5억 원	0.5억 원	2.2억 원
과세표준	2.9억 원	2.9억 원	2.5억 원	2.5억 원	2.5억 원	2.5억 원	15.8억 원
세율	20%	20%	20%	20%	20%	20%	20%
산출세액	4,800만 원	4,800만 원	4,000만 원	4,000만 원	4,000만 원	4,000만 원	2억5,600만원
신고세액공제	3%	3%	3%	3%	3%	3%	3%
할증세액 (30%)	–	–	1,164만 원	1,164만 원	1,164만 원	1,164만 원	4,656만 원
납부할 세액	4,656만 원	4,656만 원	5,044만 원	5,044만 원	5,044만 원	5,044만 원	2억 9,488만원

따라서 총 28억 원의 증여재산이 상속재산에서 제외되어 14억 원의 상속세를 절세할 수 있게 해 준다.

이 경우 증여를 하지 않았을 때 미증여재산 28억 원의 자산증가를 감안한다면 훨씬 더 많은 상속재산을 줄일 수 있게 된다.

마지막으로 영농법인 설립으로 총 15억 원의 영농상속공제(상속세 7.5억 원 절세)까지 실행하여 간단하게 21.5억 원 이상의 절세효과를 볼 수 있게 해 줬다.

16
부담부 증여의 활용

양도소득세가 작을 경우 부담부 증여를 적극 권유하자.

이미 현금보다는 부동산을 증여하는 것이 증여세 절세에 도움이 된다고 언급한 바 있다.

그런데 부동산도 증여하는 방법을 달리하면 증여세 절세에 도움이 된다.

예를 들어 전세보증금이나 대출금을 끼고 증여를 하게 되면 어떻게 될까?

부담부 증여

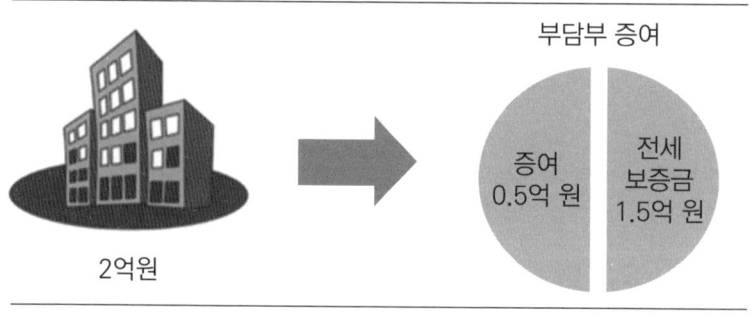

부담부 증여란 증여재산에 채무를 끼고 증여하는 것을 말한다.

채무라고 하면 부동산인 경우 전세보증금이나, 부동산담보대출금 등을 말한다.

즉 그림처럼 부동산 2억 원을 증여하고자 할 때, 전세보증금이 1억 5,000만 원이 있는 상태에서 증여하는 것이다.

이럴 경우 증여세는 어떻게 산출할까?
부담부 증여를 하는 경우 적용되는 세금은 증여세와 양도소득세이다.
전체 증여재산가액 중 채무 부분은 유상양도로 간주하여 양도소득세를 부과하고 나머지 부분은 증여세를 부과하는 것이다.
따라서 총 2억 원의 부동산을 증여할 때 1억 5,000만 원의 채무는 양도소득세를 부과하고 5,000만 원은 증여세를 부과한다.

이럴 경우 만약 해당 자산의 양도차익이 없거나, 아니면 1세대 1주택(주택일 경우)에 해당하는 경우 양도소득세는 발생하지 않는다.
그리고 5,000만 원에 대해서도 성인 자녀에게 증여할 경우 증여재산공제액이 5,000만 원이라서 증여세 역시 발생하지 않는다.

일반 증여와 부담부 증여 비교

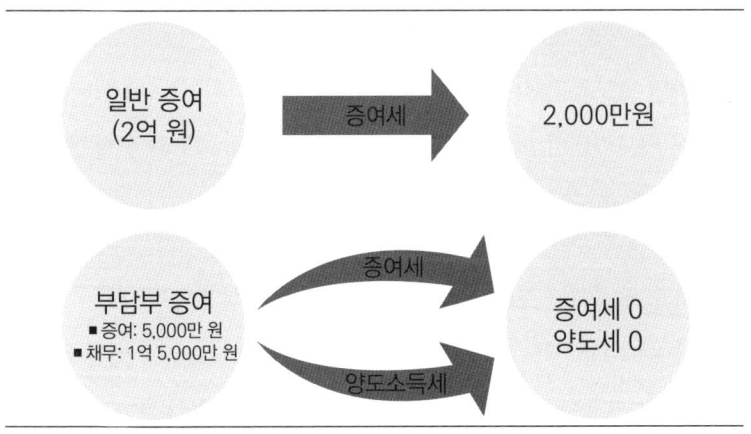

그림처럼 채무를 끼지 않고 일반 증여를 할 경우 증여세는 2,000만 원이 나오게 되는 데 반해 부담부 증여는 증여세도, 양도소득세도 발생하지 않게 되니 부담부 증여가 얼마나 절세효과가 큰 지 알 수 있다.

〈부담부 증여의 장단점〉

· **부담부 증여의 장점**
  1. 증여세율보다 양도소득세율이 낮다: 증여세(10~50%), 양도소득세(6~42%)
  2. 양도소득세가 적거나 없는 부동산 증여 시 유리(1세대 1주택 비과세 등)
  3. 가치 상승 부동산의 사전 증여 유리

· **부담부 증여의 유의점**
  1. 양도소득세가 많이 나오는 경우 증여보다 불리
  2. 채무 부분 변제 시 유의(자금출처 증빙 필요)
     * 미 증빙 시 추가 증여세 부과 우려
  3. 증여받은 후 5년 내 매각 시 이월과세(부당행위계산 부인) 대상으로 추가 과세 가능

그러나 부담부 증여라고 해서 다 절세에 효과가 있는 것은 아니다.

만약 양도차익이 많이 발생하는 부동산을 부담부 증여로 했을 경우 오히려 채무를 끼지 않고 증여하는 일반 증여보다 세금이 더 나올 수 있다. 왜냐하면 양도차익에 대한 세금이 최고 46.2%까지 적용되기 때문이다.

따라서 양도차익이 어느 정도 발생하는지 여부를 검토하여 실행에 옮겨야 그 효과를 볼 수 있는 것이다.

그럼에도 불구하고 부담부 증여의 장점은 여러 개가 있다.

증여세율보다는 양도소득세율이 상대적으로 낮기 때문에 양도소득세가 적게 발생하거나 아예 없는 경우에 아주 유용하다는 것이다.

그리고 향후 가치 상승이 예견되는 부동산일 경우 미리 증여해야 하는데 증여세 부담이 많을 경우 부담부 증여를 통해 낮은 세금으로 증여해서 그 증여효과를 극대화시킬 수 있다.

하지만, 부담부 증여 시 유의점도 있다.

바로 채무에 대한 변제 시 증여자가 대신 갚아 주거나, 아니면 우회적으로 변제를 하는 경우 국세청의 철저한 사후관리로 추후에 증여세를 추징 당할 수 있기 때문에 주의해야 한다.

그리고 증여받은 부동산은 5년 경과 후 양도해야 이월과세(부당행위계산 부인) 규정을 피할 수 있다.

만약 5년 이내에 양도하게 된다면 증여자가 양도한 것으로 간주해 증여 전 최초 취득가액과 양도가액의 차액에 대해 양도소득세를 부과한다.

17
CROSS 증여 전략

백지장도 맞들면 낫다

증여를 단독으로 하는 것보다는 여럿이 교차(CROSS)로 하게 되면 증여세 절세에 도움이 된다.

혼자 하면 증여재산공제를 한 번밖에 받지 못하지만, 여럿이 하면 여러 명으로부터 증여재산공제를 받을 수 있고 증여재산 과세표준이 낮아지기 때문에 증여세 절세효과가 있는 것이다.

그런데 여기서 주의해야 할 점은 아버지, 어머니가 따로 증여해도 부부이기 때문에 직계존속 한 사람으로 간주하여 증여재산공제는 한 번밖에 할 수 없다는 점이다.

이는 조부모로부터 증여받아도 마찬가지이다.

결혼한 부부가 각자의 부모님으로부터 증여받아 집을 산다고 가정해 보자.
예를 들어 총 7억 4,000만 원을 받는다고 할 때 아들은 본가에서 3억 7,000만 원을 증여받고, 며느리는 친정에서 3억 7,000만을 받으면 총 증여세는 1억 800만 원이 나오게 된다.

이럴 경우 증여세 절세효과가 없다.

따라서 이런 방법으로 증여하는 것보다 서로 교차(CROSS)로 증여하게 된다면 그 증여세 절세효과가 크게 나타날 수 있다.

예를 들어 아들은 아버지와 장인어른, 장모님께 증여받고 며느리도 마찬가지로 아버지와 시아버지, 시어머니로부터 증여를 받아 보자.

아들의 경우 아버지에게서 1억 5,000만 원, 장인, 장모님으로부터 각각 1억 1,000만 원을 받게 된다면 증여세는 각각 1,000만 원, 총 3,000만 원이 나오게 된다.

본가로부터만 증여받았을 때 5,400만 원보다 적게 나온 이유는 부모, 장인, 장모님 각각으로부터 증여재산공제를 받았기 때문이고 과세표준이 작게 나뉘었기 때문이다.

며느리의 경우도 아버지에게서 1억 5,000만 원, 시아버지 시어머니로부터 각각 1억 1,000만 원을 받게 된다면 증여세는 각각 1,000만 원, 총 3,000만 원이 나오게 된다.

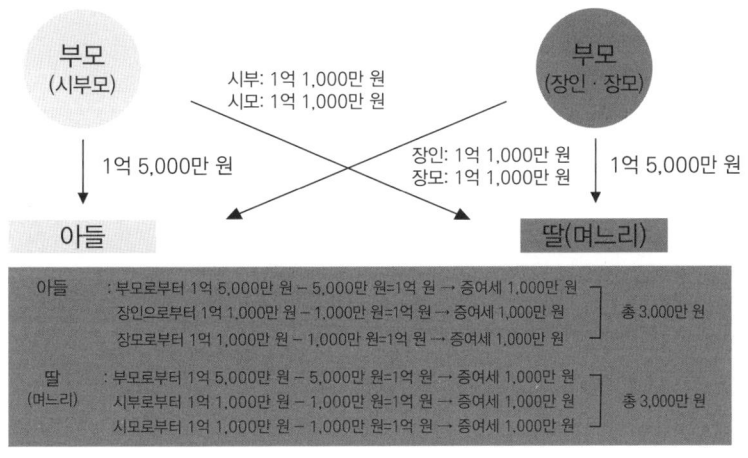

며느리 역시 친정으로부터만 증여받았을 때 5,400만 원보다 적게 나온 이유는 부모, 시부모 등 각각으로부터 증여재산공제를 받았기 때문이고 과세표준이 작게 나뉘었기 때문이다.

따라서 이렇게 증여하면 증여세가 총 6,000만 원 발생하게 되어 최초 증여세보다 4,800만 원을 절세할 수 있게 해 준다.
조금만 신경 쓰면 증여세를 절세할 수 있는 방법이 많다.
가장 중요한 것은 여러 명으로부터 증여받아 과세표준을 낮추고 증여재산공제를 최대한 활용하는 것임을 체크해 두자.

18
상속분쟁 타개책: 사전 증여냐? 매입이냐?

J씨는 삼 형제로 사이가 좋은 관계이다.
위로는 형이 있고 아래로는 아직 학생인 동생이 있었다.

그런데 갑자기 형이 죽게 되자, 상속과 관련하여 묘한 일이 일어나고 있다는 것을 알게 되었다.
바로 형의 부인, 즉 형수가 죽은 형을 대신해서 어머니의 상속재산에 눈독을 들이고 있다는 점이었다.
홀로 계시는 어머니를 부추겨 재산을 증여받고자 하는 것이었다.

형수에게는 어린 두 자녀가 있다.
아마도 어린 조카들과 살아갈 일이 막막해지게 되자 벌인 일이었는지도 모른다.
그러나 어머니 재산의 대부분은 J씨의 차명재산이었다.

특히 J씨는 어머니를 모시고 살고 있었다.
그리고 J씨는 알짜배기 수도권 소재 토지만큼은 절대로 형수와 나눠서 가질 생각이 없었다.
그래서 어머니로부터 사전 증여를 받고자 원했다.

그러나 이는 잘못된 생각이다.

비록 사전 증여를 통해 토지를 증여받았다고 해도 어머니 사후에 형수의 유류분권은 피할 수 없기 때문이다.

비록 형이 먼저 사망했지만, 형수는 형을 대신해서 조카들과 함께 유류분권을 행사할 수 있기에 증여를 했어도 전체 상속재산에서 일정 부분의 재산을 청구할 수 있는 권리가 있는 것이다.

(대습상속인 유류분권)

유류분권

피상속인의 직계비속	법정상속분의 1/2
피상속인의 배우자	법정상속분의 1/2
피상속인의 직계존속	법정상속분의 1/3
피상속인의 형제자매	법정상속분의 1/3

유류분은 피상속인(사망한 자)의 재산을 상속인이 일정 비율로 받을 수 있는 지위를 말한다.

이는 피상속인의 재산처분의 자유와 남아 있는 상속인의 보호(생활안정, 재산권 형성의 기여 등 고려)를 위해 만든 장치이다.

예를 들어 피상속인이 전 재산을 타인에게 유언으로 상속할 경우 남은 유족들은 유류분반환청구를 할 수 있다.

유류분반환청구권은 유류분권리자가 상속의 개시와 반환하여야 할 증여나 유증을 한 사실을 안 때로부터 1년 내 또는 상속이 개시한 날로부터 10년 내에 할 수 있으며 이를 경과한 경우에는 시효소멸되어 청구할 수가 없게 된다.

유류분으로 받을 수 있는 금액은 배우자와 직계비속인 경우 법정상속분의 1/2, 직계존속과 형제자매인 경우 법정상속분의 1/3이다.

태아도 살아서 출생할 경우 유류분권을 갖는다.

대습상속인도 피대습상속인의 유류분권을 갖는다.

(예를 들어 아들이 먼저 사망한 경우 그 배우자와 자녀들은 아들의 대습상속인이 되며 유류분권을 가지게 된다.)

따라서 다른 방법을 강구하지 않으면 안 되었다.
유류분권을 피할 수 있는 방법으로 증여보다는 양도가 맞다는 제안을 해줬다.
토지를 어머니로부터 양도받을 경우 유류분 대상이 되지 않기 때문이다.
물론 양수대금을 가진 어머니의 자산이 증가하여 유류분 대상이 될 수는 있으나, 어머니가 살아생전에 그 재산을 소진해 버린다면 유류분은 사라지게 되는 것이다.

토지양도는 은행대출금과 보유한 현금으로 처리했다.
어머니를 모시고 살고 있는 터라 양도한 현금은 어머니와 같이 생활비로 쓰게 되고 대출금은 천천히 갚아 나간다는 계획이었다.
해당 토지의 미래가치 폭등을 예상한다면 대출이자 등은 문제가 되지 않았다.

이처럼 상속과 관련하여 재산권분쟁이 발생할 수 있는데, 기증여재산은 10년이 지나도 전체 상속재산에 합산되어 유류분 청구대상이 된다.
(물론 상속인에게 증여 후 10년이 경과하면 상속재산에서 제외되기는 하지만, 이는 상속세와 관계된 일이다.
민법상 기증여재산은 기간이 얼마를 지나더라도 상속재산에 합산된다는 점을 알아야 한다.)

19
절세의 SKILL

> K씨는 주택을 양도할 계획이 있다.
> 그래서 양도소득세를 절세할 수 있는 방안을 찾고 있다.
>
> 어떻게 하면 양도소득세 등 절세를 이룰 수 있을까?

K씨는 시가 12억 원 상당의 주택을 보유하고 있다.

취득한 지는 얼마 안 되었지만, 가격이 급등하여 시세차익이 많이 날 것으로 판단된다.

비록 1세대 1주택이지만, 9억 원을 넘는 고가주택이라서 양도소득세는 피할 수 없다.

그리고 K씨의 배우자는 나대지를 가지고 있다.

상당히 오래전부터 소유한 토지는 현재 공시지가로 6억 원(취득 시 5,000만 원)에 이른다.

시가는 15억 원이기에 양도할 경우 양도차익은 무려 13억 7,500만 원이나 발생한다.

장기보유특별공제(30%)를 하더라도 양도소득세는 약 4억 1,000만 원이 발생한다.

어떻게 하면 양도소득세를 줄일 수 있을까?

비사업용 토지 양도소득세율			
과세표준	세율	주민세 포함	누진공제액
1,200만 원 이하	16%	17.6%	–
4,600만 원 이하	25%	27.5%	108만 원
8,800만 원 이하	34%	37.4%	522만 원
1억 5,000만 원 이하	45%	49.5%	1,490만 원
3억 원 이하	48%	52.8%	1,940만 원
5억 원 이하	50%	55.0%	2,540만 원
5억 원 초과	52%	57.2%	3,540만 원

장기보유 특별공제율		
과세표준	1가구 1주택	다주택자, 건물, 토지
3년~4년 미만	24%	6%
4년~5년 미만	32%	8%
5년~6년 미만	40%	10%
6년~7년 미만	48%	12%
7년~8년 미만	56%	14%
8년~9년 미만	64%	16%
9년~10년 미만	72%	18%
10년 이상	80%	
10년~11년 미만		20%
11년~12년 미만		22%
12년~13년 미만		24%
13년~14년 미만		26%
14년~15년 미만		28%
15년 이상		30%

여기서 Cross 증여를 실행해 보자.

Cross증여란 서로서로 증여한다는 뜻이다.

〈Cross 증여의 개념 1〉

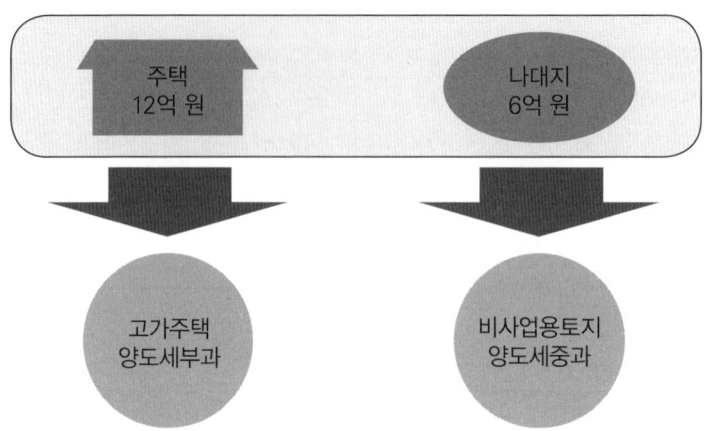

그림과 같이 부부가 각각 주택과 토지를 소유했다고 했을 때,

〈Cross 증여의 개념 2〉

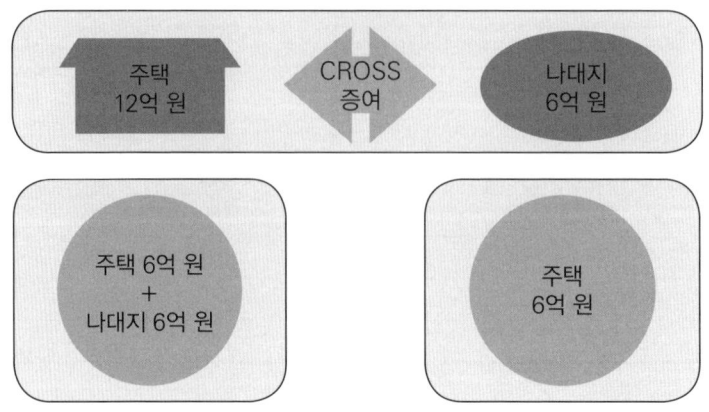

그림과 같이 서로 증여해 보자.

부부간에는 6억 원을 증여할 경우 증여세가 발생하지 않는다.

따라서 남편은 주택의 반을 아내에게 증여하고 아내는 토지를 전체 남편에게 증여한다.

이럴 때 취득세는 4%만 발생하게 된다.

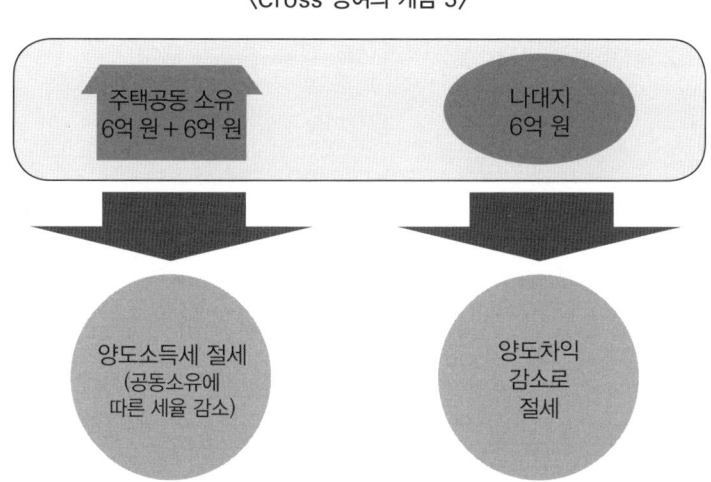

〈Cross 증여의 개념 3〉

서로 증여한 후 5년 또는 15년이 경과되면 각각의 부동산을 매도한다.

5년 또는 15년 후에도 매도가격의 변동이 없다고 가정해 보자.

(물론 가격이 상승하게 되면 더 큰 절세가 되나, 여기서는 이해를 돕기 위해 가격변동이 없는 것으로 가정했다.)

주택의 경우 아내가 받은 6억 원에 해당하는 양도소득세는 발생하지 않는다.

전에 비해 무려 양도소득세를 반으로 낮춘 것이다.

토지의 경우 남편이 공시지가 6억 원으로 전체를 받아서 양도한다면 취득가액은 6억 원으로 상승하며 양도소득세는 약 3억 2,000만 원이 되어 전에 비해 약 40%를 절세하게 해 준다.

(물론 보유 기간 중 사업용 토지로 전환시키면 더 많은 양도소득세를 절세할 수 있다.)

이처럼 간단한 Cross 증여만으로도 엄청난 세금을 절세할 수 있으니 사전 증여세 절세 전략을 여러모로 세울 필요가 있다.

20
명의신탁 주식 환원

회사를 설립하고자 할 때는 발기인을 두어서 회사를 설립하는 데, 발기인은 모든 행위에 대한 권한을 갖는다.

그런데 이러한 발기인의 인원에 대한 규제가 과거에는 있었다.

즉, 1996년 9월 30일 전에 설립한 회사는 발기인을 7명 이상 두게 하였고, 2001년 7월 23일 이전에는 3명 이상을 두게 하는 상법의 강제조항이 있어서 1인이 지분 100%를 출자하여 창업하고자 할 때에도 발기인 인원 기준을 맞춰야 했기 때문에 어쩔 수 없이 명의신탁된 차명주식이 발생하지 않을 수 없었다.

상법 제 288조(발기인) 제정 연혁	~1996.9.30	~2001.7.23	2001.7.24~
	7인 이상	3인 이상	제한없음

그런데 시간이 흘러 기업의 매출과 순이익이 커지고 이로 인해 주식가치가 높아진 경우 명의신탁된 주식을 반환받기가 어렵게 된다.

또한 명의신탁 주식으로 빚어지는 많은 문제들이 발생하여 소유권분쟁 등, 명의신탁자와 명의수탁자 간의 다툼이 끊이질 않고 있다.

이밖에도 명의신탁으로부터 발생되는 문제들은 다음과 같다.

〈명의신탁 주식으로부터 발생되는 문제들〉

1. 명의수탁자 사망에 따른 상속세 발생 문제
2. 명의수탁자와의 소유권 분쟁 가능성
3. 비상장주식가치 상승에 따른 환원 시 세금문제 발생
4. 가업상속공제 시 최대주주 조건 미달 가능성

명의신탁주식의 수탁자가 갑자기 사망할 때 비상장주식평가에 따라 상속인이 부담해야 하는 상속세가 과다하게 발생하는 경우 상속인과의 세금 및 소유권 문제로 분쟁이 발생할 수 있다.

그리고 수탁자가 명의신탁을 인정하지 않고 소유권을 주장할 수 있는 리스크가 언제나 존재하게 된다.

또한 비상장주식가치 상승에 따라 환원받기 어려운 상황에 직면하게 되기도 한다.

예를 들어 평가액이 30억 원 이상일 경우 증여 또는 양도로 환원하게 되는데 이때 많은 세금부담이 발생할 수 있기 때문이다.

그리고 실소유주가 가업상속공제를 신청하려 해도 최대주주 조건(발행주식 총수의 50% 이상, 상장주식인 경우 30% 이상)에 미달되면 최대 500억 원까지 공제를 받지 못하는 경우가 발생할 수도 있다.

따라서 실제 소유주로 환원하기 위하여 갖은 편법을 쓰게 되나, 실효성의 문제와 법적인 문제로 골머리를 썩이는 일이 많았다.

그런데 2014년 6월부터 명의신탁주식 실제 소유자 확인제도가 시행되어 조세회피 목적이 없었다면 간단한 구비서류와 절차에 의해서 명의신탁 주식을 환원할 수 있게 되었다.

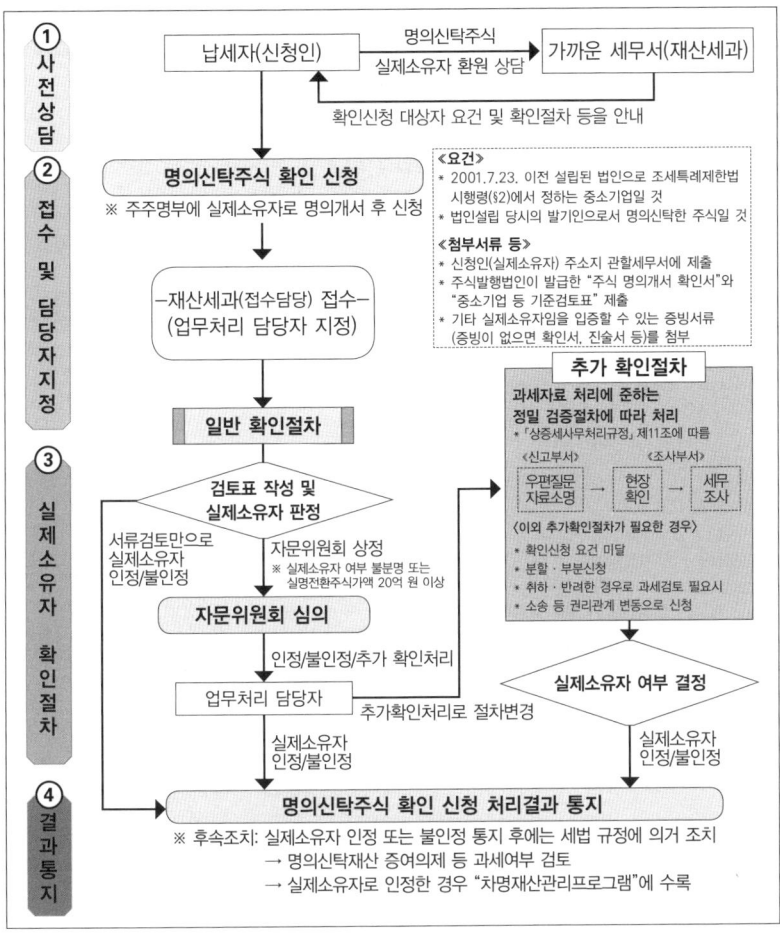

명의신탁주식 환원은 주주명부에 실명으로 명의개서 한 이후 명의신탁주식 실제소유자 확인신청서 및 구비서류를 관할 세무서 재산세과에 제출하면 된다.

그렇게 되면 자문위원회 의결로 실명전환이 가능해지는 것이다.

〈확인신청 대상 요건〉

1. 주식발행법인이 "조세특례제한법 시행령" 제2조에서 정하는 중소기업에 해당할 것
2. 주식발행법인이 2001년 7월 23일 이전에 설립되었을 것
3. 실제소유자와 명의수탁자(실명전환 전 주주명부 등에 주주로 등재되어 있는 자)가 법인설립 당시 발기인으로서 법인설립 당시에 명의신탁한 주식을 실제 소유자로 환원하는 경우일 것
4. 실제 소유자별, 주식발행법인별로 실명전환하는 주식가액의 합계액이 30억 원 미만일 것

이러한 환원은 모든 명의신탁 건이 다 되는 것이 아니라 일정한 요건을 갖춘 주식만이 해당된다.

즉, 중소기업발행주식 중 2001년 7월 23일 이전에 설립한 법인이어야 하며 명의수탁자가 법인설립 당시 발기인이어야 한다.

또한 환원 가능한 가액은 소유자별, 법인별로 주식가액의 합계액이 30억 원 미만이어야 한다.

이때 주식가액의 평가는 비상장주식의 경우 실명전환일 직전 사업연도 1주당 순자산가액으로 평가하고, 상장주식의 경우 실명전환일 이전 2개월간 종가평균액과 1주당 순자산가액 중 큰 금액으로 한다.

〈주식가액 평가방법〉

- 비상장법인: 실명전환일 직전사업연도 1주당 순자산가액 × 실명전환 주식 수
- 상장법인: Max(실명전환일 이전 2개월간 종가평균액, 1주당 순자산가액) × 실명전환 주식 수

실명전환 대상 주식이 30억 원을 초과하는 경우 실명전환이 불가하므로 주식가치 조정을 통해 실명전환을 할 수 있다.

비상장주식의 경우 순자산가액으로만 평가하기에 순자산가치를 떨어뜨려 그 가액을 조절할 수 있다.

예를 들어 실명전환일 직전 연도에 제반 비용처리를 강화하는 것이다.

이는 순자산가액을 줄여 주식평가액을 낮추게 되므로 30억 원 이상일 경우 30억 원 미만으로 낮춰 실명전환을 가능하게 해 준다.

〈비용처리 강화방안〉

1. 회수 불가능 채권 정리
2. 배당 처리
3. 대표이사 급여 및 상여금 처리
4. 복리후생비 비용처리 강화

비용처리 강화방안으로

첫째, 회수 불가능한 채권은 정리하는 것이다.

이는 매출채권의 경우 대손충당금으로 약간의 비용처리는 하지만, 회수 불가능한 채권으로 정리할 경우 전액을 손비로 처리하여 순자산가액에서 제외시킬 수 있다.

둘째, 배당을 통해 순자산가치를 떨어뜨리는 방법이다.

법인이 매년 순익을 내는 경우 배당을 하지 않으면 이익잉여금 등으로 유보되는데 이는 순자산가액을 증가시켜 주기에 주식평가액이 커지게 된다.

따라서 배당을 통해 순자산가액을 낮출 필요가 있다.

배당을 처리할 경우 배당액 전액은 순자산가액에서 차감되므로 주식평가액을 낮출 수 있다.

다만, 배당을 할 경우 4대 보험료 상승효과는 없으나, 법인세 감면효과가 전혀 없게 된다.

따라서 지나치게 많이 하면 순자산가액은 낮출 수 있으나, 법인세 감면효과를 볼 수 없으며 배당으로 인한 종합과세를 피할 수 없게 되어 세금부담(최고 46.2%)이 많이 발생하게 된다.

구분	적용세금	법인세 비용처리	적용세율		4대보험	비고
			법인세 감면	개인소득세		
급여/상여	근로소득세	O	최고 27.5%	6.6~46.2%	추가납부	종합과세 누진과세대상 가능
배당소득	배당소득세	X	X	6.6~46.2%	-	2,000만 원 초과 시 최고 46.2% + α
퇴직금	퇴직소득세	O	최고 27.5%	6.6~46.2%	X	분류과세

셋째, 대표이사의 급여 및 상여금으로 순자산가액을 낮추는 방법이다.

이는 당해 연도에 비용처리를 하기에 법인세 감면효과가 있을 뿐만 아니라 순자산가액을 낮춰주는 등 일거양득(一擧兩得)의 효과까지 기대할 수 있다.

예를 들어 상여금으로 3억 원을 처리할 경우 법인세(22% 가정) 감면효과는 6,600만 원이 되며, 순자산가액에서 3억 원이 차감되는 것이다.

다만, 급여 및 상여금의 경우 4대 보험료 상승효과가 나타나는데, 상여금으로 지급할 경우 한시적으로 상승하므로 이듬해 건강보험료에 대한 부담은 없게 된다.

넷째, 직원복리후생비로 비용처리를 극대화하는 방법이다.

복리후생비는 법인의 경우 법인세 감면을 위한 비용처리가 가능하고, 혜택을 받은 직원의 경우 소득처리를 하지 않기 때문에 양자만족(兩者滿足)을 할 수 있다는 장점이 있다.

예를 들어 직원복리를 위해 단체보험 가입을 한다든지, 기타 복리후생을 위한 비용처리 등을 할 수 있다.

〈명의신탁주식 환원 시 대표적 Q&A〉

실소유자 환원시 과세여부	명의신탁 증여세 부과
실소유자확인 신청방법	관할세무서 신청접수 ※ 신탁약정서 ※ 법인설립 당시 정관, 주주명부 ※ 법인 등기부등본, 기타 진술서 ※ 확인서 등 (주식대금납입, 배당금 수령 관련 증빙서류 등)
대기업집단에 속하는 중소법인	상호출자제한기업집단에 속하는 회사는 신청대상이 아님
실소유자가 수탁자 A(20억), B(20억)일 경우 신청	환원주식 40억 원으로 신청불가 (30억 원 미만만 가능)
신청 후 불인정 시 과세여부	양도소득세, 증여세 과세 검토 [3개월 이내 취소(원복)가능]

명의신탁주식 환원과 관련하여 발생하는 세금문제는 다음과 같다.

· 증여세: 명의신탁이 조세회피 수단으로 판단할 경우 증여로 간주, 증여세 부과(명의신탁한 시점에서 증여세 과세)
· 종합소득세: 명의신탁주식 배당소득 발생 시
· 증여세 부과제척기간: 법정신고 기간 다음 날부터 15년 경과 시 납세의무 소멸

그러나 증여세의 경우 명의신탁한 시점에서의 가액으로 증여세를 부과하므로 커다란 부담은 없을 것으로 판단되며, 종합소득세도 배당을 하지 않은 경우나 적게 한 경우 세금부담이 크지 않게 된다.

마지막으로 차명주식 실제소유자 확인제도를 신청하였으나 불인정 받을 경우 3개월 이내 취소(원복)가 가능하므로 유의해야 한다.

21
명의신탁 금융 처리

차명계좌는 실제 소유주가 자신의 자산을 타인의 이름을 빌려 계좌를 만들어 사용하는 것을 말한다.

부모가 자녀명의로 계좌를 만들고 입금 및 출금하여 사용하는 것을 예로 들 수 있다.

이러한 차명계좌는 실제 소유자의 자산으로 인정되어 왔는데, 이로 인해 발생하는 세금 등은 언제나 문제로 남아 있었다.

바로 종합소득세 과세 문제 및 증여세 등이다.

타인의 명의로 계좌를 운용하여 이자를 받은 경우 소득분산에 따라 종합과세(연간 이자 및 배당소득 2,000만 원 초과)를 당하지 않고 분리과세로 종결할 수 있다.

그런데 이때 실제 소유자의 이자소득으로 합산할 경우 종합과세를 피할 수 없으며 이로 인해 발생하는 일반 무신고가산세 20% 또는 부정 무신고가산세 40%와 납부불성실가산세(연 10.95%)를 피하기 어렵게 된다.

또한 증여세 부분도 실제 소유주가 계좌를 실질적으로 운용했다면 증여세 과세되지 않으나, 차명계좌 소유주가 실제 운용했다면 그날을 증여로 간주해 증여세를 부과하였다.

이러한 차명계좌가 발생하는 이유는 다음과 같다.

1. 종합과세를 피하기 위해 이자소득을 여러 명에게 분산하는 경우
2. 분리과세(세금우대, 생계형저축 등) 등의 혜택을 받기 위해 계좌를 분산하는 경우
3. 예금자보호(1인당 5,000만 원)를 받기 위해 자산을 여러 명에게 분산하는 경우
4. 증여세 회피를 목적으로 자녀의 계좌를 개설하는 경우
5. 각종 모임 운용 계좌 개설을 위해 차명계좌로 개설하는 경우 및 기타

그러나 2014년 5월 28일 이후 금융실명거래 및 비밀보장에 관한 법률(약칭, 금융실명법)에 의해 차명계좌인 경우 실제소유자가 계좌의 주인이 아니고 금융자산의 명의자가 소유자라고 추정한다는 내용으로 개정되어 차명계좌인 경우 각종 세금문제를 피할 수 없게 되었다.

즉 자녀명의로 계좌를 차명 개설한 경우 그 계좌의 주인은 자녀이므로 계좌 개설 당시 시점으로 증여가 이뤄져 증여세를 과세한다는 것이다.

따라서 차명계좌의 개설을 근본적으로 막은 것이다.

또한 실제 소유주가 차명계좌에 대해 소유권을 주장할 경우 입증을 해야 하지만 이럴 경우 처벌을 피할 수 없게 된다.

〈금융실명거래 및 비밀보장에 관한 법률(약칭: 금융실명법)〉

제3조(금융실명거래)
③ 누구든지 불법재산의 은닉, 자금세탁행위 또는 공중협박자금조달행위 및 강제집행의 면탈, 그 밖에 탈법행위를 목적으로 타인의 실명으로 금융거래를 하여서는 아니 된다. 〈신설 2014.5.28.〉
④ 금융회사 등에 종사하는 자는 제3항에 따른 금융거래를 알선하거나 중개하여서는 아니 된다. 〈신설 2014.5.28.〉
⑤ 실명이 확인된 계좌 또는 외국의 관계 법령에 따라 이와 유사한 방법으로 실명이 확인된 계좌에 보유하고 있는 금융자산은 명의자의 소유로 추정한다. 〈신설 2014.5.28.〉

현재까지 차명계좌를 사용하고 있는 경우 증여세 면세점 이내라면 유지해도 되나 그 이상이라면 해지를 하거나 증여세를 신고해야 한다.

〈증여세 면세점(증여재산공제로 증여세가 발생하지 않는 경우)〉

수증자	증여가액	증여재산공제	증여세
배우자	6억 원	6억 원	0
성년 자녀	5,000만 원	5,000만 원	0
미성년 자녀	2,000만 원	2,000만 원	0
직계존속	5,000만 원	5,000만 원	0
며느리/사위	1,000만 원	1,000만 원	0

22
명의신탁 부동산 환원문제

실제 부동산의 소유주가 남의 이름을 빌려 부동산을 취득하여 소유권이 전등기를 하는 것을 부동산 명의신탁이라고 한다.

이러한 명의신탁은 양도소득세 및 사업(임대)소득세 등의 세금을 회피하거나 제반 규제를 피하기 위한 수단으로 활용되어 왔는데, "부동산 실권리자 명의 등기에 관한 법률"(약칭 부동산실명법)에 의해, 부동산명의신탁약정은 무효이다(제4조 명의신탁약정의 효력).

그런데 이러한 부동산명의신탁으로 인해 발생하는 문제들이 있다.
바로 소유권 이전 관련 분쟁이다.
부동산명의신탁을 하고 나서 소유권분쟁소송을 준비하고 있는 L씨의 경우를 살펴보자.

> L씨는 20여 년 전에 부동산을 처남 명의로 구입하여 임대사업을 하고 있다.
> 그러나 얼마 전 명의신탁을 환원하기 위해 부동산 양도를 요청했는데, 처남으로부터 거절당했다고 한다.
> 분하고 억울해서 소송을 통해 이겨 보려고 제반 증거들을 수집하고 있었는데, 필자를 찾아 해결책을 논의하게 되었다.
> 그동안의 명의신탁의 증거들, 재산세 납부내역, 부가가치세 신고납부내역, 임대소득 사업소득세 신고내역, 기타 부동산에 들어간 경비 및 지출내역 등을 내세워 소송으로 환원받겠다는 것이다.

그러나 이런 방법은 몇 가지 문제점을 안고 있다.

첫째는 소송에서의 결과 여하와 소송비용 등이 소요된다는 것이다.

이길 수 있는 지 여부는 소송을 통해 알 수 있겠지만, 불확실하기도 하고 특히 소송과 관련하여 많은 비용과 시간을 허비하게 된다는 점이다.

둘째는 소송에서 이긴다고 하더라도 부동산실명제법 위반으로 과징금을 내야 한다는 것이다.

과징금은 명의신탁한 부동산의 가액과 경과기간에 따라 차등부과하게 되는데, 이 경우 부동산가액(공시지가)이 10억 원(실거래가액 15억 원)이고 명의신탁한 지 20여 년이 넘었기 때문에 과징금의 규모는 최대 25%가 될 수 있다.

또한 부동산가액은 현재 기준의 가치이므로 실거래가액을 적용할 경우 더 많은 과징금을 낼 수 있는 리스크가 발생한다.

이럴 때 과징금의 규모는 부동산가액(15억 원)의 10%인 1.5억 원, 경과기간 2년 초과로 15%인 2.25억 원, 총 3.75억 원이 된다.

부동산실명제법 위반으로 과징금 최대 30% 부과		
과징금 규모(부동산 가액 대비)		
부동산가액	5억 원 이하	5%
	5억원 초과 ~ 30억 원 이하	10%
	30억 원 초과	15%
경과기간	1년 이하	5%
	1년 초과 ~ 2년 이하	10%
	2년 초과	15%

그리고 과징금을 부과받은 경우 명의신탁 환원을 하지 않았을 때에도 과징금 부과일 기준으로 1년 초과 시 부동산가액의 10%(1.5억 원), 추가로 1년 초과 시 20%(3억 원)를 내야 하기도 한다.

과징금을 부과 받은 경우 명의신탁 환원을 하지 않았을 때(부동산가액 대비)		
과징금 부과일 기준	1년 초과	10%
	추가 1년 초과	20%

마지막으로 부동산명의신탁은 형사처벌도 받을 수 있는데, 명의신탁자는 5년 이하의 징역 또는 2억 원 이하의 벌금형, 명의수탁자는 3년 이하의 징역 또는 1억 원 이하의 벌금형에 처해지기도 한다.

형사처벌 조항		
형사처벌	명의신탁을 한 사람과 위반자	5년 이하 징역 또는 2억 원 이하 벌금형
	명의수탁자 또는 명의등록한 자	3년 이하 징역 또는 1억 원 이하 벌금형
	명의신탁 방조자	1년 이하 징역과 3천만 원 이하 벌금

따라서 명의신탁 부동산의 환원 시 분쟁으로 인한 소송의 방법보다는 사전 조율을 통해 환원하는 것이 가장 유리하다고 볼 수 있다.

명의신탁 부동산 환원 시 분쟁소송보다는 조정이 필요

그렇다면 환원받는 가장 효과적인 방법은 어떤 것일까?

우선은 부동산 양수도 거래를 생각할 수 있다.

부동산을 양수도할 경우 양도소득세를 고려해야 하는데 양도소득세는 최고 46.2% 고율의 세금을 부담해야 한다.

또한 양도소득세는 실지거래가액으로 계산되기 때문에 부동산가액이 크게 상승한 경우 세금부담을 피할 수 없게 된다.

반면, 증여의 경우는 최고 50%의 세금을 부담하지만, 수증자를 여러 명으로 분산할 경우 세금부담을 덜 수 있다.

예를 들어 공시지가가 10억 원이며 실제거래가액은 15억 원 하는 토지를 환원받고자 양도를 하는 경우와 증여를 하는 경우를 비교해 보자.

증여 시 부부 및 자녀 4인 총 6인에게 균등 증여(기타 친족공제 1,000만 원)하는 것으로 가정

명의신탁부동산 환원 시 비교	양도 시	증여 시
환원가액	10억 원(공시지가)~15억 원(시가)	
세율 비교	최고 46.2% 부과	최고 50% 부과
세금 예상(1인)	2억 5,212만 원~4억 1,382만 원	2억 3,700만 원(공시지가)
분산(6명) 환원	자녀들이 양수금액을 지출하므로 고려하지 않음	1억 2,800만 원
세금 차이 (분산 증여)	-	1억 2,412만 원~ 2억 8,582만 원 절세 가능
기타	양도금액 지급, 세금 납부 문제 발생	추후 상속세 절세 효과(약 5억 원)

* 양도소득세: 취득가액 1억 원, 장기보유특별공제 30% 가정

이 경우 양도는 최고 4억 1,382만 원의 양도소득세를 부담하게 되지만, 증여로 할 경우 2억 3,700만 원밖에 부담하지 않는다.

왜냐하면 토지의 경우 양도는 실제 거래가액으로, 증여는 공시지가로 평가해 세금을 산출하기 때문이다.

그리고 증여의 경우 여러 명(6명)으로 분산하면 증여세는 1억 2,800만 원밖에 산출되지 않는다.

이럴 경우 명의신탁부동산을 환원받는 유리한 방법은 양도보다는 증여가 된다.

양도로 토지를 환원받은 경우 추후에 발생하게 될 상속세를 피할 수 없게 되지만 자녀에게까지 여러 명에게 증여한다면 나중에 발생하게 될 상속세 걱정은 없게 된다.

23
초과배당 실행 전략

기업에서 이익이 발생한 경우 주주에게 그 이익을 돌려주는 것을 배당이라고 한다.

이러한 배당은 각 주주의 지분율에 따라 균등하게 지급한다.

예를 들어 총 10억 원을 배당하는데, A의 지분이 50%, B가 30%, C가 20%라고 가정한다면 A는 5억 원, B는 3억 원, C는 2억 원을 받아야 하는 것이다.

그런데 최대주주가 배당을 포기하는 경우 나머지 주주들이 배당금을 나눠 갖게 되는데 이는 지분율에 따라 균등하게 받는 것이 아니라 불균등하게 받는 차등배당이 된다.

이러한 차등배당에 대하여 그동안에는 소득세(배당)를 납부했기에 추가로 증여세를 부과하지 않았다.

그러나, 2015년 12월 「상속세 및 증여세법」(이하 「상증법」) 개정으로 차등배당으로 최대주주의 특수 관계인이 지분율보다 많은 배당금을 받는 경우 초과배당액에 대해 증여세를 과세하고 있다.

물론 초과배당액에 대한 증여세가 배당소득세보다 적을 경우는 증여세를 적용하지 않는다.

《「상속세 및 증여세법」 제41조의2(초과배당에 따른 이익의 증여)》

① 법인이 이익이나 잉여금을 배당 또는 분배(이하 이 항에서 "배당 등"이라 한다)하는 경우로서 그 법인의 대통령령으로 정하는 최대주주 또는 최대출자자(이하 이 조에서 "최대주주 등"이라 한다)가 본인이 지급받을 배당 등의 금액의 전부 또는 일부를 포기하거나 본인이 보유한 주식 등에 비례하여 균등하지 아니한 조건으로 배당 등을 받음에 따라 그 최대주주 등의 특수관계인이 본인이 보유한 주식 등에 비하여 높은 금액의 배당 등을 받은 경우에는 제4조의2 제2항에도 불구하고 법인이 배당 등을 한 날을 증여일로 하여 그 최대주주 등의 특수관계인이 본인이 보유한 주식 등에 비례하여 균등하지 아니한 조건으로 배당 등을 받은 금액(이하 이 조에서 "초과배당금액"이라 한다)을 그 최대주주 등의 특수관계인의 증여재산가액으로 한다.
② 제1항에 따라 초과배당금액에 대하여 증여세를 부과할 때 해당 초과배당금액에 대한 소득세 상당액은 제56조에 따른 증여세산출세액에서 공제한다.
③ 초과배당금액에 대한 증여세액이 초과배당금액에 대한 소득세 상당액보다 적은 경우에는 제1항을 적용하지 아니한다.
④ 초과배당금액과 초과배당금액에 대한 소득세 상당액의 산정방법 및 그 밖에 필요한 사항은 대통령령으로 정한다.

이러한 차등배당은 최대주주가 균등배당으로 배당금을 받고 나서 자녀들에게 증여를 하는 경우에 비해서 뛰어난 절세효과를 보여 준다.

예를 들어 아래와 같이 10억 원을 균등배당했다고 가정해 보자.

균등배당(10억 원 가정)

	지분율	배당금액
CEO	50%	5억 원
배우자	20%	2억 원
자녀1	15%	1억 5,000만 원
자녀2	15%	1억 5,000만 원

최대주주인 CEO는 5억 원을 배당금으로 수령하고 배당소득세 1억 5,838만 원을 납부한다.

배당소득세 산출

배당소득액	5억 원
배당가산액(Gross up: 11%)	5,280만 원
과세표준	5억 5,280만 원
적용세율	42%
누진공제	3,540만 원
산출세액	1억 9,678만 원
배당세액공제	5,280만 원
최종 산출세액	1억 4,398만 원
주민세(10%)	1,440만 원
주민세 포함 결정세액	1억 5,838만 원

그리고 배우자에게 2억 원, 자녀들에게 각각 1억 5,000만 원을 증여할 때 증여재산공제를 할 경우 증여세는 총 1,940만 원이 된다.

증여재산공제를 한 경우 증여세 산출

배당소득액	배우자	자녀1(성년)	자녀2(성년)
증여가액	2억 원	1억 5,000만 원	1억 5,000만 원
증여재산공제	6억 원	5,000만 원	5,000만 원
과세표준	0	1억 원	1억 원
적용세율	–	10%	10%
산출세액	0	1,000만 원	1,000만 원
신고세액공제(3%)	0	30만 원	30만 원
결정세액	0	970만 원	970만 원

만약 증여재산공제를 하지 않았을 때 증여세는 총 6,790만 원이 된다.

증여재산공제를 하지 않았을 경우 증여세 산출

배당소득액	배우자	자녀1(성년)	자녀2(성년)
증여가액	2억 원	1억 5,000만 원	1억 5,000만 원
증여재산공제	-	-	-
과세표준	2억 원	1억 5,000만 원	1억 5,000만 원
적용세율	20%	20%	20%
산출세액	3,000만 원	2,000만 원	2,000만 원
신고세액공제(3%)	90만 원	60만 원	60만 원
결정세액	2,910만 원	1,940만 원	1,940만 원

따라서 최대주주인 CEO가 균등배당을 하고 나서 증여할 경우 총세금은 1억 7,778만 원 ~ 2억 2,628만 원(1억 5,838만 원 + 1,940만 원 ~ 6,790만 원)이 발생하게 된다.

그런데 차등배당에서 초과배당세액이 증여세보다 클 경우 증여세는 부과하지 않게 되어 있으므로 일반적으로 많은 금액이 아니라면, 배당소득세 외에 증여세는 납부하지 않아도 된다.

따라서 차등배당은 증여세만큼 절세할 수 있는 것이다.

또한 배당소득세도 여러 명에게 분산 지급되므로 배당소득세 절세도 가능하다.

다음 표는 차등배당을 할 경우 배당금액을 예시한 것이다.

차등배당(10억 원 가정)

	지분율	배당금액	초과배당액
CEO	0%	0	–
배우자	40%	4억 원	2억 원
자녀1	30%	3억 원	1억 5,000만 원
자녀2	30%	3억 원	1억 5,000만 원

최대주주의 배당 포기로 배우자 및 자녀들은 자신들의 지분보다도 2배 많은 배당금을 수령할 수 있다.

이 경우 차등배당으로 인해 초과된 배당에 대해서는 배당소득세를 어느 정도 부과하는지 알아보자.

초과배당에 대한 소득세 적용 세율은 아래 표에 따라 초과배당금액이 1억 5,000만 원을 초과하는 경우 3,760만 원+1억 5,000만 원 초과분의 38%를 내야 한다.

초과배당에 대한 소득세 상당액(「상속세 및 증여세법 시행규칙」 제10조3)

초과배당금액	세율
5,220만 원 이하	초과분 × 14%
5,220만 원 초과 8,800만 원 이하	731만 원 + 초과분 × 24%
8,800만 원 초과 1억 5,000만 원 이하	1,590만 원 + 초과분 × 35%
1억 5,000만 원 초과 3억 원 이하	3,760만 원 + 초과분 × 38%
3억원 초과 5억 원 이하	9,460만 원 + 초과분 × 40%
5억 원 초과	1억 7,460만 원 + 초과분 × 42%

따라서 배우자는 초과배당액 2억 원에 대해 5,660만 원, 자녀들은 1억 5,000만 원에 대해 각각 3,760만 원, 총 1억 3,180만 원을 내야 한다.
(균등배당 시 CEO 배당소득세 1억 5,838만 원 대비 2,658만 원 절세)

차등배당(10억 원 가정)

		배당소득세 (주민세 포함)	초과배당액	배당소득세 (주민세 포함)
배우자	2억 원	4,876만 원	2억 원	5,660만 원
자녀1	1억 5,000만 원	3,161만 원	1억 5,000만 원	3,760만 원
자녀2	1억 5,000만 원	3,161만 원	1억 5,000만 원	3,760만 원
합계		1억 1,198만 원		1억 3,180만 원

이처럼 차등배당은 소득세 납부자 분산에 따른 소득세 절세와 추후 증여를 할 경우 발생하게 되는 증여세도 절세할 수 있게 한다.

또한 초과배당세액이 증여세보다 클 경우 증여세는 부과하지 않게 되어 있으므로 초과배당은 매년 증여세 부담 없이 자녀에게 증여하는 데 이용할 수 있으며, 추가로 별도의 증여도 할 수 있어서 여러 가지로 그 효과가 크다고 말할 수 있다.

그러나 이러한 초과배당은 법인세 감면효과가 전혀 없으므로 제한된 범위 내에서 또는 상속/증여세 절세를 위한 전략적 목적이 있는 경우 활용하는 것이 좋다.

이러한 초과배당을 위해서는 정관에 중간배당(연 1회 한도, 현금배당만 가능)을 할 수 있는 근거를 만드는 것이 중요한데, 이는 「상법」제462조 3(중간배당)에 의거한다.

그리고 중간배당액은 직전 결산기의 순자산액에서 다음 항목의 금액을 공제한 금액을 한도로 한다.

1. 직전 결산기의 자본금의 액
2. 직전 결산기까지 적립된 자본준비금과 이익준비금의 합계액
3. 직전 결산기의 정기총회에서 이익으로 배당하거나 또는 지급하기로 정한 금액
4. 중간배당에 따라 당해 결산기에 적립하여야 할 이익준비금

24
자기주식취득(자사주 매입) 전략

과거 「상법」에서 회사가 자기주식을 취득할 경우 자본유지를 해치기 때문에 원칙적으로 자기주식 취득을 금지했으나, 다음과 같은 특정 목적에 의한 자기주식의 취득은 제한적 범위 내에서 허용하였다.

〈「상법」 제341조의2(특정 목적에 의한 자기주식의 취득)〉

회사는 다음 각 호의 어느 하나에 해당하는 경우에는 제341조에도 불구하고 자기의 주식을 취득할 수 있다.
1. 회사의 합병 또는 다른 회사의 영업 전부의 양수로 인한 경우
2. 회사의 권리를 실행함에 있어 그 목적을 달성하기 위하여 필요한 경우
3. 단주(端株)의 처리를 위하여 필요한 경우
4. 주주가 주식매수청구권을 행사한 경우

즉, 단주의 처리를 위하여 하는 경우와 회사 합병 시 합병에 반대한 소액주주들이 '주식매수청구권'을 행사하는 경우 그 주식을 사들이기 위해서, 그리고 회사의 합병 또는 양수로 인해 다른 회사의 주식을 인수하는 경우 등에 한정된다.

그러나 2011년 4월 14일 「상법」이 개정되어 순자산액을 넘지 않는 범위 내에서의 자기주식 취득을 허용하고 있다.

〈「상법」 제341조(자기주식의 취득)〉

① 회사는 다음의 방법에 따라 자기의 명의와 계산으로 자기의 주식을 취득할 수 있다. 다만, 그 취득가액의 총액은 직전 결산기의 대차대조표상의 순자산액에서 제462조 제1항 각 호의 금액을 뺀 금액을 초과하지 못한다.
  1. 거래소에서 시세(時勢)가 있는 주식의 경우에는 거래소에서 취득하는 방법
  2. 제345조 제1항의 주식의 상환에 관한 종류주식의 경우 외에 각 주주가 가진 주식 수에 따라 균등한 조건으로 취득하는 것으로서 대통령령으로 정하는 방법

② 제1항에 따라 자기주식을 취득하려는 회사는 미리 주주총회의결의로 다음 각 호의 사항을 결정하여야 한다. 다만, 이사회의 결의로 이익배당을 할 수 있다고 정관으로 정하고 있는 경우에는 이사회의 결의로써 주주총회의 결의를 갈음할 수 있다.
  1. 취득할 수 있는 주식의 종류 및 수
  2. 취득가액의 총액의 한도
  3. 1년을 초과하지 아니하는 범위에서 자기주식을 취득할 수 있는 기간

③ 회사는 해당 영업연도의 결산기에 대차대조표상의 순자산액이 제462조 제1항 각 호의 금액의 합계액에 미치지 못할 우려가 있는 경우에는 제1항에 따른 주식의 취득을 하여서는 아니 된다.

④ 해당 영업연도의 결산기에 대차대조표상의 순자산액이 제462조 제1항 각 호의 금액의 합계액에 미치지 못함에도 불구하고 회사가 제1항에 따라 주식을 취득한 경우 이사는 회사에 대하여 연대하여 그 미치지 못한 금액을 배상할 책임이 있다. 다만, 이사가 제3항의 우려가 없다고 판단하는 때에 주의를 게을리하지 아니하였음을 증명한 경우에는 그러하지 아니하다.

〈제462조(이익의 배당)〉

① 회사는 대차대조표의 순자산액으로부터 다음의 금액을 공제한 액을 한도로 하여 이익배당을 할 수 있다.
  1. 자본금의 액
  2. 그 결산기까지 적립된 자본준비금과 이익준비금의 합계액
  3. 그 결산기에 적립하여야 할 이익준비금의 액
  4. 대통령령으로 정하는 미실현이익

자기주식의 취득방법은 이사회 결의로 이익배당(정관에 명시)을 하는 경우 이사회 결의로 자기주식 취득의 목적, 취득할 주식의 종류 및 수 등을 정하여 처리한다.

자기주식을 취득할 때 위법 사례로는
첫째, 배당 가능한 이익이 없는데도 취득하는 경우,
둘째, 주주총회 또는 이사회 결의 없이 취득하는 경우,
셋째, 주주총회 또는 이사회 결의사항이 적법한 절차를 밟지 않고 취득한 경우,
넷째, 취득방법이 주주 간 평등의 원칙에 위배되는 경우,
다섯째, 취득가액이 공정가액에 맞지 않는 경우 등
이 있다.

《「상법 시행령」 제10조(자기주식 취득의 방법)》

회사가 제9조 제1호에 따라 자기주식을 취득하는 경우에는 다음 각 호의 기준에 따라야 한다.

1. 법 제341조 제2항에 따른 결정을 한 회사가 자기주식을 취득하려는 경우에는 이사회의 결의로써 다음 각 목의 사항을 정할 것. 이 경우 주식 취득의 조건은 이사회가 결의할 때마다 균등하게 정하여야 한다.
   가. 자기주식 취득의 목적
   나. 취득할 주식의 종류 및 수
   다. 주식 1주를 취득하는 대가로 교부할 금전이나 그 밖의 재산(해당 회사의 주식은 제외한다. 이하 이 조에서 "금전 등"이라 한다)의 내용 및 그 산정 방법
   라. 주식 취득의 대가로 교부할 금전 등의 총액
   마. 20일 이상 60일 내의 범위에서 주식양도를 신청할 수 있는 기간(이하 이 조에서 "양도신청 기간"이라 한다)
   바. 양도신청 기간이 끝나는 날부터 1개월의 범위에서 양도의 대가로 금전 등을 교부하는 시기와 그 밖에 주식 취득의 조건

2. 회사는 양도신청 기간이 시작하는 날의 2주 전까지 각 주주에게 회사의 재무 현황, 자기주식 보유 현황 및 제1호 각 목의 사항을 서면으로 또는 각 주주의 동의를 받아 전자문서로 통지할 것. 다만, 회사가 무기명식의 주권을 발행한 경우에는 양도신청 기간이 시작하는 날의 3주 전에 공고하여야 한다.
3. 회사에 주식을 양도하려는 주주는 양도신청 기간이 끝나는 날까지 양도하려는 주식의 종류와 수를 적은 서면으로 주식양도를 신청할 것
4. 주주가 제3호에 따라 회사에 대하여 주식 양도를 신청한 경우 회사와 그 주주 사이의 주식 취득을 위한 계약 성립의 시기는 양도신청 기간이 끝나는 날로 정하고, 주주가 신청한 주식의 총수가 제1호 나목의 취득할 주식의 총수를 초과하는 경우 계약 성립의 범위는 취득할 주식의 총수를 신청한 주식의 총수로 나눈 수에 제3호에 따라 주주가 신청한 주식의 수를 곱한 수(이 경우 끝수는 버린다)로 정할 것

회사의 이익배당 범위 내에서 자유롭게 자기주식을 취득할 수 있게 됨에 따라 대주주인 CEO가 자기의 주식을 회사에 양도(자기주식 취득)하여 CEO의 가지급금 해소 및 그 밖의 자금으로 활용하는 사례가 발생하게 되었다.

대주주가 자금을 확보하는 방법 중 첫 번째 배당금을 받는 경우에는 최고 46.2%의 배당소득세(종합과세 대상일 경우)를 내야 하고 법인세 감면 효과는 없다.

두 번째, 근로소득이나 상여금을 받는 경우에는 법인세 감면효과는 있으나, 최고 46.2%의 소득세 및 4대 보험료 상승으로 효과적이지 못하다.

따라서 세 번째 방법인 대주주의 주식양도를 통해 자금 확보를 하는 방법이 가장 효과적인 것으로 인식된다.

주식시세는 비상장주식가치 평가에 따른 시세로 순익과 순자산이 증가된 상태라면 액면가 대비 높은 금액으로 양도할 수 있으며, 주식양도소득세는 최대 27.5%(주민세 포함)로 상대적으로 낮기 때문이다.

주식 양도소득세율 및 대주주 기준

		기존	개정
대기업 (대주주)	1년 미만 보유	30%	30%
	1년 이상 보유	20%	20%
중소기업	대주주	10%	20% (3억 원 초과 시 25%)
	기타(소액)주주	10%	10%
대주주 기준	유가증권시장: 지분율 1% 이상 또는 시가총액 25억 원 이상 코스닥시장: 지분율 2% 이상 또는 시가총액 20억 원 이상 코넥스시장: 지분율 4% 이상 또는 시가총액 10억 원 이상 비상장주식: 지분율 1% 이상 또는 시가총액 25억 이상		

* 주민세 10% 별도
* 직전 사업연도 말 기준
* 특수관계자 포함(특수관계자 정의 참조)
* 시가총액 요건은 연말 기준, 지분율 요건은 연중에도 기준에 달성되면 대주주로 판단
* 유가증권시장, 코스닥시장 대주주 기준 변경(예정)
  - 2018년 4월 1일 이후 양도분부터는 15억 원 이상
  - 2020년 4월 1일 이후 양도분부터는 10억 원 이상

대주주의 특수관계인 범위는 아래의 「법인세법 시행령」 제87조(특수관계인의 범위)와 같다.

〈주식 양도소득세율 및 대주주 기준〉

「법인세법 시행령」 제87조(특수관계인의 범위)

① 법 제52조 제1항에서 "대통령령으로 정하는 특수관계인"이란 법인과 다음 각 호의 어느 하나의 관계에 있는 자(이하 "특수관계인"이라 한다)를 말한다. 이 경우 본인도 「국세기본법」 제2조 제20호 각 목 외의 부분 후단에 따라 특수관계인의 특수관계인으로 본다.
1. 임원의 임면권의 행사, 사업방침의 결정 등 당해 법인의 경영에 대하여 사실상 영향력을 행사하고 있다고 인정되는 자와 그 친족

2. 주주 등(소액주주 등 제외)과 그 친족
    1) 6촌 이내의 혈족
    2) 4촌 이내의 인척
    3) 배우자(사실상의 혼인관계에 있는 자를 포함한다)
    4) 친생자로서 다른 사람에게 친양자 입양된 자 및 그 배우자·직계비속
3. 법인의 임원·사용인 또는 주주 등의 사용인이나 사용인 외의 자로서 법인 또는 주주 등의 금전 기타 자산에 의하여 생계를 유지하는 자와 이들과 생계를 함께 하는 친족
4. 해당 법인이 직접 또는 그와 제1호부터 제3호까지의 관계에 있는 자를 통하여 어느 법인의 경영에 대하여 지배적인 영향력을 행사하고 있는 경우 그 법인
5. 해당 법인이 직접 또는 그와 제1호부터 제4호까지의 관계에 있는 자를 통하여 어느 법인의 경영에 대하여 지배적인 영향력을 행사하고 있는 경우 그 법인
6. 당해 법인에 100분의 30 이상을 출자하고 있는 법인에 100분의 30 이상을 출자하고 있는 법인이나 개인
7. 당해 법인이 「독점규제 및 공정거래에 관한 법률」에 의한 기업집단에 속하는 법인인 경우 그 기업집단에 소속된 다른 계열회사 및 그 계열회사의 임원

그리고 자기주식 취득으로 주식을 거래할 때에는 증권거래세를 납부해야 하는데, 비상장주식의 거래인 경우 거래대금의 0.5%를 납부해야 한다.

증권거래세율

	유가증권시장	코스닥시장	코넥스시장	비상장주식
증권거래세율	0.15%(농어촌특별세 0.15% 별도)	0.3%	0.3%	0.5%

그런데 자기주식을 정상적으로 취득해도 취득 후 발생하는 세금문제를 간과할 수는 없다.

자기주식 취득 후 발생되는 세금문제

구분	해당 법인	거래주주
자기주식 장기 보유	가지급금 간주(인정이자 익금 산입, 상여 등으로 소득 처분)	인정이자액 상당을 소득세로 추징
자기주식 보유 후 소각	-	자본 감소에 따른 의제 배당으로 소득세 추징 (최고 46.2%)
자기주식 보유 후 양도	-	고가 또는 저가 양수도 시 증여 의제 적용

첫 번째는 자기주식을 장기 보유하는 경우이다.

이럴 경우 해당 법인에서 취득한 자금은 가지급금으로 간주하여 인정이자를 익금으로 산입해 법인세를 가중시키고 인정이자를 내지 않았을 때 거래주주에게 상여 등의 명목으로 소득 처분하여 소득세를 추징하게 된다.

예를 들어 자기주식 취득액이 10억 원일 때, 인정이자액은 연 4.6%(법인대출이 없는 경우)로 4,600만 원이 법인이익에 산입되어 법인세를 내야 하며, 법인세를 내지 않으려면 거래주주에게 4,600만 원이 상여금으로 처리되어 거래주주가 소득세를 내야 한다.

또한 10억 원에 대해서는 상환 대상의 부채가 되므로 주의할 필요가 있다.

두 번째는 자기주식을 보유 후에 소각하는 경우이다.

이럴 경우 자본감소에 따라 기존 주주 등은 주식가격이 상승하게 되는데, 의제배당을 피할 수가 없다.

배당소득세는 앞에서도 언급한 바와 마찬가지로 종합과세 대상이며 최고 46.2%의 세금을 내야 하므로 자기주식 취득의 결과로 오히려 세금을 더 내야 하는 위험에 처할 수 있다.

세 번째는 자기주식을 보유한 후에 양도하는 경우이다.

공정가액으로 양도하는 경우는 문제가 되지 않겠지만, 고가 양도 또는 저가 양도를 통해 거래할 때 증여 의제로 증여세를 부담해야 하는 일이 발생할 수 있다.

자기주식 취득의 경우 공정가액으로 취득하고 공정가액으로 타인에게 양도하면 문제가 발생하지 않지만, 실제로 이런 일은 발생할 수 없다.

따라서 이미 자기주식을 취득한 경우라면 규모가 비슷한 기업끼리 자기주식 취득 건에 대해 서로 양수도하는 방법이 유일한 해결책이라 판단된다.

효과적인 자기주식 처리 방안

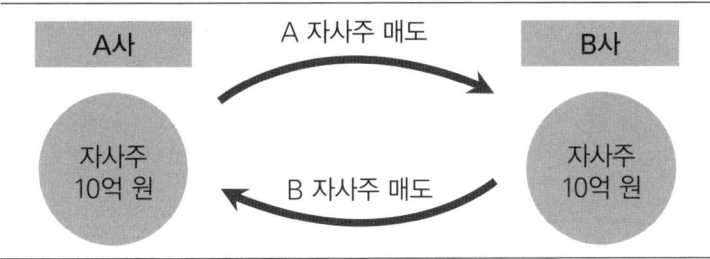

25
법인설립 및 전환

　개인사업을 영위하는 자영업자들이 매출과 순익이 증가하면서 매년 사업소득세를 많이 납부하게 되자 법인 전환을 도모하려는 움직임이 있다.
　그도 그럴 것이 사업소득세는 1억 5,000만 원을 초과할 경우 소득세를 무려 38%로 납부해야 하며, 과세표준액이 5억 원을 초과할 경우 주민세까지 포함한다면 46.2%로 납부해야 하기 때문이다.

　예를 들어 순익이 연간 8,000만 원(과세표준 5,000만 원 가정)일 경우 소득세율 24%를 적용받아 총 745만 원의 소득세를 납부하게 된다.
　그런데 순익이 연간 1억 3,000만 원(과세표준 1억 원 가정)으로 증가할 경우 소득세율은 35%로 급증하여 총 2,211만 원의 소득세를 납부해야 한다.
　소득이 과세표준 5,000만 원 대비 2배 늘었음에도 소득세는 무려 2.9배로 증가하는데 이러한 결과는 누진과세로 인한 것이다.

　그러나 소득이 연간 3억 5,000만 원(과세표준 3억 원 가정)으로 뛸 경우 소득세율은 무려 38%를 적용받아 총 1억 406만 원의 소득세를 납부해야 한다.
　과세표준 5,000만 원 대비 소득이 6배 증가한 것에 비해 소득세는 13.9배로 증가한 것이다.

이처럼 소득 증가보다 세금 증가가 기하급수적으로 늘어나기 때문에 개인사업자는 엄청난 부담을 안게 된다.

따라서 세금 측면에서 본다면 순익 증가에 따라 반드시 법인으로 전환해야 할 필요성이 생기게 되는 것이다.

과세 표준별 소득세 비교

과세표준	5,000만 원	1억 원	3억 원
적용세율	24%	35%	38%
산출세율	678만 원	2,010만 원	9,460만 원
주민세	67만 원	201만 원	946만 원
총납부세액	745만 원	2,211만 원	1억 406만 원
차이(금액)	-	1,466만 원	9,661만 원
차이(배수)	-	2.9배	13.9배

또한 연수입금액이 업종별로 일정 금액 이상인 개인사업자가 종합소득세를 납부하기 전에 신고 내용 등을 의무적으로 세무대리인(세무사, 세무법인, 회계법인)에게 확인 및 검증을 받도록 하는 제도가 성실신고확인서 제출제도인데, 일반적으로 고소득을 올리는 자영업자의 경우 성실신고확인서 제출제도를 피하고자 할 경우 법인 전환을 꾀하게 된다.

성실신고확인서 제출제도는 자산총액이 120억 원 초과 법인(외감대상 법인)이 회계법인으로부터 의무적으로 회계감사를 받아야 하는 것과 같은 제도이다.

수입금액이 많아서 이 제도의 대상이 되는 자영업자로서는 부담을 느끼지 않을 수 없는 것이다.

《「소득세법」 제70조의2(성실신고확인서 제출)》

① 성실한 납세를 위하여 필요하다고 인정되어 수입금액이 업종별로 대통령령으로 정하는 일정 규모 이상의 사업자(이하 "성실신고 확인대상사업자"라 한다)는 제70조에 따른 종합소득과세표준 확정신고를 할 때에 같은 조 제4항 각 호의 서류에 더하여 제160조 및 제161조에 따라 비치·기록된 장부와 증명서류에 의하여 계산한 사업소득금액의 적정성을 세무사 등 대통령령으로 정하는 자가 대통령령으로 정하는 바에 따라 확인하고 작성한 확인서(이하 "성실신고 확인서"라 한다)를 납세지 관할세무서장에게 제출하여야 한다.
② 제1항에 따라 성실신고 확인대상사업자가 성실신고확인서를 제출하는 경우에는 제70조 제1항에도 불구하고 종합소득과세표준 확정신고를 그 과세기간의 다음 연도 5월 1일부터 6월 30일까지 하여야 한다.
③ 납세지 관할세무서장은 제1항에 따라 제출된 성실신고확인서에 미비한 사항 또는 오류가 있을 때에는 그 보정을 요구할 수 있다.

성실신고확인서 제출 대상 업종과 기준 수입금액은 아래 표와 같다.
부동산임대업과 보건업의 경우 수입금액이 5억 원 이상인 경우 대상이 되므로 대부분의 부동산 임대업자와 의료업 종사자가 해당된다고 볼 수 있다.

업종별 성실신고 확인서 제출 의무 기준

업종	수입금액
농업·임업 및 어업, 광업, 도매 및 소매업(상품중개업 제외), 부동산 매매업	20억 원 (15억 원)
제조업, 숙박 및 음식점업, 전기·가스·증기 및 수도사업, 하수·폐기물 처리·원료재생 및 환경복원업, 건설업(비주거용 건물 건설업 제외, 주거용 건물 개발 및 공급업 포함), 운수업, 출판·영상·방송통신 및 정보 서비스업, 금융 및 보험업, 상품중개업	10억 원 (7.5억 원)
부동산 임대업, 부동산 관련 서비스업, 임대업(부동산 임대업 제외), 전문과학 및 기술 서비스업, 사업시설관리 및 사업지원 서비스업, 교육 서비스업, 보건업 및 사회복지 서비스업, 예술·스포츠 및 여가 관련 서비스업, 협회 및 단체, 수리 및 기타 개인 서비스업, 가구 내 고용활동	5억 원

※ 괄호 안 금액은 2019년부터 적용

따라서 개인사업을 하는 자영업자의 경우 매출과 순익이 증가함에 따라 법인으로의 전환이 절실해지는데, 개인회사와 법인회사의 대표적인 차이점은 세금 부담에 있다.

개인사업은 소득세율이 7단계 누진과세로 과세표준이 5억 원을 초과할 경우 최고 세율인 42%(주민세 포함 46.2%)를 적용받는 데 반해, 법인인 경우 법인세율은 4단계 누진과세를 적용하며 과세표준이 200억 원을 초과할 경우 22%(주민세 포함 24.2%)를 적용받아 소득세 대비 낮은 세율임을 알 수 있다. (3,000억 원 초과 시 주민세 포함 27.5%)

또한 대부분의 법인이 과세표준 200억 원 이하에 해당하기 때문에 적용세율이 20%(주민세 포함 22%)로 소득세 대비 절반 수준밖에 되지 않는다.

법인	자연인이 아니면서 법에 의하여 권리능력이 부여되는 사단과 재단. 법률상 권리와 의무의 주체가 됨
	* 특정 목적을 달성하기 위해 만들어진 사람의 결합이나 재산에 대하여 법으로 인격을 부여

법인의 종류

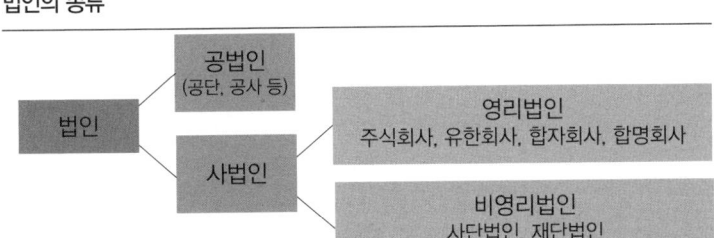

개인회사 VS 법인회사(1)

		개인회사	법인회사
설립		단순(사업자 등록)	복잡(설립등기, 사업자 등록)
운영	책임	무한	유한
	창업 비용	작음	큼
	활동상	제약 없음	제약 있음(「상법」 등)
	자본 조달	제한	용이
	세금 부담	7단계 누진과세 (최고 46.2%)	4단계 누진과세 (최고27.5%)
	계속기업	-	상대적 영속성
	가업승계	-	용이(주식이전)
	대상 기업	일정 규모 이하 기업에 적합	일정 규모 이상 기업에 적합
CEO 소득		사업소득	근로소득, 퇴직소득, 배당소득
청산		단순	복잡(「상법」상 청산절차)

 이밖에 법인회사는 주주가 출자한 자본금 범위 내에서 경영의 유한책임을 지지만, 개인회사는 무한책임을 진다.

 물론 소규모로 운영되는 법인회사인 경우도 대표가 보증을 서는 등 실질적으로는 무한에 가까운 책임을 지지만, 원칙적으로는 출자 자본금 범위 내에서 유한책임을 지게 되는 것이다.

 그리고 개인회사의 대표는 사업소득에 따른 사업소득세를 부담하지만, 법인회사의 경우 회사 대표는 근로소득을 받으면서 근로소득세를 부담하고, 퇴직할 경우 퇴직소득세, 주주배당을 받는다면 배당소득세 등을 부담하게 된다.

개인회사 VS 법인회사(2)

	개인회사	법인회사
과세 근거법	「소득세법」	「법인세법」
과세기간	매년 1월 1일부터 12월 31일까지	정관에 정하는 회계기간
과세 소득	총 수입금액 − 필요경비	익금의 총액 − 손금의 총액
과세 범위	종합과세(일부 분리과세)	분리과세가 인정되지 않음
이중과세 여부	−	법인에 법인세 과세 후, 근로소득세, 주주 배당에 대한 소득세 과세
세율 구조	6~42% 누진 적용	10~25%
납세지	거주자 주소지	법인 등기부 등본상의 본점/주사무소
기장 의무	수입금액에 따라 간편장부 의무자, 복식부기 의무자로 구분	수입금액에 관계없이 복식부기 의무자

또한 개인회사는 매년 1월 1일부터 12월 31일까지가 과세기간인 데 반해, 법인회사는 정관에 정한 회계기간이 과세기간으로 된다.

예를 들어 정관에서 매년 1월 1일부터 12월 31일까지 정하거나 혹은 4월 1일부터 이듬해 3월 31일까지 정하는 경우가 있다.

개인회사와 법인회사가 대표적으로 다른 점인 적용세율을 살펴보면 법인세율은 과세표준이 2억 원 이하일 때 10%의 낮은 세율을 적용받는다.

따라서 과세표준이 2억 원 내외인 경우 법인세 적용이 훨씬 유리함을 알 수 있다.

혹자는 개인사업의 과세표준이 2,160만 원을 초과할 경우 법인세율이 유리하여 법인 전환이 필요하다고들 하지만, 이것은 숫자놀음에 불과하다. 세율 이외에 고려해야 할 사항(감면조항, 설립비용 등)들이 많기 때문이다.

소득세율 대 법인세율

소득세율		법인세율	
과세표준	세율	과세표준	세율
1,200만 원 이하	6%	2억 원 이하	10%
1,200만 원 초과 4,600만 원 이하	15%	2억 원 초과 200억 원 이하	20%
4,600만 원 초과 8,800만 원 이하	24%	200억 원 초과 3,000억 원 이하	22%
8,800만 원 초과 1억 5,000만 원 이하	35%	3,000억 원 초과	25%
1억 5,000만 원 초과 3억 원 이하	38%		
3억 원 초과 5억 원 이하	40%		
5억 원 초과	42%		

* 개인(사업주 지역가입자로 4대 보험 가입), 법인(국민연금, 건강보험 법인/개인 납부).

소득세와 법인세가 같아지는 과세표준

소득세	과세표준	법인세
216만 원	2,160만 원	216만원

따라서 무턱대고 과세표준이 2,160만 원을 초과할 경우 법인 전환을 고려하는 것은 바람직하지 못하다.

그러므로 개인사업을 하는 경우 대개 2억 원을 초과하는 과세표준이 발생하면 심각하게 법인 전환을 고려해야 하는 것이다.

예를 들어 순이익(과세표준 기준)이 2억 원 발생한다고 가정할 때 개인사업을 하는 경우 소득세는 주민세 포함 6,226만 원 발생한다.

이에 반해 법인인 경우에는 법인세가 주민세 포함하여 2,200만 원 발생하여 4,026만 원 정도 절세가 되는 것을 볼 수 있다.

순익(과세표준 기준) 2억 원 발생 시

개인		법인		비고
소득세	5,660만 원	법인세	2,000만 원	
주민세	566만 원	주민세	200만 원	
합계	6,226만 원	합계	2,200만 원	-4,026만 원

그러나 여기에는 고려해야 할 사항이 있다.

소득세는 세금을 내고 난 소득은 개인소유가 되지만, 법인의 경우에는 법인세와는 별도로 법인으로부터 소득을 발생시키고 소득세를 내야만 자기 소득이 될 수 있다는 것이다.

따라서 법인 수익이 2억 원이고 법인에서 근로소득으로 1억 원을 받았다고 가정하면, 법인 수익이 1억 원이므로 법인세는 1,100만 원(주민세 포함)이 되고, 근로소득세는 약 1,500만 원이 된다.

그러므로 총 소요되는 세금은 2,600만 원으로 소득세 대비 3,626만 원 정도가 절세됨을 알 수 있다.

(물론 개인소득에 따른 4대 보험료 상승 등은 감안하지 않은 수치이다.)

그러나 법인이 되었을 때 얻을 수 있는 혜택으로 퇴직금, 배당금, 법인카드 활용 등을 고려해 볼 때, 순이익 2억 원 정도라면 심각하게 법인으로의 전환을 고려해 보는 것도 필요하다고 하겠다.

다음으로 순이익이 5억 원 발생하는 경우를 알아보자.

개인사업으로 인한 사업소득세는 총 1억 9,206만 원인 데 반해 법인세는 8,800만 원으로 1억 406만 원 정도 법인세가 유리하다.

여기에서 대표가 법인으로부터 1억 원의 근로소득을 받을 경우 법인세는 6,600만 원, 근로소득세는 1,500만 원(가정)으로 총 8,100만 원이 발생하여 1억 1,106만 원 정도 절세가 가능하다.

만약 대표가 2억 원의 근로소득을 받는다고 가정하면 근로소득세는 약 4,000만 원(가정), 법인세는 4,400만 원, 총 8,400만 원으로 역시 소득세 대비 1억 806만 원 정도 절세가 된다.

순익(과세표준 기준) 5억 원 발생 시

개인		법인		비고
소득세	1억 7,460만 원	법인세	8,000만 원	
주민세	1,746만 원	주민세	800만 원	
합계	1억 9,206만 원	합계	8,800만 원	-1억 406만 원

따라서 종합적으로 보건대, 순이익이 2억 이상 발생할 경우 법인 전환 시 유리한 점이 많다는 것을 알 수 있다.

(순이익이 1억 원 내외일 경우라도 비교/분석하여 법인 전환을 할 수 있다.)

개인사업을 하다가 법인을 설립하는 방법은 총 3가지가 있다.

현물출자	세감면 양수도
법인 최초 설립시 개인사업자산을 현물출자의 형태로 자본에 편입 양도소득세(이월과세) 취득세(면제) 국민주택채권매입(면제) 조세감면(승계)	선(先)법인 설립 후 개인사업자산을 포괄양수도의 형태로 법인에 매각 양도소득세(이월과세), 취득세(면제) 조세감면(승계) (현물출자에 비해 절차 간단: 회계감사, 감정평가, 감사인 선임 필요 없음)
일반 양수도	중소기업 통합
일반 법인을 설립 후 개인사업자산을 일반 법인에 매각하는 형태 조세 혜택 없음 (절차 간단)	개인사업의 법인 전환과 동시에 기존 법인을 통합하는 형태 (절차 복잡)

첫째는 개인사업 관련 자산을 현물로 출자하여 법인을 설립하는 경우이며,
둘째는 개인사업을 법인으로 양수도하는 방법이 있는데, 이는 제반 세금을 감면해 주는 방법과 세금감면 없이 양수도하는 방법이 있다.
셋째는 M&A를 통해 법인을 통합하는 방법이다.

먼저 현물출자로 법인을 설립하는 경우를 알아보자.

이 방법은 개인사업자산을 평가하여 현물출자의 형태로 법인을 설립하는 것이다.

개인사업자산이라 함은 사업용으로 쓰던 건물 및 토지 등 부동산, 기계/설비, 유가증권 등 금융 상품, 재고자산, 특허권 등을 말한다.

현물출자를 통해 법인을 설립하는 이유는 각종 세금 혜택이 있기 때문이다.

현물출자로 법인 설립 시 세금 혜택

	세금 혜택
양도소득세	이월과세
부동산/차량/기계설비 등 취득세	면제(취득세 감면액의 20% 농어촌특별세 부과)
부가가치세/국민주택채권 매입	면제
개인기업 조세감면/이월세액 공제	승계 등 가능

위 표에서 양도소득세 이월과세라 함은 개인사업자가 법인에 사업용 고정자산(부동산 등)을 양도할 경우 양도소득세를 납부하게 되는데, 이것을 법인 전환 시 부과하지 않고 나중에 법인이 사업용 고정자산을 양도할 때 특별부가세로 부과한다는 것이다.

예를 들어 개인사업자가 취득가액 10억 원의 사업용 고정자산(부동산 등)을 법인에 출자하는 경우 감정평가액이 15억 원이라면 양도차액 5억 원에 대해 양도소득세를 부과해야 한다.

하지만, 이월과세를 통해 향후 법인이 해당 자산을 양도할 때 이월된 양도소득세를 법인이 특별부가세로 납부하는 것을 말한다.

만약 법인이 18억 원에 해당 자산을 양도했다고 가정하면 이월과세 대상 차액인 5억 원에 대해서는 양도소득세(최초 법인에게 양도 당시 다른 자산의 양도가 없다는 것을 가정하여 산출한 양도소득세 상당액)를 산출하여 특별부가세로 부과하고, 법인은 취득가액 15억 원 대비 18억 원에 양도하였으므로 양도차익 3억 원에 대해서는 법인세를 납부하게 되는 것이다.

따라서 양도소득세 이월과세는 양도소득세를 면제해 주는 것이 아니라, 이월하여 법인이 대신 납부하게 되는 것을 말한다.

그러나 이러한 양도소득세 이월과세 혜택에 있어서 소비성 서비스업은 제외한다.

《「조세특례제한법」 제32조 (법인 전환에 대한 양도소득세의 이월과세)》

[소비성 서비스업]
1. 호텔업 및 여관업(「관광진흥법」에 따른 관광숙박업은 제외한다)
2. 주점업(일반유흥주점업, 무도유흥주점업 및 「식품위생법 시행령」 제21조에 따른 단란주점 영업만 해당하되, 「관광진흥법」에 따른 외국인전용유흥음식점업 및 관광유흥음식점업은 제외한다)
3. 그 밖에 오락·유흥 등을 목적으로 하는 사업으로서 기획재정부령으로 정하는 사업

조세특례제한법 시행령 제29조 3항

그런데 이러한 혜택은 법인 설립 5년 이내에 승계받은 사업을 폐지하거나, 법인 전환으로 취득한 주식 또는 출자지분의 50% 이상을 처분한 경우 이월과세된 양도소득세를 법인에 추징한다.

〈추징 예외 사례〉

1. 전환법인이 파산하여 승계받은 자산을 처분한 경우
2. 전환법인이 합병, 분할, 물적 분할 등에 따른 현물출자의 방법으로 자산을 처분한 경우
3. 전환법인이 자산의 포괄적 양도에 따라 자산을 장부가액으로 양도한 경우
4. 전환법인이 「채무자 회생 및 파산에 관한 법률」에 따른 회생절차에 따라 법원의 허가를 받아 승계받은 자산을 처분한 경우

그리고 부동산, 차량, 기계설비 등 현물출자된 자산에 대한 취득세 및 부가가치세도 면제해 준다.

또한 개인기업에서 받았던 조세감면 및 이월세액공제 혜택 역시 법인을 전환해서도 승계 및 공제가 가능하다.

물론 이러한 세금 혜택은 현물출자를 통해 설립된 법인의 자본금이 순자산액 이상이 되어야만 가능하다.

현물출자는 부동산 등의 자산이 많은 경우 현금으로 자본금을 내지 않아도 법인을 설립할 수 있다는 장점이 있다.

법인을 설립하면 일정액의 자본금을 납부하게 되는데, 현물출자로 법인을 설립할 경우 별도의 자본금 없이 현물출자된 자산의 순자산가액으로 설립이 가능하다.

그러나 현물출자에 의한 법인 설립에는 단점도 있으니 첫째로 법인 설립이 복잡하고 시간이 오래 걸린다는 것이다.

현물출자된 자산에 대한 평가를 위한 감정 등 절차가 복잡하고 장시간이 소요된다.

둘째는 법인 설립에 비용이 많이 발생한다는 것이다.

현물출자를 하여 법인을 설립하는 경우에는 법원이 선임하는 검사인 또는 공인된 감정인의 감정을 받아야 하는데, 이때 비용이 많이 발생한다.

현물출자에 의한 법인 설립 절차

구분	1단계(법인 설립 준비)	2단계(법인 설립)	3단계(법인 설립 후)
내용	법인 설립 방법 검토 이전 사업 회계 감사 이전 자산 감정평가	정관 작성 등 일반 절차 법원 검사인 선임 법원 설립 등기	신규 법인 등록 기존 업체 폐업 양도소득세 이월과세 신청
비용/ 세금	회계감사/감정평가 수수료 발생	법인 설립 대행 비용(법무사) 법인등록세(0.4%) 지방교육세(등록세의 20%) 국민채권 매입(0.1%) 법원검사인 선임 비용	양도소득세(이월과세) 취득세(면제) 농특세(취득세의 20%) 지방교육세(면제) 국민채권 매입(면제)

그다음으로 영업양수도에 대해 알아보자.

영업양수도 방법은 먼저 법인을 설립한 후에 개인사업자산을 양수도의 형태로 법인에 매각하는 방법을 말한다.

영업양수도 방법은 포괄 양수도와 일반 양수도가 있는데, 전자는 조세 혜택이 있는 반면 후자는 조세 혜택이 없다.

포괄 양수도의 경우는 현물출자 방식의 법인 설립과 마찬가지로 세금혜택이 부여된다.

양도소득세 이월과세, 취득세/부가가치세 면제, 조세감면 및 이월세액공제 등이 그렇다.

포괄 양수도에 의한 법인 설립은 현물출자하는 방식보다 절차가 간단하고 비용이 적게 들어가는 장점이 있다.

일반 양수도 VS 포괄 양수도(세감면 양수도)

	일반 양수도	세감면 양수도
조세 혜택	없음	있음 (부가가치세 면제 등)
양수도 대상 자산	부동산 제외 사업용 자산 **(개인자산과 법인자산 분리 가능)** * 사업 리스크 관리 가능	부동산 포함 사업용 자산
자본조달 등	부동산자산 부재로 별도 자산으로 보증 등 필요	법인자산으로 직접 조달 가능
상속/증여	복잡(개인/법인 자산분리) (법인에서의 증여/상속관리가 더욱 중요) * 법인 명의로 상속세 재원 마련 등	간단 (주식이전만으로 가능)
가업승계	비교적 간단 (3년 이내 지분 증여 등)	가업승계전략 필요 (비상장주식가치 관리)

개별 사업용 자산의 일반 양수도는 포괄 양수도와 같은 조세 혜택이 없으나 비교적 간단하게 법인을 설립할 수 있다는 장점이 있다.

마지막으로 중소기업 통합을 통한 법인 설립이 있다.

이 방법은 개인사업의 법인 전환과 동시에 기존 법인을 통합(M&A)하는 방식인데 절차가 복잡한 것이 단점이다.

각종 조세 혜택은 현물출자와 동일하며 단지 국민주택채권 매입 의무는 면제되지 않는다.

〈개인사업자에서 법인사업자로의 전환의 필요성〉

① 순이익 증가에 따른 소득세 부담으로 법인 전환의 필요성: 소득세 최고세율 46.2%(주민세 포함) 대비 법인세 최고세율 27.5%(주민세 포함)
② 재원조달 및 사업 확장의 필요성: 개인사업에 비하여 법인의 재원조달 방법은 다양한데, IPO(주식공개상장) 및 증자 등을 통한 재원조달, 채권발행, 대출 등이 있다. 또한 이해관계인 간(관공서, 금융기관 등)의 거래가 용이하다. 그리고 소유와 경영을 분리하여 유능한 전문 경영인을 영입해 효과적으로 사업을 영위할 수 있다.
③ 투명 경영의 필요성: 법인은 감사제도가 있으며, 자산이 120억 원 이상 되면 외부를 통한 회계감사를 받고, 주주총회와 이사회가 있어서 개인기업 대비 투명성이 확보된다.
④ 대내외 공신력 제고의 필요성: 법인은 「법인세법」의 적용을 받으며 회계제도 등을 통해 대내외 공신력을 높일 수 있다.
⑤ 효과적인 가업승계 전략 수립의 필요성: 법인은 개인기업과 달리 주식의 소유권 이전으로 가업승계를 비교적 간단하게 할 수 있으며, 주식가치평가의 조정 및 시기 등을 고려하여 낮은 가격으로 주식을 이전시켜 가업승계를 완성할 수 있다.
⑥ 개인기업 대비 다양한 혜택의 필요성: 법인은 자본금 범위 내에서의 유한책임을 지게 되므로 개인기업보다 경영 리스크가 적으며, 대표의 급여, 상여금, 퇴직금, 배당금 및 4대 보험 지원 등 다양한 혜택을 누릴 수 있다.

종합소득세 흐름도

수입금액
(−) 필요 경비 　　단순 경비율, 기준 경비율 (=) 소득금액 (−) 소득공제 　　인적공제, 기부금공제, 연금보험료공제, 표준공제 (=) 과세표준 (X) 세율 　　1,200만 원 이하: 6% 　　1,200만 원 초과 4,600만 원 이하: 15% 　　4,600만 원 초과 8,800만 원 이하: 24% 　　8,800만 원 초과 1억 5,000만 원 이하: 35% 　　1억 5,000만 원 초과 3억원 이하: 38% 　　3억 원 초과 5억 원 이하: 40% 　　5억 원 초과: 42% (−) 기납부세액 (=) 납부할 세액

법인세 흐름도

당기순이익
(+) 익금산입, 손금불산입 (−) 손금산입, 익금불산입 (=) 각 사업년도 소득액 (−) 이월결손금 (−) 비과세소득 　　자산유동화회사 등의 90% 이상 배당 시 소득공제 등 (=) 과세표준 (X) 세율 　　2억 원 이하: 10% 　　2억 원 초과 200억 원 이하: 20% 　　200억 원 초과 3,000억 원 이하: 22% 　　3,000억 원 초과: 25% (−) 세액공제, 세액감면 (+) 가산세 (=) 결정세액 (−) 기납부세액 (=) 자진납부세액(법인세)

26
PCI시스템 대응 전략

PCI(Property Consumption Income Analysis System: 소득-지출 분석 시스템)는 개인의 소비 그리고 소득을 비교하여 자산의 증가를 분석하는 시스템이다.

이 시스템은 차명계좌의 추적과 사업소득의 탈루 등을 분석하여 조사하기 위해 만들어진 것으로서 벌어들인 소득과 소비를 분석하여 자산 증가에 따른 탈루액 등을 파악한다.

〈소득-지출 분석 시스템〉

> 국세청에서 보유하고 있는 과세 정보자료(TIS를 통해서 수집·관리가 됨)를 체계적으로 통합 관리하여 일정 기간(통상 직전 5년간)의 신고소득(Income)과 재산증가(Property) 및 소비지출액(Consumption)을 비교·분석하는 시스템

즉, 재산증가액과 소비지출액을 합산한 금액에서 소득신고금액을 공제하고 남은 금액은 탈루된 소득으로 간주되는 것이다.

예를 들어 5년간 재산증가액은 10억 원이고 소비액은 5억 원일 때, 소득신고액이 5억 원이라면 10억 원은 출처를 알 수 없는 재산의 증가로 이 금액을 탈루된 금액으로 의심하게 되는 것이다.

재산증가액   소비지출액   소득신고액   탈루 의심 금액
 (10억 원)   +   (5억 원)   −   (5억원)   =   (10억원)

PCI 시스템이란?

P 재산증가액 부동산 주식 회원권 등 **+** **C** 소비지출액 해외 체류비 신용카드 현금영수증 등 **−** **I** 신고(결정) 소득 금액 계 **=** 탈루 혐의 금액

물론 이러한 의심 금액에 대해 소명을 한다면 세금추징은 당하지 않는다. 예를 들어 투자한 금융 상품의 수익이 증가하였다든지, 상속 또는 증여를 받았다든지 재산증가 이유를 설명할 수 있어야 한다.

그러나 소명하지 못할 경우 세금 추징을 피할 수 없다.

> M씨는 수년간 사업소득을 매년 1억 원 정도로 신고했다.
> 그러나 두 자녀의 유학비용으로 1년에 2억 원 이상 사용하고, 해외여행경비, 고급 승용차 구입, 오피스텔 및 빌딩 구입, 카드 사용액 등의 자금출처가 모호하여 세무조사를 받았는데, 거액의 세금을 추징당했다.
> 사업을 운영하면서 무장부거래(세금계산서 누락), 과다 경비 계상 등으로 부가가치세 및 사업소득세 등을 탈루하여 5년간 수십억 원의 세금을 추징당한 것이다.

세금을 추징당하는 경우 무신고 가산세는 20%, 부정 무신고 가산세인 경우는 40%를 부과하며, 여기에 납부불성실가산세를 1년마다 10.95% 적용하게 된다.

5년간 신고하지 않은 소득에 대한 세금이 10억 원일 경우 부정 무신고

로 가정할 때, 가산세가 4억 원이 붙고, 5년간 연 10.95%의 납부불성실 가산세를 더하여 추징금은 총 19억 4,750만 원이 된다.

10억 원   4억 원   5억 4,750만 원
(무신고 납부세액) + (부정 무신고 가산세) + (납부불성실 가산세) = 19억 4,750만 원

자금출처 조사기준

구분		취득재산		채무상환	총액한도
		주택	기타(상가 등)		
세대주인 경우	30세 이상인 자	1억5,000만 원	5,000만 원	5,000만 원	2억 원
	40세 이상인 자	3억	1억		4억 원
세대주가 아닌 경우	30세 이상인 자	7,000만 원	5,000만 원	5,000만 원	1억 2,000만 원
	40세 이상인 자	1억5,000만 원	1억	5,000만 원	2억 5,000만 원
30세 미만인 자		5,000만 원	5,000만 원	3,000만 원	8,000만 원

* 자금출처를 입증할 경우 입증하지 못하는 금액이 취득재산가액 또는 채무상환금액의 20% 와 2억 원 중 적은 금액에 미달할 경우 증여 추정 배제
서울시, 세종시, 경기도 과천시 등 투기과열지구 내 3억 원 이상 주택을 취득할 경우 의무적으로 자금조달계획서 제출(부동산 계약일로부터 60일 이내 관할 시, 군, 구청에 제출, 미제출 시 과태료 부과)

자금출처 입증 금액 및 증빙서류

구분	입증금액	증빙서류
근로소득	총급여액 – 원천징수액	원천징수 영수증
이자, 배당소득	총 지급받은 금액 – 원천징수액	원천징수 영수증, 통장사본
채무부담	차입금, 전세보증금	채무담보확인서, 전세계약서
재산 처분	매매가격 등	매매계약서 등
상속, 증여재산	상속, 증여받은 재산가액	관련 서류

* 입증되지 않은 금액이 실제 취득가액의 20%와 2억 원 중 적은 금액에 미달하면 자금출처에 대해 입증 책임이 없음

이처럼 PCI시스템은 과거의 단순하던 자금출처 조사와는 다른 전방위적인 시스템으로 탈루 소득을 추적하므로 소득과 소비 그리고 자산관리에 만전을 기하지 않으면 거액의 세금 폭탄을 맞을 수 있다.

따라서 앞으로는 실질적 소득을 신고하는 것이 필수적이며 소비 관리에 신경을 쓰지 않으면 안 되겠다.

개인사업을 하는 경우 장부거래와 제반 증빙서류 관리를 잘해야 하며 법인의 대표인 경우 과거에는 적은 연봉을 책정하여 생활하였으나, 이제는 현실적인 급여를 책정하여 PCI에 준비하는 자세가 필요하겠다.

종합소득세율표

과세표준	세율	누진공제액
1,200만 원 이하	6%	–
1,200만 원 초과 4,600만 원 이하	15%	108만 원
4,600만 원 초과 8,800만 원 이하	24%	522만 원
8,800만 원 초과 1억 5,000만 원 이하	35%	1,490만 원
1억 5,000만 원 초과 3억 원 이하	38%	1,940만 원
3억 원 초과 5억 원 이하	40%	2,540만 원
5억 원 초과	42%	3,540만 원

법인 대표의 경우 근로소득세가 많이 나올까 봐 연봉을 많이 올리지 않는 경향이 있는데, 이제 이것은 한낱 기우에 불과하다.

연봉 6,000만 원을 받는 대표의 경우 근로소득세는 500만 원 내외가 되겠으나, 연봉을 1억 5,000만 원으로 상향 조정해도 근로소득세는 2,600여만 원으로 월 217만 원 수준만 부담하면 된다. (제반 공제액 4,000만 원 가정)

소득은 기존 6,000만 원 대비 9,000만 원 뛰었고 소득세가 추가로 2,100만 원이 올랐으나, 9,000만 원에 대해 법인에서 비용처리가 가능하므로 법인세 감면액이 1,980만 원(법인세 22% 가정)이 되므로 실질적으로 세금이 크게 늘어나는 것은 아니다.

물론 연봉증가에 따른 4대 보험료 상승은 논외로 해도 될 듯하다.

왜냐하면 연봉증가에 따라 실질적인 소득과 자산이 증가하였고 향후 자금출처에 대한 증빙이 확실해졌기 때문이다.

만약 연봉을 3억 원(2억 4,000만 원 상향 조정)으로 올린다고 가정(제반 공제액 5,000만 원 가정)해 보자.

마찬가지로 근로소득세는 8,300여 만 원으로 기존 6,000만 원 연봉 때 부담할 근로소득세 대비 7,800만 원 늘었으나, 법인세 감면액이 5,280만 원으로 실질적인 세금증가는 2,520만 원(7,800만 원 − 5,280만 원)에 불과해 실질적인 소득(5,500만 원에서 2억 1,700만 원)과 자산의 증가로 PCI시스템을 걱정하지 않아도 되는 상황이 된다.

그러니 이제부터라도 실질적인 소득을 상향 조정해 가는 것이 중요하다고 볼 수 있다.

27
특허자본화 및 직무발명보상제도

1) 특허자본화

특허자본화라 함은 무형의 가치를 가지고 있는 영업권, 산업재산권(특허권, 디자인권, 상표권, 실용신안권 등), 산업정보, 산업상 비밀, 저작권, 광업권, 어업권 등을 활용하여 법인의 자본금 증자 및 부채비율 감소를 통해 기업의 재무구조를 개선하거나, 특허개발자인 CEO가 특허를 법인에 양도하여 소득화 및 가지급금 해소, 그리고 소득세 절세혜택을 받는 것을 말한다.

즉, CEO가 특허권 등을 출원하여 그 특허권 가치를 평가하여 법인에 양도하거나, 현물로 출자하여 재무구조를 개선하는 것을 말한다.

이때 법인에 양도할 경우 기타소득으로 처리하게 되는데, 기타소득의 경우 70%(2019년부터 60%)를 필요경비로 공제해 주기 때문에 소득세 절세효과가 크게 나타난다.

예를 들어 1억 원의 기타소득이 발생한 경우 1억 원의 70%인 7,000만 원을 공제해 주고 3,000만 원에 대해서만 다른 소득과 합산하여 종합소득세를 과세하게 되는데, 1억 원의 소득이 발생해도 30%에 해당하는 소득만 과세하기에 그 절세효과가 크다는 것이다.

물론 공제 후 기타소득이 300만 원 이하(총 기타소득 1,500만 원 이하)인 경우는 종합소득세 대상이 아닌 분리과세로 처리한다.

(단, 반복적인 특허권 양도로 기타소득이 지속적으로 발생했을 때, 일시적인 기타소득이 아니라 사업소득으로 분류하여 과세할 수 있는 위험은 있다.)

또한 법인의 경우 무형자산에 대한 감가상각으로 매년 비용처리를 할 수 있어 법인세 절세효과도 기대할 수 있게 한다.

「소득세법 시행규칙」 "무형고정자산의 내용연수표"(제15조 제2항 관련)

구분	내용연수	무형고정자산
1	5년	영업권, 디자인권, 실용신안권, 상표권
2	7년	특허권
3	10년	어업권, 「해저광물자원 개발법」에 의한 채취권(생산량 비례법 선택 적용), 유료도로관리권, 수리권, 전기가스공급시설 이용권, 공업용 수도시설 이용권, 수도시설 이용권, 열공급시설 이용권
4	20년	광업권(생산량비례법 선택 적용), 전신전화전용시설 이용권, 전용축선 이용권, 하수종말처리장시설 관리권, 수도시설 관리권
5	50년	댐사용권

2) 직무발명보상제도

'직무발명보상제도'는 연구자가 직무상 행한 발명에 대해, 회사가 특허권을 승계해 특허 취득과 사업화를 통해 발생한 이익을 연구자에게 보상하는 제도를 말한다.

그런데 직무와 관련하여 발명 건으로 지급받는 보상금은 「소득세법」에서 비과세소득으로 정해 놓고 있어서, 일반 중소기업에서 가지급금을 해소하거나 대표이사가 비과세로 소득화하는 데 많이 활용하고 있는 실정이다.

제조 등을 하는 중소기업의 경우 대표이사(최대주주)가 특허를 출원하고 이로 인한 보상규정에 따라 지급받는 소득에는 비과세하기 때문에 근로소득보다 유리하다고 하겠다.

직무발명보상제도는 다음과 같다.

- 직무발명: 종업원(발명자)이 직무 과정에서 발명한 기술이 기업(사용자)의 업무 범위에 속하고, 그 발명을 하게 된 행위가 종업원의 직무에 속하는 발명을 말함
  * 관련 근거: 「발명진흥법」 제10조

- 직무발명제도: 종업원이 직무 과정에서 발명한 것을 기업이 승계하고, 종업원에게는 정당한 보상을 하는 제도

- 직무발명제도 도입방법: 위의 직무발명제도 내용을 서로 협의하여 기업의 고용계약이나 근무 규정에 마련하여 사내에 공표하면 됨

〈정부 세액공제〉

- 직무발명 보상금 비과세(발명자)
- 종업원이 「발명진흥법」 제15조에 따라 사용자로부터 받는 보상금(「소득세법」 제12조 제5호 라목)
- 직무발명 보상금 세액공제(사용자)

그러나 이처럼 커다란 혜택, 특히 보상금 전액에 대해 비과세를 주는 부분에 대해서는 2017년도 이후 보상금 중 연간 300만 원만 비과세 혜택을 주고 나머지는 과세하는 방식으로 개정되어서 그 효과(비과세 혜택 축소에 따른)가 감소되었다.

다만, 직무발명 보상 지급액에 대하여 세액공제도 지원하는데, 당해 기업이 그 종업원 또는 종업원 외의 자에게 직무발명 보상금으로 지출한 금액에 대하여는 세액공제를 한다. (「조세특례제한법」 제9조, 제10조, 「조세특례제한법 시행령」 제8조 제1항)

예를 들어 직무발명 보상금으로 1억 원이 지급되었을 때, 그 금액의 25%는 세액공제를 해 주니 기업의 R&D 개발을 목적으로 하는 직무발명보상제도는 그 혜택이 아직까지 크다고 할 수 있다.

28
법인세 절세를 위한 부설연구소/연구전담부서 설립 및 운영(R&D지원제도)

연구소/전담부서 설립신고 제도는 일정 요건을 갖춘 기업의 연구개발전담조직을 신고, 인정함으로써 기업 내 독립된 연구조직을 육성하고 인정받은 연구소/전담부서에 대해서는 연구개발활동에 따른 지원혜택을 부여하여 기업의 연구개발을 촉진하는 제도이다.

이러한 제도를 활용할 경우 기업의 R&D 활성화를 통한 기업의 성장과 더불어 세제 등의 수혜를 통한 법인세 감면까지 일석이조의 효과를 기대할 수 있다.

1) 연구소/전담부서 설립신고 제도 관련 개요

(자료: 한국산업기술진흥협회)

- 제도 목적: 연구소/전담부서 설립신고제도는 일정 요건을 갖춘 기업의 연구개발 전담 조직을 신고, 인정함으로써 기업 내 독립된 연구조직을 육성하고 인정받은 연구소/전담부서에 대해서는 연구개발활동에 따른 지원 혜택을 부여하고 기업의 연구개발을 촉진하는 제도.

- 법적 근거 기업부설연구소: 「기초연구진흥 및 기술개발지원에 관한 법률」 제14조 제1항, 동법 시행령 제16조 연구개발 전담부서.

- 담당 기관 (사)한국산업기술진흥협회: 「기초연구진흥 및 기술 개발지원에 관한 법률」 제20조 및 동법 시행령 제27조 1항에 근거하여 연구소/전담 부서 신고의 수리 및 인정 업무를 처리.

- 신고 주체: 과학기술 분야 또는 지식기반서비스 분야 연구개발 활동을 수행하는 기업. (개인기업 포함)
(기업 외에 비영리기관, 의료법에 의한 의료법인, 은행법 등에 의한 금융기관 등은 신고대상에서 제외)

- 신고 방법: 기업부설연구소/연구개발 전담부서 설립신고는 기본적으로 선 설립 후 신고 체계이므로 이를 신고하고자 하는 기업은 신고 인정 요건을 갖춘 상태에서 구비서류를 작성하여 (사)한국산업기술진흥협회에 신고. (온라인 신고만 가능)

신청방법

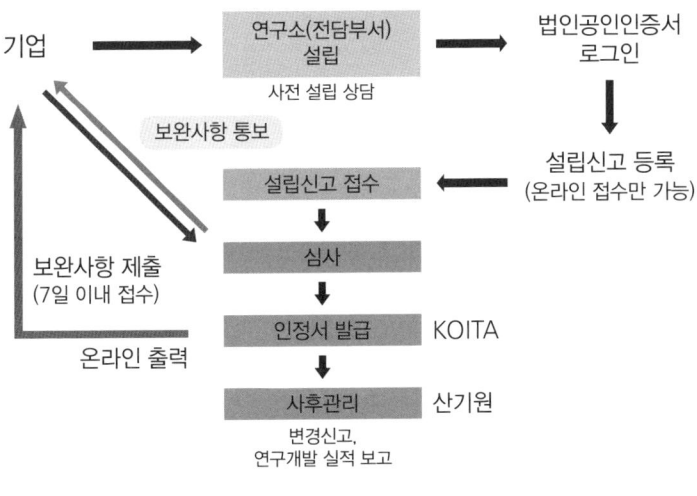

연구소/전담부서 설립신고는 제반 구비서류와 함께 온라인 접수만 가능하다.

2) 연구소와 연구개발 전담부서 운영별 세제 등의 혜택

기업이 연구소/전담부서를 설립하여 운영할 경우 다음과 같은 다양한 혜택이 주어진다.

민간 연구기관 지원제도

구분	신고요건	기업부설 연구소	연구개발 전담부서
조세	연구 및 인력개발비 세액공제	○	○
	연구 및 인력개발을 위한 설비투자에 대한 세액공제	○	○
	기업부설연구소용 부동산에 대한 지방세 감면	○	X
관세	학술연구용품에 대한 관세 감면	○	○
자금	국가연구개발사업	○	△
병역특례	전문연구요원제도	○	X

* 범례: ○가능 X불가능 △일부 가능

그리고 연구 및 인력개발을 위한 설비투자에 대해서도 세액공제를 해주는데, 중소기업의 경우 설비투자금액의 6%까지 공제해 주고 있다.

연구 및 인력개발 설비투자 세액공제

구분	중소기업	중견기업	대기업
공제 세액	설비투자금액 x 6%	설비투자금액 x 3%	설비투자금액 x 1%

* 적용 시한: 2018년 12월 31일
* 5년간 이월공제 가능

이 밖에도 취득세 및 재산세 감면 등 다양한 지원혜택을 주고 있다.

기업부설연구소용 지방세 감면

구분	지방세(취득세, 재산세) 감면율
중소기업	연구소용 면적에 대한 지방세의 75%
대기업	연구소 면적에 대한 지방세의 50% (단, 과밀억제권역 내 설치 연구소는 25%)

* 감면조건: 부속토지의 경우 건물 바닥면적의 7배 이내에 한함
  취득세의 경우 연구소용으로 최초 취득한 경우 감면 가능(타용도 변경 시 불가)
  재산세의 경우 과세 기준일 현재(6월 1일)의 상황으로 감면 여부를 판단함.
* 연구소 설치 후 4년 이내에 연구소를 폐쇄하거나 다른 용도로 사용하는 경우에는 감면된 취득세를 추징

기술이전, 취득 및 대여 등에 대한 과세특례

구분	감면액
기술이전	소득의 50% 감면
기술취득	취득금액의 7%를 법인세 또는 소득세에서 감면 (당 과세연도 법인세 또는 소득세의 10%를 한도로 함)
기술대여	대여함으로써 발생하는 소득의 법인세 또는 소득세에서 25%를 감면

* 적용 시한: 2018년 12월 31일
* 5년간 이월공제 가능

기타 과세특례

구분	감면액
외국인 기술자 소득세 감면	소득세 50% 감면
연구개발 관련 출연금 과세특례	해당금액 과세연도에 익금불산입 익금산입 방법 연구개발비지출: 비용을 지출한 과세연도에 익금산입 연구개발자산(감가상각자산) 취득: 감가상각비 상당액을 익금산입 연구개발자산(감가상각 이외의 자산) 취득: 자산을 처분한 날이 속하는 과세연도에 익금산입 연구개발 목적 이외의 사용: 사유가 발생한 날이 속하는 과세연도에 익금산입
연구개발특구 첨단 기술기업 등 법인세 감면	최초 소득발생 과세연도 개시일로부터 3년: 법인세 또는 소득세 100% 세액감면 그다음 2년: 법인세 또는 소득세의 50% 세액감면
연구전담요원 연구 활동비 소득세 비과세 (적용 시한 없음)	연구활동비 또는 연구보조비 월 20만 원(급여와는 별개의 항목으로 지급되어야 함)

* 적용 시한: 2018년 12월 31일

3) 연구소/전담부서 설립 세부기준: 인적요건

세부기준: 인적요건

유형			연구전담요원 수
연구소	대기업	대기업 부설연구소	10명 이상
	중견기업	중견기업 부설연구소	7명 이상 단, 5,000억 미만에 한함(최근 3개년 매출액)
	중소기업	소기업	연구전담요원 3명 이상 단, 창업일로부터 3년까지는 2명 이상
		중기업	연구전담요원 5명 이상
		국외에 있는 기업연구소 (해외연구소)	5명 이상
		연구원창업 중소기업 부설연구소 벤처기업 부설연구소	2명 이상
전담부서		규모에 관계없이 동등 적용	1명 이상

〈연구전담요원 대상자 요건〉

- 당해 연구 분야 관련 "대학설립운영규정"에 따른 자연과학계열, 공학계열 및 의학계열(이하 "자연계 분야"라 한다)의 학사 이상의 학위를 가졌거나 「국가기술자격법」에 따른 기술, 기능 분야의 기사 이상의 기술자격을 가진 자로서 연구개발 업무 이외에 다른 업무를 겸직하지 않고 연구개발 과제를 직접 수행하는 자

- 국내에 체재하는 외국인 또는 외국인등록증을 보유한 자는 연구전담요원 자격요건을 구비하고 최소한 6개월 이상의 연구업무에 계속 전담할 수 있어야 함

- 중소기업의 경우 자연계 분야 전문대학을 졸업한 자로서 당해 연구분야에 2년 이상 근무한 연구경력이 있는 자도 연구전담요원이 될 수 있음. (「국가기술자격법」에 의한 기술, 기능 분야의 산업기사와 기술자격을 소지한 자 또는 기능대학의 다기능기술자 과정을 이수한 자는 전문대학 졸업자에 준함)

- 중소기업 부설연구소 연구전담요원의 자격으로 해당 분야 근무경력 4년(연구소/전담부서 근무경력 1년 이상을 포함)이 있는 마이스터고, 특성화고 졸업자도 인정함. (안 제2조 제3항 제5호 신설)

〈연구전담요원에 편입될 수 없는 자〉

- 대표이사, 감사

- 기업의 연구개발활동에 전담할 의무가 있으므로 기술고문, 대학교수 등 타 업무를 겸임하는 자

- 일반대학원(주간) 석사 이상 학위 취득 과정에 수학하는 자 (단, 기업의 연구개발활동과 관련하여 일반대학원(주간) 박사학위 취득 과정에 수학하는 자로서 기업의 연구개발활동에 지장이 없는 경우 제외)

- 연구소 내에서 계속하여 6개월 이상 연구개발활동을 수행할 수 없는 자

- 기업의 정식 직원이 아니고 연구계약직 등 단기계약직 (4대 보험 미가입자)

- 타 기업에 근무하고 있는 자는 연구소의 연구소장직을 겸임할 수 없음

4) 연구소/전담부서 설립 세부기준: 물적 요건

세부기준: 물적요건

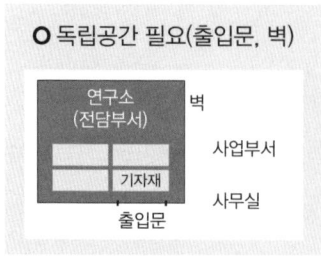 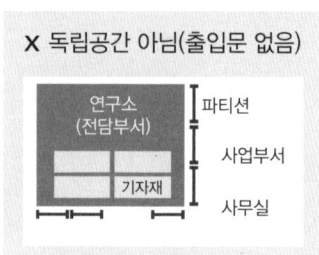

- 독립된 연구공간.

- 사방이 다른 부서와 구분될 수 있도록 벽면을 경량칸막이 등 고정된 벽체로 구분하고 별도의 출입문을 갖추어야 함.

- 면적은 객관적으로 볼 때 당해 연구소에서 연구기자재를 구비하고 연구원이 관련 분야의 연구개발을 수행하는 데 적절한 크기를 확보해야 함.

- 지식기반서비스 분야 또는 소기업 연구소가 독립공간(방)을 연구공간으로 확보하지 못할 경우, 소규모(전용면적 30㎡ 이하) 연구공간을 별도의 출입문을 갖추지 않고 다른 부서와 칸막이 등으로 구분하여 운영할 수 있음.
연구소 현판을 칸막이 등으로 구분하여 운영할 수 있음(연구소 현판을 칸막이에 부착).

<연구기자재>

연구전담요원 또는 연구보조원이 연구개발용으로만 사용하는 기자재로서 연구소/전담부서 내에 위치하고 있어야 함.

<연구소/전담부서 장소>

- 무허가건물 또는 가건물이나 주거전용 건물(아파트 포함) 내에는 연구소/전담부서를 설치할 수 없음.

- 건축물대장에 등재되어 있는 1개 층을 복층으로 개조하여 2층(복층)에 연구소 전담부서를 설치할 수 없음.

- 연구기관이나 대학 등에 설치하는 연구소/전담부서는 해당 소속기관의 연구공간을 사용할 수 있는 배타적으로 권한을 보유한 경우 연구시설을 확보한 것으로 봄.

<참고사항>

- 연구수행의 원활화를 위하여 필요한 경우에는 연구소의 주소지를 주소재지와 부소재지로 구분하여 2개 장소로 신고할 수 있음.
  이 경우 주소재지와 부소재지의 연구전담요원의 수를 합산할 수 있되, 각 소재지별로 연구시설과 독립공간은 각각 갖추어야 함.

- 1개 기업에서 2개 이상의 연구소/전담부서를 설치하고 이를 각각 신고하고자 할 경우에는 연구소와 전담부서 상호 간의 연구 분야(KSIC 중분류)가 다르거나, 소재지가 다른 경우 가능함.

- 2개 이상의 기업이 1개의 연구소/전담부서를 공동으로 설립, 신고할 수 없음.

- 연구 분야가 다르고 독립된 연구공간과 연구시설을 각각 확보하고 있으면 동일한 소재지에 2개 이상의 기업이 각각 연구소를 설립할 수 있음.

5) 연구소/전담부서 설립 세부기준: 연구활동 요건

세부기준: 연구활동 요건

항목	연구개발활동	비연구개발활동
시제품 (prototype)	시제품의 설계, 시험제작은 연구개발임	그러나 개발된 시제품을 단순하게 복사 제조하는 것은 연구개발이 아님
파일럿 플랜트 (pilot plant)	생산품이나 생산공정에 대한 기술자료 경험을 얻는 것이 목적이라면 연구개발임	그러나 시험단계가 끝나고 상업적 생산단계로 바뀌면 연구개발이 아님
시험생산 (trial production)	추가적인 새로운 설계 및 엔지니어링 활동이 있으면 해당되는 부분만큼은 연구개발임	대량생산을 준비하기 위한 시험생산단계는 연구개발이 아님
개량연구개발 (feed-back R&D)	신제품 공정이 확립된 이후라도 개량을 위한 기술개발활동은 연구개발임	그러나 단순한 제품 결함이나 색깔이나 표준화된 장비를 사소하게 개선하는 활동은 연구개발이 아님
엔지니어링 및 설비의 설치 (tooling up)	새로운 표준의 개발, 현저한 생산성 증대 및 품질 향상을 위한 생산방식의 변환 등은 연구개발임	그러나 대량생산을 위한 생산설비의 설치, 생산설비의 증설 등은 연구개발이 아님
설계업무 (design)	신제품, 신공정을 위한 기획, 설계 및 기술적 사양작성은 연구개발임	일상적으로 발생하는 방대한 설계업무는 연구개발이 아님

6) 연구소/전담부서 설립에 필요한 신고서류

연구소/전담부서 운영에서 주의해야 할 점은 반드시 정상적인 연구활동이 진행되어야 한다는 것이다.

만약 그렇지 않다면 실사 등을 통한 심사에서 탈락하는 경우 그동안 받았던 세제 혜택에 대한 추징을 당할 수 있기 때문이다.

또한 연구와 관련 없는 업종에서의 무리한 설립신고는 그 실효성과 지속성을 유지할 수 없어서 추징당하는 사례가 많으므로 주의해야 할 필요가 있다.

29 가업승계 증여세 과세특례제도

가업승계를 목적으로 주식 등을 자녀에게 지원하게 되면 '가업승계 증여세 과세특례'를 적용받아 효과적으로 증여할 수 있다.

가업승계 증여세 과세 도해

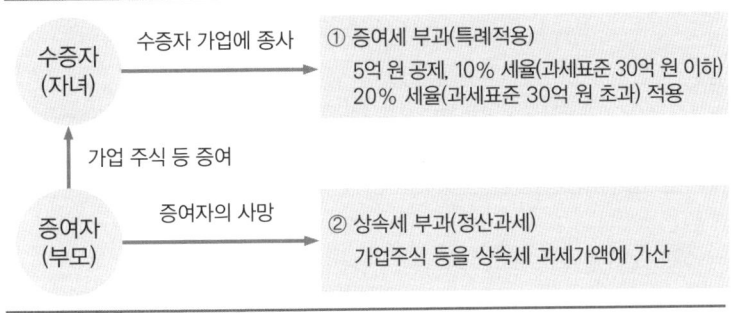

(자료: 국세청)

가업승계 증여세 과세특례 시 증여세는 가업주식(100억 원 한도)의 과세가액에서 5억 원을 공제한 후 10% 세율을 적용(과세표준 30억 원 이하)하여 증여세를 계산한다.

이 경우 당해 증여 전에 이미 부모로부터 동일한 가업주식을 증여받은 가액은 합산해야 하고, 합산한 결과 35억 원(과세표준 30억 원)을 초과한 가액은 20%를 적용하여 증여세를 계산한다.

(증여세 과세특례가 적용되는 주식을 부모로부터 2회 이상 증여받거나 부모로부터 각각 증여받는 경우에는 합산하여 계산함)

가업승계 증여세 과세특례제도 요약

구분	내용
관련 법률	「조세특례제한법」 제30조의 6, 제1항
가업의 범위	1. 직전 사업연도 말 현재 피상속인이 10년 이상 사업 영위 2. 「조세특례제한법」 상 중소기업(제조업, 광업, 건설, 도소매업 등) 3. 최대주주 등으로서 지분이 50% 이상일 것(특수관계자 합산) * 상장주식인 경우 30%
피상속인	가업을 10년 이상 계속 영위한 부모
상속인	1. 18세 이상인 거주자 2. 증여일로부터 3개월 이내 직접 가업에 종사 3. 증여일로부터 5년 이내에 대표이사 등으로 취임
증여재산	100억 원 한도(2회 이상 증여 시 합산하여 적용)
과세 특례	사전증여재산 특별공제: 과세가액에서 5억 원 공제 과세표준 30억 원까지 10%의 낮은 세율로 과세(초과분 20%)하고 상속 시 정산 (예) 30억 원 증여시 (30억 원 – 5억 원) × 10% = 2억 5,000만 원 (예) 100억 원 증여시 ((35억 원 – 5억 원) × 10%) + (65억 원 × 20%) = 16억 원
추후 상속 발생 시	증여받은 날로부터 상속개시일까지 기간에 관계없이 상속세 과세가액에 가산함
세액공제 여부	신고세액공제 불가(연부연납 5년 가능)

이러한 증여특례제도를 일반 증여와 비교해 보자.

예를 들어 성인 자녀에게 일반증여를 100억 원 한다고 가정했을 때, 증여세는 43억 7,955만 원이 나오지만, 특례를 활용할 경우 증여세 16억 원으로 27억 7,955만 원의 절세효과가 나타난다.

일반증여와 가업승계 증여세 과세특례 시 증여세 비교

증여세 비교	일반 증여 시	과세특례 적용 시
증여재산가액	100억 원	100억 원
증여재산공제	5,000만 원(직계비속)	5억 원(특별공제)
과세표준	99억 5,000만 원	95억 원
세율/산출세액	50%/45억 1,500만 원	10%, 20%/16억 원
세액공제	3%(신고세액공제)	세액공제 없음
결정세액	43억 7,955만 원	16억 원

27억 7,955만 원 차이

그러나 가업승계 증여세 과세특례를 고려할 경우 비상장주식가치의 평가가 우선되어야 한다.

만약 가치가 높은 상태에서 증여받을 경우 추후 상속세 계산 시, 기증여재산으로 합산되기 때문에 주식가치 조절(가액 낮추기) 이후 과세특례를 활용하는 것이 중요하다고 하겠다.

한편 가업승계주식 증여에 대한 사후관리로 증여 후 가업승계 불이행 시 정상세율로 증여세를 과세한다.

가업 주식의 증여일부터 7년 이내에 정당한 사유 없이 정상적으로 가업승계를 이행하지 아니한 경우에는 해당 가업 주식의 가액을 일반 증여재산으로 보아 이자상당액과 함께 기본세율(10~50%)로 증여세를 다시 부과한다.

$$\text{이자상당액} = \text{결정한 증여세액} \times \text{당초 증여받은 주식 등에 대한 증여과세표준 신고기한의 다음날부터 추징사유 발생일까지 일수} \times \frac{3}{10,000}$$

〈사후 의무이행 위반으로 증여세가 추징되는 경우〉

① 가업 주식을 증여받은 수증자가 증여세 신고기한까지 가업에 종사하지 아니하거나 증여일로부터 5년 이내에 대표이사에 취임하지 아니한 경우
② 가업을 승계한 후 주식 등을 증여받은 날로부터 7년 이내에 정당한 사유 없이 다음에 해당하게 된 경우
  · 가업에 종사하지 아니하거나 가업을 휴업 또는 폐업하는 경우
  · 주식 등을 증여받은 수증자의 지분이 감소하는 경우

<관련 예규>

가업승계에 대한 증여세 과세특례는 수증자가 증여세 과세표준 신고기한까지 가업에 종사하고 증여일부터 5년 이내에 공동대표이사에 취임하는 경우에도 적용됨. (재산-2081, 2008.8.1)

가업승계에 대한 증여세 과세특례 적용 시 증여자의 대표이사 요건은 필요치 않으나, 증여일 전 10년 이상 계속하여 해당 가업을 영위한 것으로 확인되어야 하는 것이며, 다른 요건을 모두 충족했다면 수증자가 가업의 승계를 목적으로 주식 등을 증여받기 전에 해당 기업의 대표이사로 취임한 경우에도 적용되는 것임. (재산-328, 2010.5.25)

개인사업체의 경우에는 기업의 승계에 대한 증여세 과세특례규정이 적용되지 아니함. (재산-1556, 2009.7.27)

가업승계에 대한 증여세 과세특례는 증여자인 60세 이상의 부 또는 모가 각각 10년 이상 계속하여 가업을 경영한 경우에 적용되는 것임. (기재부 재산-825, 2011.9.30)

증여자의 가업영위 기간 중 대표이사 재직요건을 요하지는 않으나 증여일 전 10년 이상 계속하여 해당 가업을 실제 영위한 것으로 확인되어야 하는 것임. (재산-779, 2009.11.19)

가업을 10년 이상 계속하여 영위하였는지 판단할 때, 증여자가 개인사업자로서 영위하던 가업을 동일한 업종의 법인으로 전환된 경우로서 증여자가 법인 설립일 이후 계속하여 당해 법인의 최대주주 등에 해당하는 경우에는 개인사업자로서 가업을 영위한 기간을 포함하여 계산하는 것임. (재산-625, 2009.3.25. 서면4팀-998, 2008.4.22)

해당 기업이 2 이상의 서로 다른 사업을 영위하는 경우(동일 법인이 제조업과 부동산임대업을 영위하는 경우) 주된 사업을 기준으로 중소기업 해당 여부를 판정함에 있어서 당해 법인 또는 거주자가 영위하는 사업 전체의 종업원 수·자본금 또는 매출액을 기준으로 하여 판정하는 것이며, 1주당 증여세 과세가액 산정은「상속세 및 증여세법 시행령」제15조 제5항 제2호의 산식을 준용하여 계산함. (서면법규과-634, 2013.05.31)

30
창업자금 증여세 과세특례

자녀에게 증여할 계획이라면 창업자금에 대한 증여세 과세특례제도를 활용할 필요가 있다.

왜냐하면 고액을 증여할 경우 증여세 부담이 커서 실질적으로 수증자가 받게 되는 자산이 작아지므로 부모의 자산이전효과는 미미할 수가 있기 때문이다.

예를 들어 자녀에게 10억 원을 증여할 경우 2억 2,500만 원의 증여세가 발생한다.

그런데 여기에 더 증여할 경우 추가되는 자산은 40% 혹은 50%의 증여세율을 부담해야 되기 때문에 추가로 증여하기란 여간 어렵지가 않다.

그런데 창업자금 증여세 과세특례제도를 활용한다면 기존의 증여와는 별개로 증여할 수 있기 때문에 증여세 부담이 덜하게 되는 것이다.

따라서 자산 이전효과를 극대화하고 자녀에게 창업의 기회를 줄 수 있는 이 과세특례제도를 잘 활용할 필요가 있다는 것이다.

'창업자금에 대한 증여세 과세특례'제도는 출산율 저하, 고령화에 따라 젊은 세대로의 부의 조기 이전을 촉진함으로써 경제활력을 도모하기 위해 2006.1.1.에 도입된 제도이다. (조세특례제한법 30조의 5)

이러한 증여세 과세특례제도 활용한다면 증여세 절세는 물론 자녀에게 자산형성에 기회를 제공할 수 있는 이점이 있다.

또한 이러한 제도를 활용해서 자녀에게 증여해도 증여재산을 합산하지 않기 때문에 추가로 자녀에게 증여를 할 수 있는 일거양득의 효과도 얻을 수 있다.

〈창업자금에 대한 증여세 과세 도해〉

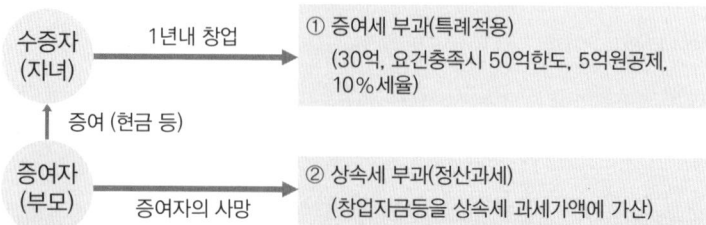

(자료: 국세청)

〈창업자금에 대한 증여세 과세특례제도 주요 내용〉

구분	내용
관련법률	조세특례제한법 제30조의 5
증여자	60세 이상인 부모
수증자	18세 이상인 거주자
증여의 목적	창업(중소기업을 창업하는 경우에 한함) 1년 이내 창업하고 3년 이내 창업자금 사용
증여시기	일몰기한 없음
증여재산	30억 원 한도(2회 이상 증여 시 합산하여 적용) ※ 신규고용 10명 이상일 경우 50억 원 한도
과세특례	사전증여재산특별공제: 과세가액에서 5억 원 공제 10%의 낮은 세율로 과세하고 상속 시 정산 (예) 30억 증여 시 (30억 원 − 5억 원) × 10% = 2.5억 원
추후 상속발생시	증여받은 날로부터 상속개시일까지 기간에 관계없이 상속세 과세가액에 가산함
세액공제여부	신고세액공제 불가(연부연납 적용 가능)

창업자금에 대한 증여세 과세특례제도는 60세 이상의 부모가 18세 이상의 거주자인 자녀에게 30억 원(최대 50억 원)의 창업자금을 증여하면서 10%의 저율로 증여세를 과세하는 것으로 증여받은 날로부터 1년 이내 창업하고 3년 이내 창업자금을 사용하면 된다.

〈창업자금 증여특례 절세효과〉

창업자금 증여특례제도는 30억 원(신규고용 10명 이상일 경우 50억 원 한도)까지 증여할 수 있으며, 5억 원을 증여공제하고 초과하는 금액에 10%의 세율을 적용하기 때문에 절세효과를 극대화할 수 있는 것이다.

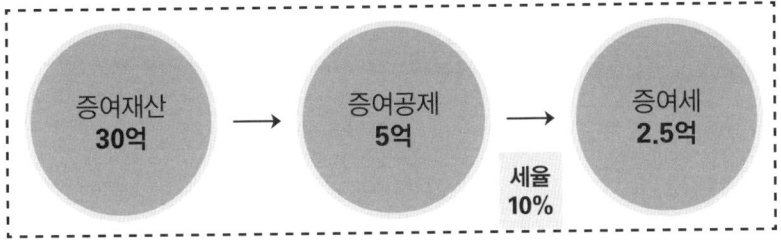

이러한 증여특례제도는 일반 증여와 비교해 보면 증여세의 엄청난 차이를 느낄 수 있게 한다.

예를 들어 성인 자녀에게 30억 원을 일반증여 한다고 가정했을 때, 증여세는 9억 8,940만 원이 나오지만, 특례를 활용할 경우 증여세 2.5억 원으로 7억 3,940만 원의 절세효과가 나타난다.

〈일반증여와 창업자금 증여세 과세특례 시 증여세 비교〉

증여세 비교	일반 증여 시	과세특례 적용 시
증여재산가액	30억 원	30억 원
증여재산공제	0.5억원(직계비속)	5억원(특별공제)
과세표준	29.5억 원	25억 원
세율/산출세액	40% / 10.2억 원	10% / 2.5억 원
세액공제	3%(신고세액공제)	세액공제 無
결정세액	9억 8,940만 원	2.5억 원

7억 3,940만 원 차이

이런 특례제도는 수증자가 2인 이상인 경우 수증자별로 각각 창업자금 증여세 과세특례를 적용받을 수 있으며, 공동으로 창업한 경우에도 수증자별로 적용받을 수 있다.

그리고 창업자금을 2회 이상 증여받거나 부모로부터 각각 증여받는 경우에는 각각의 증여세 과세가액을 합산하여 적용한다.

또한, 창업자금을 증여받아 창업을 한 자가 새로이 창업자금을 증여받아 1년 이내에 당초 창업한 사업과 관련하여 사용하는 경우에는 동 특례규정이 적용된다.

그러나 증여물건은 반드시 양도소득세 과세대상이 아닌 재산이어야 한다.

⟨양도소득세 과세대상(소득세법 제94조 제1항) 물건⟩

> 토지 또는 건물, 부동산에 관한 권리(부동산을 취득할 수 있는 권리, 지상권, 전세권과 등기된 부동산 임차권), 주식 또는 출자지분(주권상장법인 소액주주 제외), 기타자산 (사업용 고정자산과 함께 양도하는 영업권, 시설물 이용권 등).

따라서 창업자금 증여 목적물은 현금과 예금, 소액주주 상장주식, 국공채나 회사채와 같은 채권 등으로 할 수 있다.

또한 창업할 수 있는 업종에는 제한이 있는데, 창업 가능한 업종은 아래와 같다.

⟨창업중소기업 등에 해당하는 업종(조특법 제6조 제3항)⟩

> 광업, 제조업, 건설업, 음식점업, 출판업, 영상·오디오 기록물제작 및 배급업(비디오물감상실 운영업 제외), 방송업, 전기통신업, 컴퓨터 프로그래밍, 시스템통합 및 관리업, 정보서비스업(뉴스제공업 제외), 연구개발업, 광고업, 그 밖의 과학기술서비스업, 전문디자인업, 전시 및 행사대행업, 창작 및 예술 관련 서비스업(자영예술가 제외), 「엔지니어링산업진흥법」에 따른 엔지니어링활동(「기술사법」의 적용을 받는 기술사의 엔지니어링활동 포함), 운수업 중 화물운송업, 화물취급업, 보관 및 창고업, 화물터미널운영업, 화물운송 중개·대리 및 관련 서비스업, 화물포장·검수 및 형량 서비스업, 「항만법」에 따른 예선업 및 「도선법」에 따른 도선업과 기타 산업용 기계장비 임대업 중 파렛트 임대업, 「학원의 설립·운영 및 과외교습에 관한 법률」에 따른 직업기술 분야를 교습하는 학원을 운영하는 사업 또는 「근로자직업능력 개발법」에 따른 직업능력개발훈련시설을 운영하는 사업(직업능력개발훈련을 주된 사업으로 하는 경우에 한함), 「관광진흥법」에 따른 관광숙박업, 국제회의업, 유원시설업 및 「관광진흥법 시행령」 제2조에 따른 전문휴양업, 종합휴양업, 자동차야영장업, 관광유람선업, 관광공연장업, 「노인복지법」에 따른 노인복지시설을 운영하는 사업, 「전시산업발전법」에 따른 전시산업, 인력공급 및 고용알선업(농업노동자 공급업 포함), 건물 및 산업설비 청소업, 경비 및 경호 서비스업, 시장조사 및 여론조사업, 사회복지 서비스업, 보안시스템 서비스업.

창업자금에 대한 증여세 과세특례제도는 사후관리를 통해 추징의 위험도 있으니 실행하기 전에 반드시 전문가의 조언을 받을 필요가 있다.

31
가지급금 해소 방안

가지급금이라 함은 회계적 개념으로 지출은 되었으나, 아직 계정과목이 정해지지 않은 미결산 계정을 의미한다.

즉, 가지급금은 누군가가 회사의 자금을 쓴 것을 말하는데, 회계에서는 대표이사가 용도를 말하지 않고 그냥 가져다 쓴 것으로 간주하고 있다.

이러한 가지급금은 법인을 운영함에 있어 언제나 발생할 수 있는 필요악이라고 볼 수도 있다.

왜냐하면 가지급금의 실체가 통상 복리후생비나 업무상 접대비 한도 초과의 비용이기 때문이다.

이 비용이 정상적으로 비용 인정을 받지 못해서 가지급금으로 분류되는 것인데, 이러한 가지급금은 반드시 대표이사가 해결해야 한다는 데에 문제점이 있다.

왜냐하면 가지급금은 대표이사가 갚아야 할 의무가 있는 빚이기 때문이다. (다른 반론이 있지 않는 한)

물론 이 가지급금을 실제로 대표이사가 쓰지 않고 영업에 사용했다 하더라도(선의의 피해 발생) 가지급금에 대한 상환조치는 반드시 필요하다.

그러므로 많은 대표이사들이 이러한 가지급금에 대한 효과적인 해소 방안을 찾고 있다.

그런데 대부분은 대표이사의 근로소득이나 배당금을 통해 가지급금을 해소하려고 하는데, 이는 여러 가지 측면에서 바람직하지 못하다.

가지급금은 세법에서는 다른 의미로 사용되고 있는데 가지급금을 "업무와 직접 관련 없이 지급한 가지급금"이라 하며, 이는 명칭 여하에 불구하고 특수관계에 있는 자(임원, 주주 등)에게 지급한 당해 법인의 업무와 관련이 없는 자금의 대여금으로 정의되기도 한다.

이러한 가지급금은 회계적으로 다음과 같은 사유로 대표이사가 취할 수 있는 소득이 아니다.

첫째, 가지급금은 대여금이기 때문에 대표이사는 가지급금을 상환해야 할 의무가 발생한다.

가지급금은 결국 대표이사가 갚아야 하는 부채이다.

따라서 근로소득이나, 배당금, 퇴직금 등을 받아서 상환해야 하는데, 여의치 않을 경우 대표이사 가수금을 통해 반제해야 하는 것이다.

만약 상환이 일어나지 않은 상태에서 매각이 될 경우 가지급금은 반드시 상환해야 하며 상속이 발생할 경우에도 법인에 상환해야 할 의무가 있는 것이다.

둘째, 가지급금에 대해 매년 인정이자를 납부해야 한다.

이자를 지급하지 않을 경우 해당 이자는 '상여'로 처분되어 대표이사에게 소득세가 부과된다.

이럴 경우 대표이사는 소득이 증가하게 되어 건강보험료 등 4대 보험료 상승을 피할 수 없게 된다.

여기서 이자는 가지급금의 인정이자율에 의하는데, 이는 당해 법인의 차입금에 대한 가중평균 이자율로 하되, 그 적용이 힘들 때에는 연 4.6% 로 한다.

셋째, 법인은 가지급금 인정이자만큼 수익이 발생하므로 법인세 부담이 증가한다.

가지급금에 대한 인정이자는 법인수익에 반영되어 법인세 납부 대상이 된다.

따라서 가지급금의 규모가 클 경우 추가의 법인세 부담이 되기에 해소할 필요가 있는 것이다.

넷째, 가지급금 발생 시에는 많은 문제점이 발생한다.

즉, 업무무관자산에 대한 가지급금이 발생하였기에 다른 대출금의 지급이자가 손금불산입 당할 수 있고, 가지급금은 대손충당금 설정 대상 채권이 아니기 때문에 대손처리가 불가능하다.

또한, 가지급금이 많이 발생한 기업일 경우 세무조사의 위험성이 높아지며, 금융기관에서의 신용도 평가 시에도 불리한 요소로 작용될 수 있다.

그러므로 대표이사가 법인으로부터 효과적인 소득화를 통해 가지급금을 해소한다면 눈엣가시 같은 가지급금을 없애는 것은 물론 개인의 소득화 및 법인의 절세효과까지 얻을 수 있다.

1) 근로소득으로 가지급금 해소방법

만약 10억 원의 가지급금이 있다고 가정해 보자.

대표이사는 가지급금에 대한 원금상환 압박 및 인정이자 발생으로 당장 가지급금 해소를 하려고 노력할 것이다.

따라서 당해 연도의 급여를 올려서 가지급금을 해소하려고 하는데, 이럴 경우 몇 가지 문제점을 알아보자.

급여의 상승은 전에도 언급하였듯이 높은 근로소득세율(최고 46.2%)을 부담하게 된다.

만약 10억 원을 급여나 보너스로 수령하는 경우 근로소득세로 약 4억 원이 발생하므로 실제 소득은 6억 원밖에 되지 않아 추가로 소득을 더 받아야 가지급금을 상환할 수 있다.

(실제 16억 원 정도를 수령해야 가지급금 해소 가능)

급여상승의 방법은 대표이사가 부담하는 소득세도 소득세이지만 가지급금을 해소하기 위해서 회사의 자금이 많이 소요된다는 것이 문제이다.

그리고 대표이사의 급여상승에 따른 4대 보험의 상승이 또 다른 문제가 된다.

따라서 소득세 부담 및 거액의 자금지급에 따른 기업의 자금 압박, 그리고 4대 보험료의 상승으로 근로소득을 통한 가지급금 해소는 효과적인 방안이 되지 못한다.

2) 배당금으로 가지급금 해소방법

회사의 유보자금인 이익잉여금을 배당금으로 지급하여 가지급금을 상환하는 방법이다.

이 방법은 쉽게 처리할 수 있는 장점 때문에 많은 대표이사가 사용하고 있는데 그에 반해 많은 손해를 감수해야 한다는 문제점도 있다.

배당금의 지급은 법인세를 내고 남은 유보자금을 지급하는 방식이다.

따라서 배당금 지급 시에는 법인세 감면 효과는 전혀 없는 것이다.

만약 10억 원의 가지급금 해소를 위해 배당금을 지급한다면 근로소득인 경우 법인세 감면효과가 최대 2억 2,000만 원(법인세 + 주민세 22% 가정, 일반적으로 22%일 때)인 데 반해 배당금의 법인세 감면 효과는 제로(0)인 것이다.

회사는 똑같이 10억 원을 주면서 배당금으로 지급할 경우 2억 2,000만 원의 손해를 보게 되는 것이다.

그런데 10억 원의 배당금을 수령해도 약 4억 원가량을 배당소득세(종합과세)로 내고 나면 6억 원밖엔 남지 않게 되므로 16억 원가량의 배당금을 지급해야 가지급금을 완전히 해소할 수 있는데, 이럴 경우 3억 5,200만 원의 손해를 보게 된다.

(법인세 감면효과를 받지 못해 발생하는 손해)

배당금 지급에 있어서 또 하나의 문제점은 주식의 명의신탁으로 인한 지분분산이 있는 경우 본인 외의 다른 주주들에게도 배당금을 지급해야 한다는 데에 있다.

명의신탁된 주식의 경우 차명계좌에서 발생할 수 있는 여러 가지 문제점을 가지고 있다.

즉, 차명인과의 소유권 분쟁, 차명인 사망 시 상속문제, 명의신탁으로 적발 시 과징금 등이 발생할 수 있는 것이다.

또한 위와 같이 배당금을 수령할 경우 금융소득 종합과세(연간 2,000만 원 초과 시)를 피할 수 없게 되므로 세무당국의 집중적인 관리를 받을 수도 있다.

배당금은 근로소득과는 달리 4대 보험 인상으로 인한 추가 납부는 없지만, 배당금 지급액의 10% 이상은 이익준비금으로 적립해야 한다.

〈「상법」 458조(이익준비금)〉

> 회사는 그 자본의 2분의 1에 달할 때까지 매결산기의 금전에 의한 이익배당액의 10분의 1 이상의 금액을 이익준비금으로 적립하여야 한다.

그리고 근로소득과 마찬가지로 소득세 부담이 많으므로 추가적인 회사 자금이 더 들어가게 되어 기업운영에 좋지 않은 결과를 초래할 수도 있는 것이다.

그렇다면 효과적으로 가지급금을 해소할 수 있는 방안은 무엇인가?

대표이사가 법인으로부터 받을 수 있는 소득은 근로소득과 배당금 그리고 퇴직소득밖에 없다.

그런데 근로소득 중에 비과세소득을 활용한다면 그 효과가 클 수 있다.

바로 「발명진흥법」에 의해 직무보상제도를 활용하는 것이다.

직무보상제도를 통해 얻은 소득은 비과세소득이 되므로 근로소득과 같은 효과(법인세 비용처리 등)를 갖지만, 소득세는 내지 않는 것이다.

그런데 이러한 비과세 혜택은 2017년 이후 축소되어 연간 300만 원 이내의 소득만 비과세 처리되기에 이제는 그다지 효과적인 방법이 되지 못한다.

또한 자기주식 매입을 통해 마련한 소득으로 가지급금을 해소하려고도 하는데, 이는 여러 가지 문제를 낳을 수 있기 때문에 조심할 필요가 있다.

의제 배당으로 소득세가 추가적으로 더 부과될 가능성이 높기 때문이다. ("자사주 매입" 본문 참조)

그리고 오래전부터 퇴직금으로 가지급(금)을 해소하는 방법이 널리 쓰였는데, 이는 더 이상 효과적이지 않은 방법이 되어 버렸다.

왜냐하면 대표이사가 퇴직금을 중간에 정산받을 수가 없으며(연봉제 전환 시 퇴직금 중간정산규정 폐지), 분류과세인 퇴직금에 대한 퇴직소득세가 강화되었기 때문이다.

과거에 장기 근속할 경우 10% 내외의 저율로 과세되었던 것이 개정된 세법을 적용할 경우 30% 내외의 고율로 과세되어 절세효과가 떨어진 것이다.

〈과거퇴직금 지급사유〉

· 법인 임원이 현실적인 퇴직을 할 경우
· 법인의 사용인이 당해 법인의 임원으로 취임한 때
· 법인의 임원 또는 사용인이 그 법인의 조직 변경, 합병, 분할 또는 사업양도에 의하여 퇴직한 때
· 사용자의 사망으로 상속인이 사업을 승계한 경우
· 법인의 상근임원이 비상근임원이 된 경우
· 법인의 임원에 대한 급여를 연봉제로 전환함에 따라 향후 퇴직금을 지급받지 아니하는 조건으로 그때까지의 퇴직금을 정산하여 지급한 경우

마지막으로 가수금을 활용하는 방법을 알아보자.

가수금은 법인에 자금을 빌려주는 대여금 성격이 있으므로 가수금을 넣었을 때, 가지급금을 반제 처리할 수 있다.

다만, 가수금은 실질적으로 대표이사가 현금자산을 동원하여 가지급금을 상환하는 것이 되므로 자금의 소요가 발생하기에 효과적이지 못하다.

그런데 가수금을 대표이사의 현금이 아니라 장기보유하고 있는 유가증권을 활용한다면 효과적일 수 있다.

예를 들어 보유하고 있는 장기주식이라든지, 보험 상품 등이다.

보험 상품의 경우 이미 납부를 완료하고 미래에 연금을 수급하기 위해 보유하고 있는 상품이 있다면 당장 현금으로 활용할 수 없는 자산이지만, 이것을 법인에 현물로 납부(계약자 변경)한다면 가지급금을 상환할 수 있다.

보험계약 계약자 변경 사례

계약자	홍길동		(주)○○법인
피보험자	홍길동	계약자, 수익자 변경 →	홍길동
수익자	홍길동		(주)○○법인

개인에서 법인으로 계약자 변경은 보험회사마다 구비서류가 조금씩 다르지만, 변경이 가능하므로 효과적이라 할 수 있다.

보험 상품의 계약자를 개인에서 법인으로 변경할 경우 그 평가방법은 기본적으로 '납입보험료 누계액 + 이자 상당액'이다. (「상속세 및 증여세법」상 평가방법)

따라서 해약환급금이 납입보험료보다 적을 경우 납입보험료가 평가액이 되며, 해약환급금이 납입보험료보다 많을 경우 해약환급금이 되는 것이다.

그런데 보장성 보험, 예를 들어 종신보험 같으면 해약환급금이 납입보험료보다 적은 경우가 많은데 이럴 경우 납입보험료로 평가하여 법인에 넘긴다면 개인에게 이익이 생길 수 있게 된다.

그러므로 정상적인 처리를 위해서라면 해약환급금으로 평가하여 계약자 변경을 하는 것이 중요하다.

그리고 보험상품은 반드시 납입이 완료된 것으로만 할 필요는 없다.

예를 들어 개인이 납입 중인 상품이 있다면 법인으로 계약자/수익자를 변경하여 넘길 경우 차회 이후의 보험료 납입에 대한 부담도 해소되기 때문에 가지급금 해소에는 아주 적격이라고 볼 수 있다.

32 가업상속공제 활용 RISK

가업상속공제 제도란 중소기업을 운영하다가 상속이 발생하는 경우 일정한 요건을 갖추고 가업 전부를 상속하는 때에 가업상속재산 중 일정액을 공제해줌으로써 상속인들의 상속세 부담을 감소시켜 주는 제도이다.

일반적으로 피상속인이 사망하게 되면 그 상속재산을 평가하여 제반 공제를 한 후 상속세를 산출하게 되는데, 공제액이 클수록 상속세 부담액이 작아지게 되어 효과적으로 가업을 승계하여 운영할 수 있는 기반을 만들어 준다는 점에서 가업상속공제 제도를 활용하는 것이 중요하다고 하겠다.

따라서 가업상속공제란 중소기업 등의 원활한 가업승계를 지원하기 위하여 거주자인 피상속인이 생전에 10년 이상 영위한 중소기업 등을 상속인에게 정상적으로 승계한 경우에 최대 500억 원까지 상속공제를 하여 가업승계에 따른 상속세 부담을 크게 경감시켜 주는 제도인 것이다.

가업상속공제액은 가업의 영위 기간에 따라 공제액이 다른데 10년 이상 20년 미만인 경우 200억 원, 20년 이상 30년 미만인 경우 300억 원, 30년 이상인 경우 500억 원을 공제해 준다. 공제율은 100%이며 사업용 자산에 한하여 공제해 준다.

가업상속공제액 예시

가업 영위 기간	공제율	공제액 한도
10년 이상 20년 미만	100% (사업용 자산에 한함)	200억 원
20년 이상 30년 미만		300억 원
30년 이상		500억 원

가업상속재산은 상속재산에서 유류분 상속재산을 제외한 상속재산으로서 개인의 가업상속재산은 가업에 직접 사용되는 토지, 건축물, 기계장치 등을 말하며, 법인의 가업상속재산은 상속재산 중 가업에 해당하는 법인의 주식 및 출자지분을 말한다. (사업무관자산 제외)

〈사업무관 자산의 종류〉

가. 「법인세법」 제55조의2에 해당하는 자산 : 비사업용 토지 등 사업무관 부동산
나. 「법인세법 시행령」 제49조에 해당하는 자산 : 타인에게 임대하고 있는 부동산(지상권 및 부동산임차권 등 부동산에 관한 권리 포함): 서화, 골동품, 자동차, 선박, 항공기, 임대용 부동산 등
다. 「법인세법 시행령」 제61조 제1항 제2호에 해당하는 자산 : 대여금
라. 과다보유현금[상속개시일 직전 5개 사업연도 말 평균 현금(요구불예금 및 취득일부터 만기가 3개월 이내인 금융 상품 포함) 보유액의 150%를 초과하는 것]
마. 법인의 영업활동과 직접 관련이 없이 보유하고 있는 주식, 채권 및 금융 상품 (라 항목에 해당하는 것 제외)

사업 무관 자산이 있는 경우 가업상속공제

가령 10년 이상 영위한 기업의 주식(기업)평가가치가 200억 원이며 총자산이 300억 원, 사업 무관 자산이 120억 원일 경우 가업상속공제액은 120억 원이다.

$$가업상속공제액 = 주식(기업)평가가치 \times \frac{사업용\ 자산}{총\ 자산}$$

$$200억\ 원 \times \frac{180억\ 원}{300억\ 원} = 120억\ 원$$

2016년 이후 가업상속공제는 공동상속을 할 경우에도 공제를 해 주고 있다.

단, 만약 가업상속을 둘 이상 자녀가 상속받은 경우 대표이사 해당분만 가업상속공제를 해 주고 있다.

그리고 피상속인의 독립된 기업이 둘 이상인 경우 가업상속의 공제한도를 적용할 때, 해당 기업 중 계속하여 경영한 기간이 긴 기업의 계속 경영기간에 대한 공제한도를 적용하며, 상속세 과세가액에서 피상속인이 계속하여 경영한 기간이 긴 기업의 가업상속 재산가액부터 순차적으로 공제한다.
또한 자녀 1명당 1개 기업 가업상속도 가능하다.

가업상속공제는 직전 사업연도 매출액 3,000억 원 미만인 중견기업도 가능하며, 상속인 요건도 피상속인이 65세 이전에 사망한 경우 상속개시일 전 2년 이상 가업에 종사해야 하는 기준도 없애는 등 조건을 완화해 주고 있다.

가업상속공제에 해당하는 중소기업의 범위는 다음과 같다.

《「조세특례제한법 시행령」 제2조(중소기업의 범위)》

하수·폐기물 처리(재활용 포함)·원료재생 및 환경복원업, 건설업, 도매 및 소매업, 운수업 중 여객운송업, 음식점업, 출판업, 영상·오디오 기록물 제작 및 배급업(비디오물 감상실 운영업 제외), 방송업, 전기통신업, 컴퓨터 프로그래밍·시스템 통합 및 관리업, 정보서비스업, 연구개발업, 광고업, 그 밖의 과학기술서비스업, 포장 및 충전업, 전문디자인업, 전시 및 행사대행업, 창작 및 예술 관련 서비스업, 인력공급 및 고용알선업(농업노동자 공급업 포함), 콜센터 및 텔레마케팅 서비스업, 직업기술 분야 학원, 엔지니어링사업, 물류산업, 수탁생산업, 자동차정비공장을 운영하는 사업, 선박관리업, 의료기관을 운영하는 사업, 「관광진흥법」에 따른 관광사업(카지노, 관광유흥음식점업 및 외국인전용 유흥음식점업 제외), 노인복지시설을 운영하는 사업, 재가장기요양기관을 운영하는 사업, 전시산업, 에너지절약전문기업이 하는 사업, 직업능력개발훈련시설을 운영하는 사업, 건물 및 산업설비 청소업, 경비 및 경호 서비스업, 시장조사 및 여론조사업, 사회복지 서비스업, 일반도시가스사업, 무형재산권 임대업(「지식재산 기본법」 제3조 제1호에 따른 지식재산을 임대하는 경우로 한정), 연구개발지원업, 개인 간병인 및 유사 서비스업, 사회교육시설, 직원훈련기관, 기타 기술 및 직업훈련 학원, 도서관·사적지 및 유사 여가 관련 서비스업(독서실 운영업 제외), 「민간임대주택에 관한 특별법」에 따른 주택임대관리업, 신·재생에너지 발전사업 또는 보안시스템 서비스업을 주된 사업으로 영위하는 기업(다만, 자산총액이 5,000억 원 이상인 경우에는 중소기업으로 보지 아니한다).

다음은 가업상속공제 적용이 되지 않는 업종이다.

〈가업상속공제 적용이 안 되는 업종(예시)〉

일반숙박업, 주점업, 주차장운영업, 택배, 금융·보험업, 부동산임대 및 공급업, 법무·회계서비스업, 학교, 입시학원, 자동차운전학원, 장애인복지시설, 보육시설, 골프장(「관광진흥법」에 따른 관광사업은 제외), 스키장, 노래방, 게임장, 무도장, 이·미용업, 욕탕, 세탁, 예식장, 가사서비스업 등

가업상속공제를 받은 기업은 상속 후 10년간 매년 엄격하게 정상 승계 여부에 대한 사후관리를 받게 된다.

〈가업상속인의 사후의무 이행을 위반한 것으로 보는 경우〉

① 해당 가업용 자산의 20%(상속개시일부터 5년 이내에는 10%) 이상 처분한 경우
② 해당 상속인이 가업에 종사하지 아니하게 된 경우
③ 주식 등을 상속받은 상속인의 지분이 감소한 경우
④ 각 사업연도의 정규직 근로자(「통계법」 제17조에 따라 통계청장이 지정하여 고시하는 경제활동인구조사의 정규직근로자를 말함) 수의 평균이 기준고용인원의 100분의 80에 미달하는 경우(매년 판단)
⑤ 상속개시된 사업연도 말부터 10년간 정규직근로자 수의 평균이 기준 고용인원의 100분의 100(규모의 확대 등으로 중소기업에 해당하지 아니하게 된 기업의 경우에는 100분의 120)에 미달하는 경우(10년 후 판단)

이처럼 사후의무 이행을 위반한 경우에는 가업상속공제액을 무시하고 상속세를 부과하게 되는데, 기간별 상속세를 추징하는 기준은 다음과 같다.

경과기간별 추징률

위반 경과기간	추징률
7년 미만	100%
7년 이상 8년 미만	90%
8년 이상 9년 미만	80%
9년 이상 10년 미만	70%

그러나 가업상속공제 시 고려해야 할 점도 있다.

가업상속공제를 받는 기업은 상속 후 10년 동안 사후관리를 받게 되는데, 이러한 규제는 오히려 날로 변화하는 기업 환경에 능동적으로 대처하지 못해 피해를 입을 수도 있다는 것이다.

예를 들어 기업의 구조조정을 해야 될 때 그 시기를 놓친다든가, 기업의 경영 확대를 위해 외자유치 및 M&A를 해야 될 경우 규제로 하지 못하는 사례가 발생한다면 가업상속공제로 상속세 절세 혜택을 보았으나, 실질적으로 기업가치를 끌어올리고자 할 때, 사후의무규정 때문에 할 수 없을 경우 기업이 존망의 기로에 서게 하는 위험을 겪을 수도 있다는 것이다.

또한 10년 경과 이후에 M&A를 할 경우 양도소득세 부과를 피상속인의 최초 취득가액과 양도가액의 차액으로 하기 때문에 세금이 과다하게 발생할 수 있다는 점이다.

	세부내용
매출액 기준	3,000억 원 미만 유지
상속공제한도	500억 원(초과분은 상속세 마련 전략 및 사전증여전략 실행이 필요) * 사전증여는 비용 과다로 상속세 마련 전략이 효과적
사업무관자산은 제외 (총자산 대비 사업무관자산 비율만큼 공제 대상에서 제외)	1. 비사업용 토지 등 2. 업무무관 부동산 등, 타인에게 임대하고 있는 부동산 3. 대여금 4. 과다 보유 현금 및 현금성 자산(상속개시 직전 5개년도 평균의 150% 초과액) 5. 법인활동과 직접 관련 없는 주식, 채권 및 금융 상품
사후관리 요건 충족	10년간 경제 상황 급변에 따른 능동적 대처 곤란(M&A 및 외자유치 등 불가)
매각 시 세금 과다 발생	피상속인 최초 취득가액 대비 매각금액과의 차액에 대한 과세로 세금 과다 발생 * 가업상속공제는 일종의 과세이연 성격으로 가업상속공제를 최소화하는 것이 유리

 가업상속공제는 과세이연 효과에 불과하기 때문에 가급적 최소화하는 노력도 필요하다.

 따라서 가업상속 플랜을 준비하기에 시간적 여유가 있는 경우 비상장주식가치 평가를 통해 보유지분의 증여 및 양도 및 상속세 재원 마련을 위한 준비 등을 통해 상속세를 절세할 필요가 있다.

 그러나 가업상속공제가 주는 당장의 상속세 절세효과는 엄청나다.

 만약 가업상속재산 100억 원 중 70%가 사업용 자산이라고 가정(편의상 배우자, 일괄공제액은 10억 원으로 가정)했을 때, 가업상속공제 혜택으로 절세되는 상속세는 무려 33억 8,000만 원에 달한다.

가업상속공제의 절세 효과(사업용 자산 70% 기준)

상속세 비교	일반 상속 시	가업상속공제 적용 시
상속과세가액	100억 원	100억 원
인적공제	10억 원(배우자, 일괄)	10억 원(배우자, 일괄)
금융재산공제	2억 원	2억 원
가업상속공제	없음	70억 원
과세표준	88억 원	18억 원
세율	50%	40%
산출세액	39억 4,000만 원	5억 6,000만 원

33억 8,000만 원 차이

그리고 같은 조건으로 상속재산이 250억 원일 때 상속세 절세금액이 87억 5,000만 원이 되므로 가업상속재산이 많을수록 절세효과가 커지는 것을 볼 수 있다.

가업상속공제의 절세 효과(사업용 자산 70% 기준)

상속세 비교	일반 상속 시	가업상속공제 적용 시
상속과세가액	250억 원	250억 원
인적공제	10억 원(배우자, 일괄)	10억 원(배우자, 일괄)
금융재산공제	2억 원	2억 원
가업상속공제	없음	175억 원
과세표준	238억 원	63억 원
세율	50%	50%
산출세액	114억 4,000만 원	26억 9,000만 원

87억 5,000만 원 차이

또한 배우자가 없는 상태에서 가업상속재산이 550억 원일 때, 가업상속공제로 절세되는 상속세를 산출해 보자.

가업상속공제의 절세 효과(가업영위 30년 이상, 사업용 자산 100% 기준)

상속세 비교	일반 상속 시	가업상속공제 적용 시
상속과세가액	550억 원	550억 원
인적공제	5억 원(일괄)	5억 원(일괄)
금융재산공제	2억 원	2억 원
가업상속공제	없음	500억 원
과세표준	543억 원	43억 원
세율	50%	50%
산출세액	266억 9,000만 원	16억 9,000만 원

250억 원 차이

무려 250억 원의 상속세를 절세할 수 있게 되어 원만한 가업승계를 이룰 수 있게 한다.

여기서 사업용 자산이 차지하는 비중이 가업상속공제로 인한 상속세 절세에 커다란 변수가 됨을 알 수 있는데, 사업용 자산의 비중을 높이는 방법 등이 강구되어야 할 것이다.

예를 들어 비사업용토지 및 사업과 관계없는 부동산 처분, 불필요한 현금 등의 해소(배당금, 초과배당금, 상여금 등 처리), 가지급금 및 대여금 등의 해소 등이 필요한 반면, 사업을 위한 사업용부지의 확대(부동산 대출 포함) 등이 고려되어야 할 것이다.

33
유상감자 활용

회사를 운영하다 보면 가지급금을 해소하거나 갑자기 자금이 필요한 경우가 생기게 된다.

이럴 경우 유상감자를 통해 해결하는 방안이 많이 강구되고 있다.

유상감자란 이미 납입한 자본금에서 주주가 일부를 회수하여 그 대금으로 가지급금 해소 및 기타 필요한 자금에 활용하는 것을 의미한다.

물론 이때 주식취득가와 감자대가를 비교하여 차액에 대해서는 배당소득세를 과세하게 된다.

예를 들어 자본금이 10억 원이고 비상장주식가치 평가가 100억 원인 기업이 있다고 가정해 보자.

지분은 전체를 CEO가 소유했을 때, 10% 유상감자를 하게 되면 어떻게 될까?

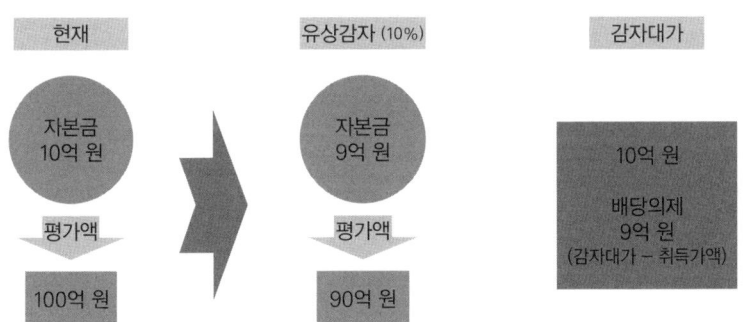

제2장 VIP 컨설팅 사례 | 279

10% 유상감자를 하게 되면 자본금은 9억 원으로 줄어들고 주식가치평가액은 90억 원이 된다.

따라서 10억 원의 유상감자 대가가 발생하게 되는데, 이것을 CEO가 수취하고 가지급금을 상환하거나 기타 필요한 자금으로 활용할 수 있다.

이때 감자대가로 받은 10억 원의 취득가액은 1억 원이므로 9억 원에 대해서는 배당소득세를 납부해야 한다.

배당소득세는 다음과 같이 3억 7,686만 원이 발생한다.

배당소득액	9억 원
과세표준	9억 원
적용세율	42%
누진공제	3,540만 원
산출세액	3억 4,260만 원
주민세(10%)	3,426만 원
주민세포함 결정세액	3억 7,686만 원

이럴 경우 유상감자가 아니라 배당금으로 수령할 경우와 비교해 보자.

배당금 10억 원을 받는다고 할 때 배당소득세는 4억 2,306만 원이 발생하여 유상감자가 4,620만 원 더 절세된다는 것을 알 수 있다.

이는 자본금 1억 원이 소멸되면서 발생한 소득세이기에 큰 의미는 없다.

그렇다면 더 효과적으로 절세할 수 있는 방법은 없을까?

만약 10%의 지분을 배우자와 자녀 둘에게 증여한다고 가정해 보자.

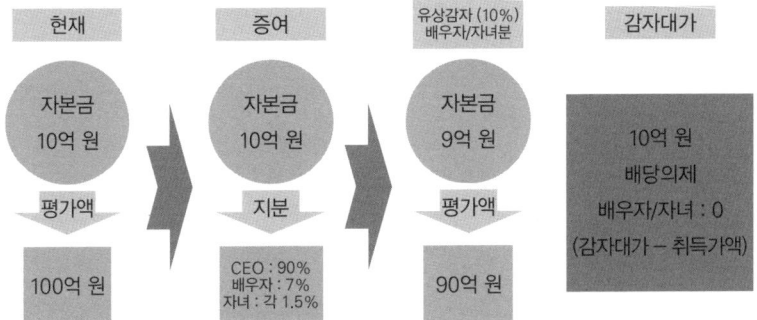

배우자에게 7억 원(자본금 7,000만 원), 자녀들에게는 각각 1.5억 원(자본금 1,500만 원) 등 총 10억 원을 증여하면 증여세는 각각 1,000만 원, 총 3,000만 원이 발생하게 된다.

그러나 감자대가와 주식취득가액이 같기 때문에 의제배당소득세는 발생하지 않게 된다.

따라서 증여 전 3억 7,686만 원에 비해 3억 4,686만 원을 절세할 수 있게 된다.

그런데 이 경우 부당행위계산부인 규정 등 세금리스크가 발생하는 지 여부를 판단할 필요가 있다.

먼저 부당행위계산부인 규정에서 CEO가 특수관계인에게 증여해서 5년 이내 양도할 경우 CEO가 직접 양도한 것으로 볼 수도 있기 때문이다.

이럴 경우 CEO의 양도소득으로 간주되어 증여 등의 행위는 무의미해진다.

그러나 유상감자로 인한 의제배당은 출자한 공동사업자가 받는 배당소득이 아니므로 부당행위계산부인 규정에 해당되지 않을 수도 있다.

또한 법인이 유상감자를 통해 주식을 소각할 때, 주주별로 균등하게 소각하지 않고 일부 특정인의 주식만을 불균등하게 소각하게 되면 감자에 따른 이익의 증여로 간주하거나 기타 이익의 증여 등의 규정에 의하여 증여세가 과세될 수 있다.

하지만 유상감자를 통해 기존 주주들(CEO)이 얻은 이익이 없기 때문에 증여세가 과세되기란 어렵다.

그러므로 증여를 통한 유상감자는 가지급금을 해소하거나 다른 필요자금으로의 활용에 효과적이라고 볼 수 있다.

34
종신보험 120억 원 가입 사례

> N씨는 20년 이상 중소기업체를 운영해 왔다.
> 따라서 가업승계를 위한 가업상속공제를 염두에 두고 상속과 증여, 특히 가업승계에 대해서는 아무런 준비를 하지 않았다.
> 가업상속공제로 충분히 기업을 순탄하게 승계할 수 있으리라고 믿었기 때문이다.
>
> 그런데 가업상속공제가 능사가 아니란 말을 듣고 컨설팅을 받았다.

가업상속공제는 사업용 자산만을 대상으로 하기에 N씨처럼 수십 년 동안 순이익 많이 발생하여 유보금이 쌓인 경우에는 대부분 사업용자산이 아니라 금융자산 등으로 계상되어 있어 나중에 원활한 가업승계를 하지 못하게 될 위험에 빠질 수 있다.

그리고 가업상속공제를 받는다고 해도 과세이연에 불과해 나중에 자녀들이 가업을 승계하고 기업을 매각하는 경우 엄청난 양도차익과 거기에 대한 양도소득세로 현재 대주주양도차익에 대한 세율이 27.5%인데 이마저 인상하게 된다면 너무 많은 양도소득세가 발생하게 될 것으로 판단하였다.

따라서 가업승계를 세울 시간적 여유가 있다면 차라리 가업상속공제를 받지 않는 것이 유리하다고 판단한 것이다.

그래서 우선 기업가치평가부터 진행했다.

비상장주식에 대한 가치평가는 순익과 순자산으로 평가하는데, 오랜 기간 동안 순익이 발생해 왔고 배당을 전혀 하지 않은 상태이기 때문에 순익가치와 순자산가치는 엄청나게 올라있는 상태였다.

그리고 비상장주식가치평가 후 배당정책, 차등배당, 법인세 절세 전략 등을 설계하고 개인자산의 사전 증여와 법인을 통한 상속세 재원 마련 플랜 또한 설계했다.

이와 더불어 재무제표에 대한 분석과 주식가치평가 절하방안, 지분이전 계획에 대한 설계도 병행했다.

그 결과 사전 증여를 해도 10년 안에 상속이 개시된다면 상속세 부담을 전혀 피할 수 없기 때문에 상속세 재원 마련 플랜은 증여와 동시에 실행시키기로 했다.

그래서 CEO와 감사로 등재된 배우자, 그리고 가업승계를 위해 경영수업 중에 있는 이사인 자녀 등 총 3명에게 종신보험 120억 원을 가입시켰다.

계약자와 수익자는 법인, 그리고 피보험자는 등기이사인 3명으로 가입하여 나중에 계약자 변경을 통해 Cross plan(피보험자와 계약자를 서로 달리하여 맺는 계약: 38. 크로스플랜전략 참조)을 완성하는 것이다.

보험계약의 계약자 변경은 추후 근로소득 또는 상여금, 배당금 아니면 특허자본화 전략에 따른 소득으로 대체하는 것으로 마무리 지었다.

〈재무제표 쉽게 보는 법〉

 기업의 3대 재무제표를 재무상태표(대차대조표), 손익계산서, 현금흐름표라고 한다.
 이러한 재무제표들이 내포하고 있는 뜻은 무엇인가?

 첫째, 재무상태표는 기업의 자산과 부채, 자본을 나타내는 표이다.
 즉, 기업의 총자산과 부채현황, 자본금과 잉여금(유보금)을 보여 주는 것이다.
 사람으로 말하자면 체격을 의미한다.
 사윗감을 고를 때도 우선 체격을 보지 않던가?
 재무상태표는 기업이 그동안 벌어왔던 재산상태를 나타내는 것으로 총자산과 부채, 순자산으로 나뉜다.
 일정 시점의 Stock(저량) 상태의 장표로 일정기간 동안의 Flow(유량)와 함께 평가해야 올바른 분석이 가능해진다.

 그런데 기업에 자산만 많다고 해서 기업평가가 좋은 것은 아니다.
 자산은 많으나 부채가 많다면 부실해질 수 있기 때문이다.
 자산은 유동자산과 비유동자산으로 나뉜다.
 유동자산은 금융자산, 재고자산, 매출채권 등이다.

 이중 장기적으로 방치하고 있는 금융자산은 효과적으로 운용하지 못하고 있다는 것을 방증한다.

기업은 투자(R&D)를 하거나, 부채를 상환하거나, 효과적인 투자를 해야 하는 것이다.

다음으로 재고자산이 많은 것도 좋게 평가되지 못한다.
보유가치가 높으면 몰라도 매출로의 순환이 없으면 짐만 될 뿐이다.
그리고 나중에 처분에 있어서도 문제가 발생할 수 있다.

마지막으로 매출채권이 많다는 것은 외상거래가 많아 대손이 발생할 수 있는 리스크가 있다.
매출이 많아도 외상거래가 많다면 현금흐름이 좋지 않게 된다.
흔히 술장사를 하면 외상고객이 많아지는데 떼이는 경우가 많다.
그럼에도 술장사가 유지되고 버틸 수 있는 것은 높은 마진 때문이지만, 기업은 높은 마진을 기대하고 대손을 방치하면 결국 폐업하게 되는 위험에 직면하게 되는 것이다.

자기자본은 자본금에 이익잉여금을 합한 수치이다.
순자산이라고도 하며, 자기자본이 많아지면 비교적 안정적이라 볼 수 있는데, 적당한 배당정책과 이익잉여금의 구성 여부도 파악해 봐야 한다.
결국 재투자를 위해 쓰이거나 효과적인 자산운용에 쓰이지 않았다면 idle money가 되어 비효율적인 운용이 되니 개선할 필요가 있는 것이다.
효율성 없는 자기자본은 주식가치의 버블을 키우는 역기능만 발생시킬 수도 있기 때문이다.

둘째, 손익계산서는 기업의 한 해 동안 장사한 결과를 나타내는 표이다.
즉, 기업의 총매출과 매출원가, 판관비, 영업이익, 영업외수지, 당기순이익과 법인세 등을 보여 준다.
사람으로 말하자면 체력을 의미하며, 기업 순익의 원천이다.
이익이 나지 않는다면 기업의 존재가치가 없다.
손익계산서는 일정 기간(1년) 동안의 Flow(유량)를 나타낸다.

그런데 매출이 급증하거나, 많다고 해서 기업평가가 좋은 것은 아니다.
꾸준한 매출상승의 원인 등이 합리적이어야 하며, 이러한 요인 없이 갑작스런 매출증가는 정상적인 평가를 저해한다.
물론 매출감소와 부진은 평가에 악영향을 주며, 매출증가에 따른 매출채권도 체크해야 한다.
부실판매는 부정적 요소가 되기 때문이다.

매출원가의 구성비율이 합리적이어야 한다.
제품의 특성에 따라 적정한 마진이 이뤄져야 하며 특히 기준 이하라면 덤핑 등의 요인이 있는지 확인할 필요가 있다.

그리고 적정규모의 판매관리비가 되어 있는지 파악해야 한다.
지나친 인건비 등의 구성은 영업이익에 치명적이다.

또한, 매출액 대비 영업이익의 비율이 적정해야 한다.
매출증가와 더불어 영업이익의 증가는 상관성이 있어야 한다.

영업이익의 의미는 장사 후 손익관리를 잘했는지 못 했는지를 판단할 수 있는 자료이다.

만약 영업이익이 나지 않는다면 주된 사업의 성패를 판단할 수 있을 정도로 중요한 자료이기 때문이다.

영업외손익은 특별손익(재평가적립금 등), 우발채무 관련 사항, 환차손익 등 일회성 수치이다.

영업외수익이 높아 당기순이익이 발생하는 것은 신기루에 불과하다.

당기순이익은 주당 순이익이 중요한 수치이며 영업이익을 기반으로 산출해 봐야 왜곡되지 않은 정보를 얻을 수 있다.

셋째, **현금흐름표는 기업의 한 해 동안의 현금의 유출입과 기초와 기말 현금의 보유액을 나타내는 표이다.**

사람으로 말하자면 혈행(血行)의 순환을 보는 것이다.

혈행이 막히면 바로 사망하듯이 기업에 있어 현금흐름이 좋지 않다면 바로 적신호가 되기 때문이다.

손익이 좋아도 흑자도산의 위험이 있듯이 현금이 없는 기업은 가치 없는 기업이다.

기초 대비 기말 현금이 많으면 현금흐름이 좋아 긍정적으로 보인다.

실탄이 준비되어 있어 사업의 확장과 구매 및 투자가 용이하기 때문이다.

그러나 사업과는 무관하게 현금이 남아도는 경우도 있으니 이런 경우 효율이 저조해 보인다.

또한 대출의 급증에 따른 현금보유가 증가한 것인지 매출의 신장으로 그런 것인지 알아봐야 한다.

신사의 지갑에 돈이 넘쳐나는 이유가 대출받은 것이라면 매력도가 떨어지기 때문이다.

현금의 유입은 영업과 재무활동, 그리고 기타의 활동에서 들어온다.

영업에서 창출한 현금은 매출 대비 비슷한 규모인 경우 합리적으로 보이나, 매출감소보다 현금유입의 비율이 저조하다면 매출채권과 판매현황을 검토해야 한다.

매출증가에 따른 유보가 많은 경우 긍정적 요소로 보이나 새로운 투자처와 영업확대 등의 투자하지 않은 이유를 알아야 한다.

마치 태풍이 육지에서 비와 바람을 뿌리고 나면 소멸되듯이 배당만 하는 경우 기업경영의 적정규모를 넘어서서 새로운 투자가 의미 없는 것이었는지를 판단해야 한다.

재무활동에서의 현금유입은 대출조건을 봐야 하며 대출의 이유를 파악해야 한다.

대출의 이유는 예를 들어 부채상환, 투자, 구매 등이다.

재무활동의 유입은 부채나, R&D투자와 신사업투자 등 성장동력을 위한 것이라면 일단 긍정적으로 본다.

다만 사업의 리스크는 체크해 봐야 한다.

증자 및 채권발행 등의 활동을 통해 현금이 유입되는 경우도 있기 때문에 이런 경우 그 사유가 적당한지 검토해야 한다.

현금흐름이 좋지 않아 절실하게 되는 경우와 사세확장적 측면에서 하는 경우는 극명하게 다르기 때문이다.

그리고 현금의 유출을 잘 봐야 한다.
영업유출, 투자유출, 대출금상환, 기타의 유출(자사주 매입 등) 등을 파악하여 유출의 타당성과 적절성을 평가해야 한다.
사윗감을 고르는 데도 체격과 체력, 그리고 혈액순환이 잘 되는지 안색을 본다.
체격은 좋으나 체력이 없으면 안 되고 체격과 체력이 좋으나, 안색이 좋지 않아 혈행장애가 있다면 고르는 데 부담이 될 것이다.

흔히 재무제표가 주는 묘미는 향수와 같다고들 한다.
향기로우나 그렇다고 해서 벌컥 마실 수는 없는 노릇이다.
사윗감을 고르는 데 체격, 체력, 혈행이 아무리 좋다 해도 그 사람의 인물됨과 과거전력, 그리고 미래 비전은 반드시 봐야 한다.
지표가 대부분 좋아 보이나 딸을 때리거나 하는 못된 짓을 한다면 낭패가 아닐 수 없기 때문이다.
그래서 재무제표가 주는 외면의 의미를 우선 파악하고 내면의 의미를 더 찾으려는 노력이 필요하다.

그럼 기업의 5대 재무제표에 대해 알아보자.
5대 재무제표에는 3대 재무제표에 자본변동표와 주석이 포함된다.

먼저 자본변동표는 기업의 경영성과에 따른 자본금이 변동되는 흐름을 기록한 표를 말한다.

자본은 기업의 자산과 부채를 제외한 순자산을 말한다.

타인자본 대비 자기자본이 넉넉하면 안정성을 부여할 수 있다.

자본을 구성하는 것에는 납입자본(자본금, 자본잉여금), 보통주/우선주 자본금, 주식발행초과금(주식발행차금, 자기주식), 이익잉여금, 기타포괄손익누계액(매도가능증권평가손익, 해외사업환산손익, 현금흐름위험회피 파생상품평가손익 등 손익계산서에 반영되지 않은 자본계정의 손익), 기타 자본구성요소(감자차익, 자기주식처분손익, 신주청약증거금, 배당건설이자 등) 등이 있다.

자본변동표는 자본의 변동 상황을 파악할 수 있는 재무제표라고 볼 수 있다.

마지막으로 주석은 재무제표에 대한 구체적인 설명과 보충적 정보를 보여주는 장표이다

장표별 용어의 설명이라든지, 주식 및 채권의 구성, 대출을 받은 금융기관 및 대출조건 등의 자세한 내용, 그리고 투자처 등에 대한 구체적 설명이 담겨 있어서 재무제표를 이해하는 데 도움을 준다

그리고 소송 등의 내용 등을 통해 우발채무 등을 확인할 수도 있는 아주 중요한 자료가 된다

참고로 이익잉여금처분계산서는 법인의 당기순이익(법인세차감 후)과 전기까지 이월된 이익잉여금의 처분내용을 표시한 표이다.

즉 올해 남겨진 이익금과 전년도까지 발생하여 유보된 이익금의 처분내용을 적은 장부로, 이중 배당금을 지불하거나, 아니면 그대로 지급하지 않고 유보된 현황을 표시한 것이다.

회사가 얼마를 벌어서 자기자본화 또는 배당으로 주주에게 환원한지를 나타내 주므로 안정성과 배당성향을 보여 준다.

처분내역으로는 이익준비금[(자본금의 1/2이 될 때까지 매 결산기 이익배당액의 1/10 이상을 이익준비금으로 적립하여야 한다. 상법 458조), 초과분은 임의준비금], 자본준비금(주식발행초과금, 감자차익, 합병차익, 분할차익)과 기타자본잉여금(자산수증이익, 채무면제이익, 자기주식처분이익, 전환권대가, 신주인수권대가), 그리고 배당금 등이 있다.

○ 재무제표비율분석 (자료 : 한국 fpsb투자설계 교재)
1. **유동성비율분석 (부도가능성 판단)**
   (1) 유동비율 : 유동자산÷유동부채 ⇒ 200% 이상
   (2) 당좌비율 : 당좌자산÷유동부채 ⇒ 100% 이상
   (3) 현금비율 : 현금과 예금÷유동부채 ⇒ 높을수록 양호
2. **레버리지비율분석 (타인자본의존도 및 타인자본이 미치는 영향 판단)**
   (1) 부채비율 : 부채총계÷자본총계 ⇒ 100% 이하
   (2) 자기자본비율 : 자기자본÷총자본 ⇒ 높을수록 안정성이 양호
   (3) 이자보상비율분석 : 영업이익÷이자비용 ⇒ 1이상(통상 1.5이상) 양호
3. **안정성비율분석**
   (1) 고정비율 : 고정자산÷자기자본 ⇒ 100% 이하 양호
   (2) 고정장기적합률 : 고정자산÷(자기자본+고정부채) ⇒ 100%이하 양호
4. **활동성비율**
   (1) 재고자산회전율 : 매출액÷재고자산 ⇒ 높을수록 양호
   (2) 매출채권회전율 : 매출액÷매출채권 ⇒ 매출채권회수기간(365÷매출채권회전율)
   (3) 총자산회전율 : 매출액÷총자산 ⇒ 높을수록 유동/고정자산의 효율적 이용
5. **수익성비율**
   (1) 총자산순이익률 : 순이익÷총자산 ⇒ 총자산의 효율적인 운용
   (2) 매출액순이익률 : 순이익÷매출액 ⇒ 높을수록 양호
   (3) 매출액경상이익률 : 경상이익÷매출액 ⇒ 기업경영활동의 성과
   (4) 자기자본순이익률 : 순이익÷자기자본 ⇒ 경영효율성지표
6. **성장성비율**
   (1) 매출액증가율 : (당기매출액−전기매출액)÷전기매출액
   (2) 총자산증가율 : (기말총자산−기초총자산)÷기초총자산
   (3) 자기자본증가율 : (당기말자기자본−전기말자기자본)÷전기말자기자본
7. **생산성비율**
   (1) 노동생산성 : 부가가치÷종업원수
   (2) 종업원1인당매출액 : 매출액÷종업원수
   (3) 자본생산성 : 부가가치÷총자본
8. **시장가치비율**
   (1) 주가수익비율(PER) : 주가÷주당순이익(EPS : 순이익÷발행주식수)
   (2) 주가대장부가치비율(PBR) : 주가÷주당장부가치(BPS : 자본÷발행주식수)
9. **ROE분석**
   (1) 자기자본순이익률 : 당기순이익÷자기자본
   ※ 순이익매출액×총자산회전율×재무레버리지
10. **손익분기점분석**
    (1) 손익분기점 매출량(판매량) : 고정비÷공헌이익
    (2) 손익분기점 매출액 : 고정비÷공헌이익율
    (3) 목표영업이익의 매출량(판매량) : (고정비+목표영업이익)÷공헌이익
    (4) 목표영업이익의 매출액 : 고정비÷공헌이익률
    (5) 안전율 : (예상매출액−손익분기점매출액)÷예상매출액
    ※ 공헌이익 : 매출액 − 변동비
          단위당판매가격 − 단위당변동비
    ※ 공헌이익률: 공헌이익 ÷ 매출액
          공헌이익 ÷ 단위당 판매가격
11. **경제적부가가치(EVA)**
    (1) 투하자본수익률(ROIC) : 세후영업이익÷투하자본(총투자액)
    (2) EVA : 세후영업이익 − (가중평균자본비용 × 투하자본)
          투하자본 × (투하자본수익률 − 가중평균자본비용)

35
가업승계 전략

우리나라의 상속세율과 증여세율은 최고 50%로 전 세계에서 가장 높은 세금구조를 가지고 있다.

일본의 경우 2011년부터 상속세율은 6억 엔 초과 시 최고 55%이나, 한국과는 달리 유산취득세 방식(유산세 방식은 피상속인을 기준으로 누진과세를 하는 반면, 유산취득세 방식은 상속인별로 유산취득액에 대해 개별 과세함)을 택하고 있고, 중소기업 상속 시 상속공제를 80%까지 해 주고 있기에 한국의 상속세율이 실질적으로 가장 높은 편이라고 말할 수 있는 것이다.

특히 중소기업을 운영하다가 자녀들에게 상속할 때 최대주주인 경우 최고 30%까지 할증을 하기 때문에, 상속세는 65%[최고 증여세율 50%에 할증으로 15%(50%의 30%) 가산]에 달할 정도로 가히 위협적이다.

중소기업의 경우 이처럼 높은 상속세율은 자칫하면 황금알을 낳는 암탉의 배를 가르는 것과 같은 좋지 못한 상황을 만들어 내기도 한다.

왜냐하면 상속세로 50%를 부과해 세수로 걷어 갈 경우 기업이 정상적인 활동을 하지 못하게 되어, 더 많은 세금을 거둘 수 있는 기회를 놓치게 되기 때문이다.

법인상속의 경우도 상속세로 50%의 세금을 걷어 세수에는 일조하겠지만, 그로 인해 효과적인 법인의 가업승계가 이루어지지 않게 되어 정상적인 기업 활동을 어렵게 만든다.

만약 효과적으로 법인의 가업승계가 이루어진다면 기업은 지속적인 고용을 창출하고 생산 증대와 기업이익 증가로 법인세 증가, 고용에 따른 소득 증대로 소득세 증가, 소득향상에 따른 소비 증가로 인한 부가가치세 증가 등 상속세·증여세보다 훨씬 더 많은 세금을 걷을 수 있다.

그렇기 때문에 상속세·증여세로 법인의 가업승계를 막을 것이 아니라 효과적인 가업승계를 지원해 국민경제의 순기능적 요소를 활성화시키는, 이른바 키워서 잡아먹는 전략이 필요하지는 않을까?

황금알을 낳는 암탉의 배를 갈라봤자 한정된 황금알(상속세와 증여세 등 세수)밖에는 얻지 못한다.

암탉을 잘 키워야만 매일매일 황금알(법인세, 소득세, 부가가치세 등 유발 세수)을 얻을 수 있는 것이다.

2008년 정부에서는 상속세율과 증여세율을 종합소득세와 같은 세율로 하는 인하안을 냈지만 처리되지 못했다.

그러므로 미래에도 상속세율과 증여세율의 인하 등의 변화가 기대되지 않는 상황이라면 사전에 효과적인 절세 방안을 강구해야 할 것이다.

이러한 일련의 합리적이고 적법한 절세 활동은 결국 세수(유발세수)를 증대시키는 활동으로 승화될 수 있다.

따라서 기업을 운영하는 오너는 가업승계가 단지 개인의 절세와 자산 이전으로만 끝나는 문제가 아니라 사회에 대한 마지막 책임이라는 소명감과 당위성을 가지고 전략적으로 가업승계를 준비해야 한다.

우리나라의 기업들은 계속기업으로서 30여 년을 넘지 못하고 무너지는 경우가 비일비재한데, 이것은 바로 창업주에서 다음 세대로의 승계가 제대로 이루어지지 못해서 발생하는 문제였다.

기업의 효과적인 가업승계 전략과 증여·상속계획을 통한 납세대책은 한 개인과 기업에만 국한된 문제가 아니다.

기업은 황금알을 낳는 암탉과도 같다.

그러한 기업이 높은 상속세율 때문에 영속되지 못한다면, 그것은 황금알을 낳는 암탉의 배를 가르는 우를 범하는 것과 마찬가지 결과를 가져온다.

기업의 원활한 가업승계는 고용의 창출과 그로 인한 소득의 증대, 그리고 소비의 증대, 다시 생산의 증대로 이루어지는 국민경제의 순기능을 활성화시킨다.

법인세와 소득세, 부가가치세 등 기업이 존재함으로써 발생하는 유발세금이 상속세 및 증여세보다 훨씬 많다는 결과가 그 필요성과 중대성을 미루어 짐작하게 해 준다.

따라서 기업을 운영하는 CEO는 우선 기업주식의 제대로 된 평가를 통해 중장기적으로 가업승계 전략을 추진할 필요가 있다.

1) 가업승계의 최대 걸림돌! 상속세·증여세

과거와는 달리 많은 중소기업 CEO들이 가업승계에 대해 관심을 가지고 있다.

그러나 대부분의 CEO가 가업승계 의향이 있다고 응답은 했지만, 실제 실행에 대한 준비는 미흡한 실정이다.

준비도 준비지만 실제 가업승계를 할 때 커다란 장해물에 부딪히게 되는데, 그것은 바로 조세 문제이다.

많은 사람들이 본격적으로 가업승계를 준비하면서 부딪히는 가장 큰 어려움은 조세에 대한 부담이라고 이구동성(異口同聲)으로 말하고 있다.

그것은 상속세·증여세가 최고 50%까지 부과되기 때문이다.

일반적으로 기업을 경영하는 CEO의 경우 대부분 자산가치가 30억 원을 넘기 때문에 최고 구간의 상속세·증여세(50%)를 감당해야 한다면 차세대로의 가업승계는 어렵게 된다.

가업승계의 요체로 경영권의 승계와 소유권의 승계를 꼽을 수 있는데, 경영권의 승계는 창업주인 부모가 지속적으로 경영 수업을 진행시키면 되겠지만, 소유권 승계에는 자산의 무상이전에 따른 세금이 따르기 때문에 그 어려움을 호소하고 있는 것이다.

예를 들어 현재 주식의 가치가 200억 원일 경우 최대주주의 주식할증평가(30%)를 적용받게 되면 평가액은 260억 원으로 늘어나게 되어, 상속세로 100억 원 내외를 납부해야 한다.

현재 가치 200억 원인 기업이 갑작스럽게 100억 원을 준비하기도 힘들 뿐만 아니라, 준비한다 해도 그 출혈은 심각할 것이다.

또한 비상장주식의 가치평가는 일반적으로 고평가되는 경우가 많으므로 실질적으로 기업가치가 200억 원이 되지 않음에도 그 이상으로 평가받게 된다면 크나큰 어려움에 봉착하고 말 것이다.

2) 가업 승계, 알면 가업 승계 모르면 가업 폐쇄

"위대한 영웅인 최고경영자가 치러야 할 마지막 시험은
얼마나 후계자를 잘 선택하는가와
그 후계자가 회사를 잘 경영할 수 있도록 양보할 수 있는가이다."

(피터 드러커)

가업승계의 개념은 경영상태가 지속되도록 경영권과 소유권을 차세대 경영자에게 전해 주는 것이라고 요약할 수 있다.

중소기업의 경우에는 소유와 경영이 분리되어 있지 않은 가족기업 형태가 대부분이어서 대체로 소유권 승계와 경영권 승계의 두 가지를 포괄하는 개념으로 이해할 수 있다.

경영권 승계라 함은 회사 전반에 걸친 운영권한을 승계하는 것으로 장기간에 걸쳐 경영수업 및 현장지도를 통해 습득해 가는 과정이고, 소유권 승계라 함은 창업주의 소유지분에 대한 이전(移轉)을 말하는 것으로 여기에는 효과적인 절세방법이 필요하다.

가업승계의 방식으로는 경영자가 생전에 경영권과 소유권을 이전하는 '증여' 방식이 있고, 경영자가 사망 후에 후계자가 경영권과 소유권을 양수하는 '상속' 방식이 있다.

또한 경영자가 생전에 일부 경영권과 소유권을 이양하고 사망 후에 상속을 완료하는 '증여와 상속'이 있다.

그러나 이 모든 승계방식에는 반드시 조세문제가 따르기 때문에 소유권 이전을 위한 철저한 절세 방안이 필요하다.

성공적인 가업승계를 위해 창업주가 사전에 세무·경영·법률 차원에서 상속세·증여세를 절감하고, 안정적인 경영권 이양을 도모할 수 있도록 다각적인 사전승계 전략을 마련하는 것이 바람직하다.

가업승계에는

첫째, 상속세·증여세 부담 가중으로 인해 소유권 이전에 대한 절세 전략이 필요하고,

둘째, 경영권이 교체되는 민감한 시기이기 때문에 내·외부 경영 위험 가중으로 안정적인 경영권 이양에 어려움이 발생할 수 있어서 가업승계 모델을 정착시키는 것이 중요하고,

셋째, 승계 관련 각종 분쟁이 발생할 우려가 있으므로 법률적인 검토가 우선되어야 한다.

3) 소유권 승계를 위한 기업가치 평가가 우선되어야 한다

소유권 승계를 위해서는 기업의 가치를 먼저 파악하는 것이 중요한데, 기업의 가치는 어떻게 평가할까?

기업이 소유하고 있는 자산일까?

최초 투여한 자본일까?

아니면 현재까지의 순자산일까?

일반적으로 상장주식의 경우 시가가 존재하므로 평가기준일 이전 이후 각 2개월간의 증권거래소 최종시세가액의 평균액을 가지고 평가하게 된다.

총 4개월 동안의 주식 평균액이 10,000원이고 소유주식 수가 100만 주라면 총 100억 원으로 기업가치를 평가하고, 이에 따른 증여 및 상속세를 부과하게 되는 것이다. (10,000원 × 100만 주=100억 원)

그러나 시가가 형성되지 않는 비상장기업의 가치는 어떻게 평가할까?

기업의 가치는 여러 가지 방법으로 평가할 수 있으나, 「상속세 및 증여세법」에 정한 비상장 주식가치 평가방법에 대해서는 다음에서 살펴보자.

4) 비상장법인의 주식평가는 어떻게 하나?

유가증권시장이나 코스닥시장에 상장되지 아니한 주식 및 출자지분인 비상장주식에 대한 평가는 원칙적으로 평가기준일 현재의 시가에 의해 평가한다. (「상속세 및 증여세법」 제60조 ①)

이때 적용되는 시가는 불특정 다수인 사이에 자유로이 거래가 이루어지는 경우에 통상 성립된다고 인정되는 가액이다.
「상속세 및 증여세법」에서는 평가기준일 전후 6개월(증여재산의 경우 3개월) 이내에 매매·감정·수용·경매(「민사집행법」에 의한 경매) 또는 공매 등이 있어서 그 가액이 확인되는 경우에도 이를 시가로 보도록 하고 있다.
다만 평가 대상 법인인 비상장주식 자체에 대한 주식평가액의 감정가액은 시가로 인정되지 아니한다. (「상속세 및 증여세법」 제60조 ②)

당해 평가 대상 비상장법인의 주식에 대한 사례가액 등의 시가가 확인되지 아니한 경우에는 당해 법인의 자산 및 수익 등을 감안해 대통령령이 정하는 방법(보충적 평가방법)에 의해 평가하도록 하고 있다. (「상속세 및 증여세법」 제63조 ①)

비상장주식의 가치평가

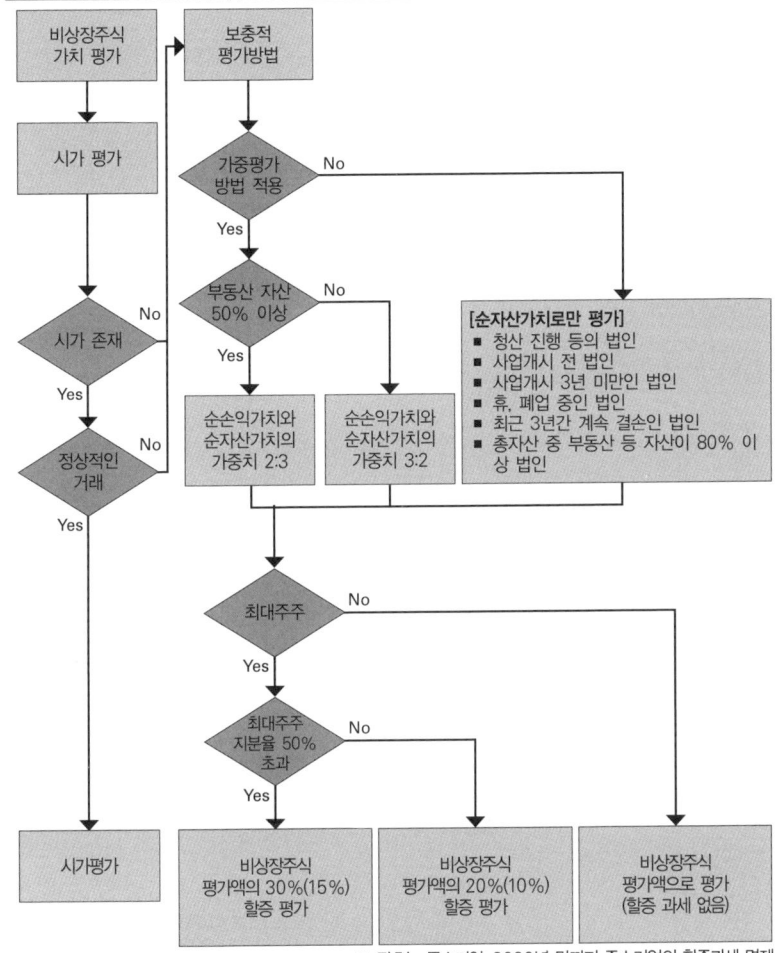

※ 괄호는 중소기업, 2020년 말까지 중소기업의 할증과세 면제

* 비상장주식 평가 시 순자산가치의 일정률을 하한액으로 설정
  MAX[순손익가치와 순자산가치의 가중평균치(3:2), 순자산가치의 일정률]
  순자산가치의 일정률(하한액 단계적 조정)
  2017년 4월 1일부터 2018년 3월 31일 이전: 순자산가치의 70%
  2018년 4월 1일 이후: 순자산가치의 80%

(1) 평가원칙

비상장법인의 주식에 대한 평가는 「상속세 및 증여세법」에서 정하는 시가의 개념에 따른 거래가액 등이 확인되지 아니한 경우에는 재산가액의 평가가 불확실하게 된다.

이런 경우에는 재산평가의 불확실성으로 납세자는 조세부담에 대한 예측 가능성과 법적 안정성에 있어서 문제가 발생한다.

반면에 과세관청에서도 시가 입증에 어려움이 발생할 수 있다.

이런 경우에 대한 보충적 평가방법으로 당해 법인의 자산 및 수익 등을 감안해 평가하는 방법을 적용하고 있다. (「상속세 및 증여세법」 제63조 ①)

비상장주식에 대한 보충적 평가방법으로 자산가치는 대차대조표를 기준으로 1주당 순자산가치를 적용하고, 수익가치는 손익계산서를 기준으로 1주당 순손익가치를 계산해 적용한다.

바로 계속기업으로서의 가치인 순손익가치와 청산할 경우의 가치인 순자산가치를 가중평균해 평가하는 방법이다.

비상장주식에 대한 보충적 평가방법은 원칙적으로 1주당 순손익가치와 1주당 순자산가치를 각각 3:2의 비율로 가중평균한 가액으로 평가하고, 예외적으로 부동산과다보유법인(「소득세법 시행령」 제158조 제1항 제1호 가목에 해당하는 법인)에 해당되는 경우에는 1주당 순손익가치와 순자산가치에 대해 각각 2:3의 비율로 가중평균한 가액으로 평가한다. (「상속세 및 증여세법 시행령」 제54조 ①)

- 순손익가치
  - 일반적인 법인(원칙)
    $$1주당 평가액 = \frac{1주당 순손익가치 \times 3 + 1주당 순자산가치 \times 2}{5}$$
  - 부동산 과다 보유 법인
    $$1주당 평가액 = \frac{1주당 순손익가치 \times 2 + 1주당 순자산가치 \times 3}{5}$$

이 경우에 부동산 과다 보유 법인은 당해 법인의 자산 중 토지, 건물, 부동산에 관한 권리의 합계액이 자산총액의 50% 이상인 법인(토지 + 건물 + 부동산에 관한 권리 ≥ 자산총계의 50%인 법인)을 말한다. (「상속세 및 증여 세법 시행령」 제54조 ①)

비상장주식의 보충적 평가방법이란?

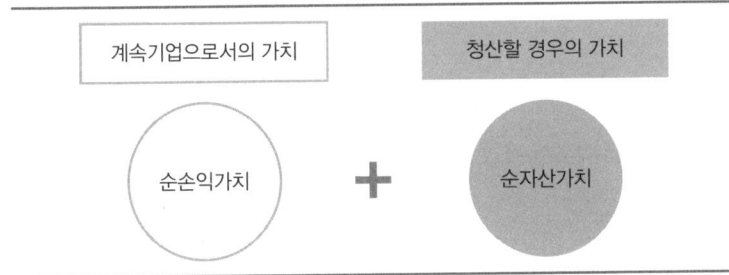

(2) 1주당 순손익가치는 어떻게 평가하나?

원래 수익가치란 계속기업을 전제로 평가하는 것으로, 기업의 자산을 미래의 수익창출에 계속 사용할 경우에 기대되는 현금흐름을 기초로 예측 가능한 기간 동안의 미래수익을 추정해 평가하게 된다.

이와 같이 미래의 수익력을 예상해 평가하는 것이 합리적일 것이나 평가의 객관화를 위해 현행 「상속세 및 증여세법」에서는 과거 최근 3년간의 1주당 순손익액을 가중평균한 금액에 순손익가치환원율로 나누어 평가하고 있다.

- 일반적인 법인(원칙) = $\dfrac{\text{1주당 최근 3년간의 순손익액의 가중평균액}}{\text{순손익가치 환원율(10\%)}}$
- 금융기관이 보증한 3년 만기 회사채의 유통수익률을 감안해 국세청장이 정해 고시하는 이자율

이때 1주당 순손익가치를 산정하기 위한 1주당 순손익액은 기업 전체의 수익력을 해당 법인의 발행주식 총수로 나누어서 산출하게 된다.

또한 과거 1주당 최근 3년간의 순손익액의 가중평균액은 다음과 같이 산출한다.

- 1주당 최근 3년간 순손익액의 가중평균액 = $\dfrac{A \cdot \times 3 + B \cdot \times 2 + C \cdot \times 1}{6}$
  - A: 평가기준일 이전 1년이 되는 사업 연도의 1주당 순손익액
  - B: 평가기준일 이전 2년이 되는 사업 연도의 1주당 순손익액
  - C: 평가기준일 이전 3년이 되는 사업 연도의 1주당 순손익액

(3) 1주당 순자산가치는 어떻게 평가하나?

자산가치는 당해 법인을 청산한다고 가정했을 때 잔여재산 분배가액을 의미한다.

자산가치는 평가기준일 현재 당해 법인의 순자산가액을 평가기준일 현재의 발행주식총수로 나누어서 평가하는데, 1주당 순자산가치는 다음과 같은 산식에 의해 계산한다.

결국 비상장주식의 가치는 최근 3년간의 순손익가치와 현재의 순자산가치를 가중평균해 비상장주식의 가치를 평가하는 것이다.

- 1주당 순자산가치 = $\dfrac{\text{당해 법인의 순자산가액}}{\text{발행주식총수}}$

즉 최근 3년간 순손익가치와 현재의 순자산가치를 가중평균해 주식의 가치를 결정하게 되는 것인데, 액면가 5,000원의 주식이 액면가보다 높은 15,000원이 될 수도 있고 액면가보다 낮은 3,000원이 될 수도 있는 것이다.

비상장주식 가치 평가 사례 1

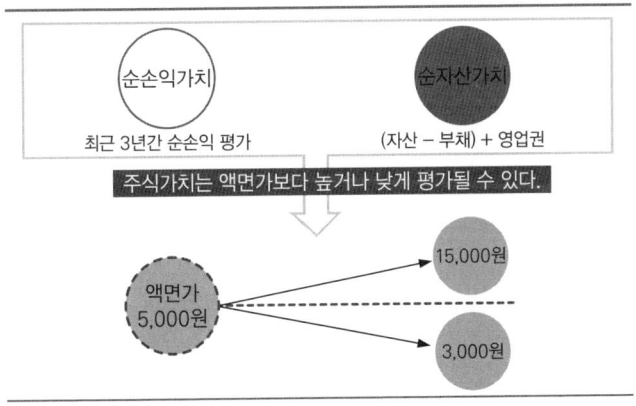

다음 그림은 실제 비상장주식의 가치를 평가해 본 것이다

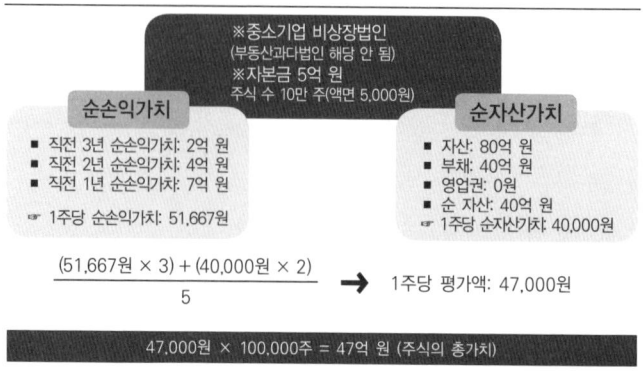

순손익가치는 직전 1년도 순손익가치의 비중을 3으로 하고, 직전 2년도는 2, 직전 3년도는 1로 해서 평가해보면 다음과 같다.

$$\frac{7,000원 \times 3 + 4,000원 \times 2 + 2,000원 \times 1}{6} = \frac{5,166.7원}{0.1(10\%)} = 51,667원$$

순자산 가치는 자산에서 부채를 빼고 영업권을 합하면 다음과 같다.

$$\frac{80억 원 - 40억 원 + 0(영업권) = 40억 원}{100,000주} = 40,000원$$

따라서 순손익가와 순자산가치를 가중평균해보면 다음과 같다.

$$\frac{51,667원 \times 3 + 40,000원 \times 2}{5} = 47,000원$$

1주당 평가액은 47,000원이 된다.

이는 액면가 5,000원의 9.4배로 기업의 총가치는 47억 원으로 평가받게 된다.

따라서 창업주가 주식의 전부를 소유한 경우 총자산이 30억 원이 넘게

되므로 상속세율 50%를 피할 수 없게 되어 가업승계가 어려움에 봉착하게 되는 것이다.

이러한 상태에서 주식을 이전할 경우 증여세와 양도소득세는 그림과 같다.

비상장주식가치 평가 후 지분 이전 방법 예시

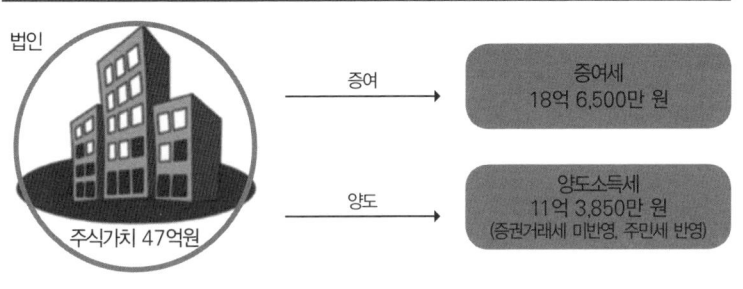

증여세는 창업주가 살아생전에 자녀에게 지분을 증여할 때 발생하게 되는데, 앞의 경우 무려 30억 원에 가까운 세금을 부담하기에 실질적으로 증여하기란 어렵다.

또한 주식을 증여하지 않고 양도할 때도 양도소득세를 납부해야 한다.

물론 양도소득세는 창업주인 부모가 납부하지만 자녀가 47억 원이라는 돈을 준비해 양수하기란 어려운 것이 현실이다.

따라서 기업의 가치평가가 이렇게 나온다면 가업승계는 요원하기만 할 것이다.

그런데 이런 상태에서 전년도 당기 순손실이 발생한다면 주식가치의 변화에는 어떤 영향을 줄까?

예를 들어 전년도 당기 손익이 앞에서 계산한 것처럼 수익 7억 원이 발생한 것이 아니라, 당기 손실로 7억 원이 발생했다고 가정했을 때 주식가치의 변화를 살펴보자.

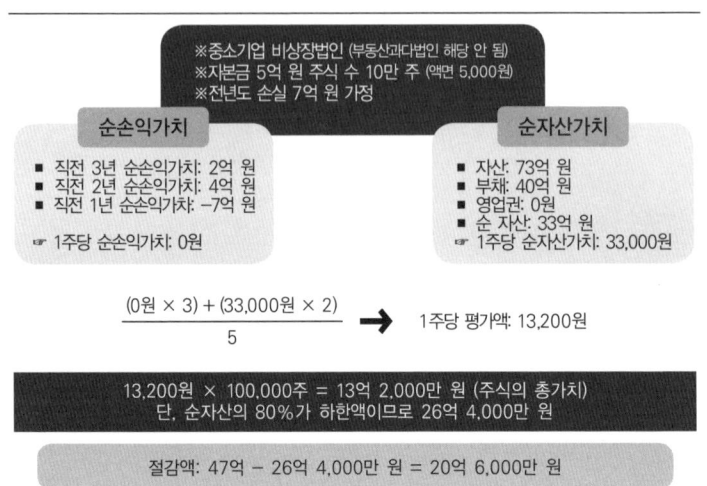

먼저 순손익가치부터 알아보자.

$$\frac{-7,000원 \times 3 + 4,000원 \times 2 + 2,000원 \times 1}{6} = \frac{-1,833.3원}{0.1(10\%)} = 0(-18,333)원$$

순손익가치는 마이너스가 되므로 0원이 된다.

순자산가치는 자산에서 부채를 빼고 영업권을 합하면 다음과 같다.

그런데 전년도에 결손금 7억 원이 발생했으므로 결손금 보전으로 7억 원을 순자산에서 차감한다.

$$\frac{80억 원 - 7억 원 - 40억 원 + 0 = 33억 원}{100,000주} = 33,000원$$

따라서 순손익가치와 순자산가치를 가중평균해 보면 다음과 같다.

$$\frac{0원 \times 3 + 33,000원 \times 2}{5} = 13,200원$$

즉, 1주당 평가액은 13,200원이 된다.

그러나 비상장주식가치가 작을 경우 하한액을 순자산의 80%(2018년 4월 1일 이후)로 평가하기에 1주당 평가액은 26,400원이 된다.

이는 전에 비해 주식가치가 43.8%(주당 20,600원 감소)나 줄어든 것으로 기업의 총가치는 47억 원에서 26억 4,000만 원으로 총 20억 6,000만 원이 감소되어 평가된다.

이 경우 상속세나 증여세의 절세효과는 불을 보듯이 명확할 것이다.

그러므로 비상장주식의 평가는 전략적으로 준비해야 한다.

일반적으로 「상속세 및 증여세법」에서의 비상장주식의 평가는 실제 거래가가 아니다 보니 실제 가치보다 거품이 들어 있는 것이 현실이다.

거품이 있고 없음은 「상속세 및 증여세법」의 세금 납부방법 중 물납제도에서 비상장주식에 대한 평가를 보면 알 수 있다.

물납이란 현금이 아닌 부동산이나 주식으로 세금을 납부하는 제도이다.

과거에는 비상장주식도 물납으로 받았지만, 현재는 특별한 경우(다른 재산이 없는 경우에 한해)를 제외하고는 비상장주식의 물납을 허용하지 않고 있다.

국가도 비상장주식의 물납을 통해 상속세 및 증여세를 충당해 공매 등을 통해 현금화하면 예전 물납가치보다 훨씬 적어진다는 것을 잘 알고 있기 때문이다.

따라서 가만히 앉아서 기다리기만 하면 버블화된 가치로 평가받아 높은 상속세 및 증여세를 부과받으니 비상장주식의 가치를 낮추는 작업이 필요한 것이다.

비상장주식의 가치는 순손익과 순자산의 가치에 의해 평가받기에 순손익과 순자산 관리를 잘하여 가업승계를 준비해야 한다.

그런데 비상장주식은 다음과 같은 사유가 발생했을 때는 순손익가치를 배제하고 순자산가치로만 평가하게 된다.

(4) 비상장주식을 순자산가치로만 평가하는 경우는?

비상장주식의 평가는 1주당 순손익가치와 1주당 순자산가치를 3:2 또는 2:3으로 가중평균하는 것이 원칙이다.

그러나 다음과 같은 사유가 있는 경우에는 과거의 수익력을 기준으로 수익가치를 평가하는 것이 불합리하므로 순자산가치에 의해 평가한다.

《「상속 및 증여세법 시행령」 제54조 ④》

① 청산 중인 법인의 주식 「상속세 및 증여세법」 제67조 및 제68조의 규정에 의한 상속세 및 증여세 과세표준 신고기한 이내에 평가 대상 법인의 청산절차가 진행 중이거나 사업자의 사망 등으로 인해 사업의 계속이 곤란하다고 인정되는 법인의 주식 또는 출자지분은 순자산가치로만 평가한다.
② 사업개시 전의 법인, 사업개시 후 3년 미만의 법인과 휴·폐업 중에 있는 법인의 주식 또는 출자지분도 순자산가치로만 평가한다.
③ 최근 3년간 계속해 결손인 법인평가기준일이 속하는 사업 연도 전 3년 내의 사업 연도부터 계속해 법인세법상 각 사업 연도에 속하거나 속하게 될 손금의 총액이 그 사업연도에 속하거나 속하게 될 익금(益金)의 총액을 초과하는 결손금이 있는 법인의 주식 또는 출자지분은 순자산가치로만 평가한다.
순자산가치로만 평가하는 경우는 개인기업에서 법인기업으로 전환하는 경우 3년이 경과하기 전에 활용한다면 효과적인 방법이 될 수 있는 제도이다. 따라서 법인 전환 후 3년 안에 효과적으로 소유권을 이전시킬 수 있는 방안으로 검토되기도 한다.
④ 당해 법인의 자산총액 중 부동산 및 부동산 관련 권리 등의 자산가액의 합계액이 차지하는 비율이 80% 이상인 법인

순자산가액의 계산방법

구분	평가방법	세부내용
대손 충당금	재산에서 차감하지 않음	· 대손충당금은 부채로 보지 아니하는 충당금이므로 대차대조표상 매출채권 등에서 차감하는 형식으로 표시되는 대손충당금은 자산에서 미차감
유가증권, 투자유가 증권	·「상속세 및 증여세법」 규정에 따라 평가하되 차액이 발생하는 경우 자산가액에서 가감	· 자본금 적립금 조사상의 유보금액(지분법 평가손익, 투자유가증권 평가손익 등)을 고려하지 않음 · 유가증권시장에서 거래되는 주권상장법인의 주식 및 출자지분은 평가기준일 이전·이후 각 2개월 동안 공표된 매일의 한국거래소 최종 시세가액(거래실적 유무를 따지지 아니한다)의 평균액(「상속세 및 증여세법」제63조)
토지	개별공시지가	· Max(장부가액, 개별공시지가)
건물 등	Max(장부가액, 국세청장이 산정·고시하는 가격)	· 건물의 신축가격·구조·용도·위치·신축연도 등을 참작하여 매년 1회 이상 국세청장이 산정·고시하는 가액
외국 법인에 출자한 주식	· 국내 법인과 동일하게 계산하되 현재 「외국환거래법」에 의한 기준환율 또는 재정환율에 의하여 환산한 가액으로 함	· 외국 법인의 자산가액 평가가 현실적으로 불가능한 경우에는 당해 법인의 장부가액을 기준으로 순자산가액 계산
회수불능 채권	· 평가일 현재 회수불능이라고 인정된다면 순자산가액에 미산입	· 회수불능 입증 책임은 납세의무자 측에 있음
담보 제공된 재산	· Max(① 재산이 담보하는 채권액 등을 기준으로 대통령령으로 정하는 바에 따라 평가한 가액, ② 제60조에 따라 평가한 가액)	·「상속세 및 증여세법」 제60조(평가의 원칙): 시가, 시가로 인정되는 가액 등
국외 재산의 원화 환산	· 평가일 현재 「외국환거래법」에 의한 기준환율 또는 재정환율로 환산한 가액	

구분	평가방법	세부내용
보유 상장 주식	・평가기준일 이전・이후 각 2월간에 공표된 매일의 거래소 최종시세가액의 평균액	・평가기준일 이전・이후 각 2월의 기간 중에 증자 합병 등의 사유가 발생하여 평균액 산정이 부적당한 경우 위의 시행령 제52의 2의 방법에 의함
최대주주 보유 중소기업 주식	할증평가 미적용	・재경부 재산 -614, 2007.05.28
구「회사정리법」에 의한 정리채권	・각 연도에 받기로 한 원본의 가액과 이자금액을 금융시장에서 형성되는 평균 이자율에 따라 평가기준일의 현재 가치로 할인한 금액	
소송 중의 권리	・'소송 중의 권리'의 내용과 범위가 구체적으로 확정되었다면, 다른 특별한 사정이 없는 한, 판결에 따라 확정된 가액을 기초로 상속 개시 당시의 현황에 의하여 '소송 중의 권리'의 가액을 평가	
사용수익 기부자산	・장부가액 평가	

(자료: 서면 4팀 -3868, 2006.11.24., 비상장주식 평가심의위원회 운영규정 별지 서식, 김무복 공저, 「2016년 개정 8판 상속세/증여세 실무」)

자산총계 계산구조

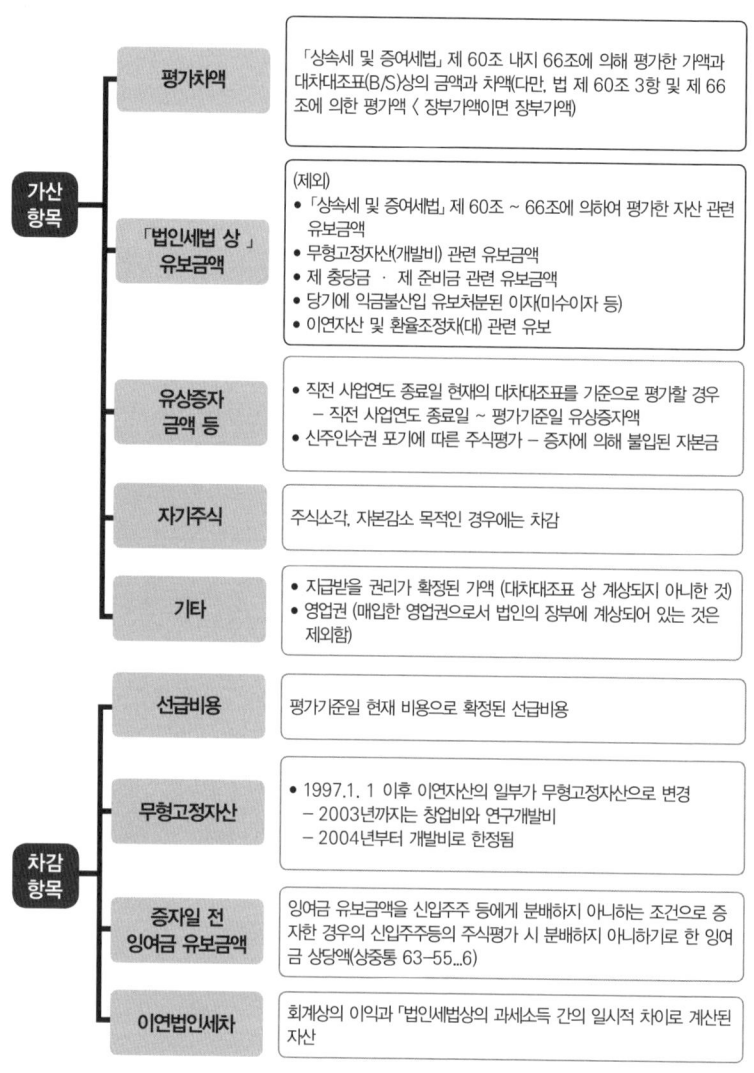

순손익액 계산구조

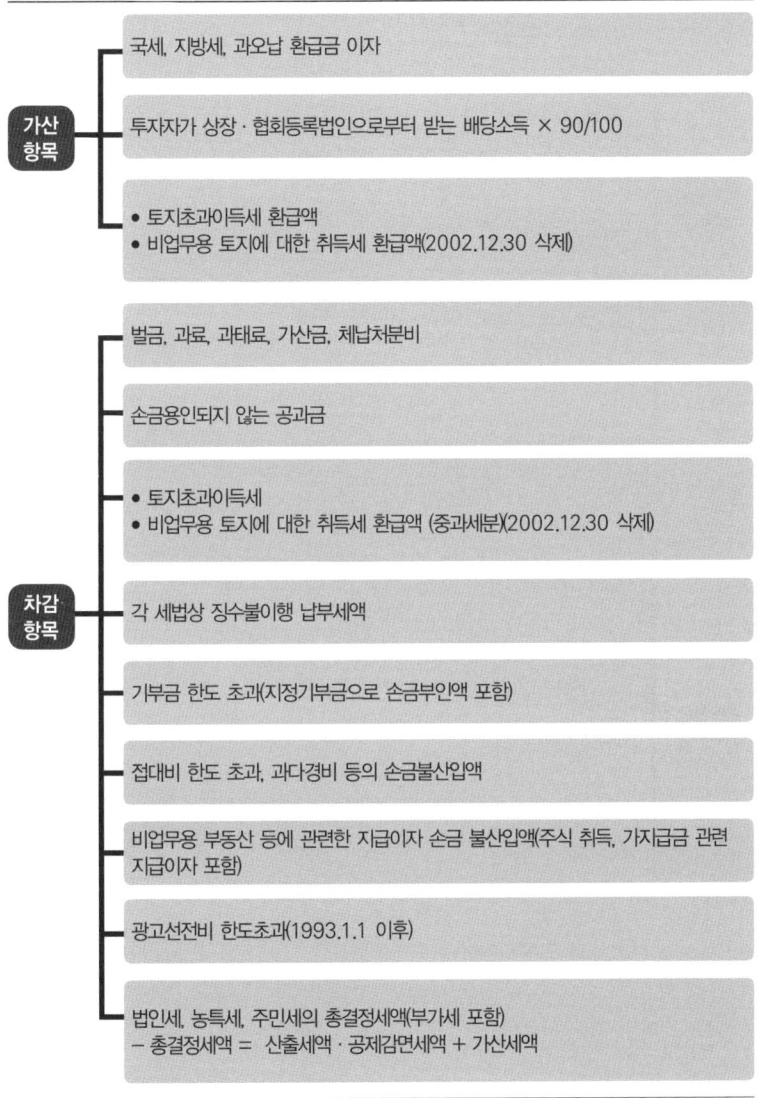

부채총계 계산구조

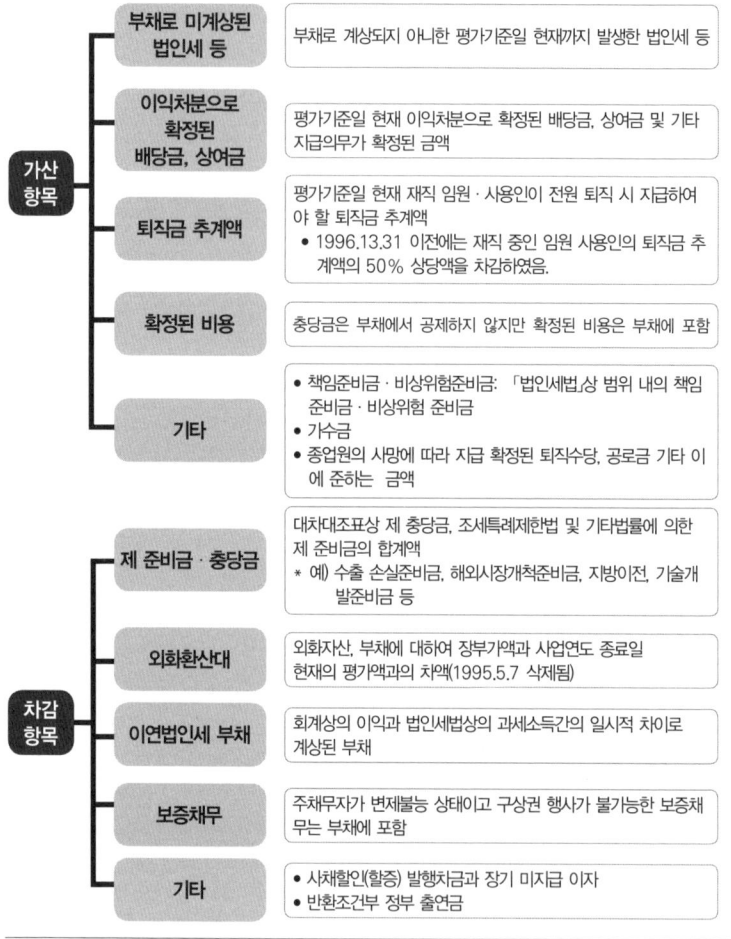

* 2016년 개정 8판: 상속세/증여세 실무, 박풍우 · 김두복 공저에서 참고하였음.

(5) 순손익가치가 마이너스인 경우 가중평균은 어떤 방법으로 하는가?

비상장주식의 보충적 평가방법에서는 1주당 순손익가치를 최근 3년간의 순손익액을 가중평균하여 그 금액을 순손익가치환원율로 환산해 평가한다.

이때 최근 3년간의 순손익액 중에서 평가기준일 이전 1년이 되는 사업 연도의 1주당 순손익액에는 3, 평가기준일 이전 2년이 되는 사업 연도의 1주당 순손익액에는 2, 평가기준일 이전 3년이 되는 사업 연도의 1주당 순손익액에는 1을 각각 가중치로 부여해 평균한다.

그리고 순손익가치가 마이너스인 경우(1년 흑자, 2년 적자 등)는 마이너스가 난 금액을 0원으로 하고 순자산과 가중평균한다.

따라서 주식가치가 최근 3년간 연속 적자가 난 경우보다 훨씬 더 낮게 평가된 상태로 소유권을 이전시킬 수 있다.

(6) 순자산가치가 마이너스인 경우는 어떻게 평가하는가?

　순자산가치 평가는 해당 법인을 청산한다고 가정했을 때 주주에게 분배하는 잔여재산가액으로 한다.
　또한 1주당 순자산가치는 해당 법인의 순자산가치를 발행주식총수로 나누어서 평가한다.
　잔여재산 분배가액이 0원 이하인 경우에는 주주에게 분배해야 하는 잔여재산이 없으므로 순자산가치가 마이너스인 경우에는 0원으로 평가한다. (「상속세 및 증여세법 시행령」 제56조)

36
상속 이후 비과세 플랜의 필요성

1) 상속세·증여세 절세 그 이후 2세대 비과세 플랜
[자자손손(子子孫孫) 플랜]

대를 이어 비과세 혜택을 볼 수만 있다면 당장이라도 실행하고자 하는 사람들이 많을 것이다.

지금부터는 다음 세대를 위한 준비로 2세대, 3세대 비과세 플랜에 대해 알아보도록 하자.

Gérard Depardieu

Alain Ducasse

제라르 드파르디외와 알랭 뒤카스의 공통점은?

프랑스의 국민배우 제라르 드파르디외(Gérard Depardieu)와 프랑스의 유명한 요리사 알랭 뒤카스(Alain Ducasse)는 프랑스 국적자이며 남자라는 공통점 외에 또 다른 공통점이 있다.

그것은 바로 세금을 피해 국적을 옮긴 주인공이라는 것이다.

제라르 드파르디외는 부자 증세를 회피하려고 2013년 러시아로 귀화했고, 알랭 뒤카스는 사회연대세를 회피하고자 2008년 모나코로 귀화했다.

역시 호랑이보다 무서운 것이 세금 아니던가?

벤저민 프랭클린의 피할 수 없는 두 가지

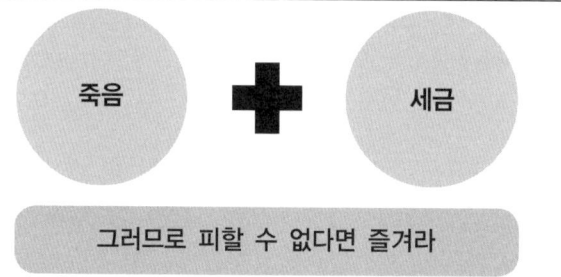

벤저민 프랭클린(Benjamin Franklin)은 "이 세상에서 죽음과 세금만큼 확실한 것은 없다"라고 말했다.

인간이 피할 수 없는 것이 두 가지 있는데, 그것은 바로 죽음과 세금이라는 것이다.

그러나 죽음은 피할 수 없으나, 세금은 어느 정도 절세할 수 있는 방법이 있다.

그런데도 사람들은 증여와 상속에 몰두한 나머지 그 이후를 준비하지 않는 경향이 있다.

2) 자녀에게 상속세와 증여세를 절세해 주는 것이 지상목표이다?

흔히 자녀에게 사전 증여 플랜을 장기적으로 계획하고 상속 플랜도 준비하면 자산의 무상 이전을 효과적으로 할 수 있다고 믿는 경향이 있다.

물론 틀린 말은 아니지만, 여기에는 간과해선 안 될 문제점이 있다.

부의 무상 이전을 하고 나서는 어떻게 될까?

부모의 재산을 자녀가 고스란히 받았으니 부모의 역할은 다 끝난 것인가?

아니면 자산 이전 이후에도 자녀의 삶에 좋은 영향을 미칠 수 있도록 역할을 더 해 주는 것이 필요할까?

간혹 착각하는 것은 바로 상속과 증여 문제가 너무 크기 때문에 그 문제에만 얽매인 나머지 상속과 증여 이후의 일에 대해서는 아무런 준비를 하지 못한다는 점이다.

너무나도 힘든 상속과 증여 문제 때문에 다른 생각은 엄두도 내지 못할 것이라는 것은 충분히 이해한다.

하지만 현명한 부모라면 상속과 증여 이후에 벌어질 상황을 예측하여 미리 자녀에게 준비시켜 주는 것이 중요하다고 할 수 있다.

상속과 증여의 목적이 부모의 자산을 자녀가 효과적으로 활용하는 데 있다고 볼 때, 절세를 통한 자산 이전은 필수이고 자산 이전 이후 자녀가 효율적으로 자산관리 및 운용을 하도록 도와주는 것이 책임을 다하는 길이라 말할 수 있다.

많은 자산을 이전받은 자녀는 어떤 세금 리스크에 부딪히게 되는가?

우선 금융소득 종합과세를 생각할 수 있다.

금융소득 종합과세는 연간 이자소득과 배당소득이 2,000만 원을 초과하는 경우 다른 소득과 합산하여 누진과세를 하는 것으로 최고 42%(주민세 포함 46.2%)의 세율이 적용되어 많은 세금을 부담해야 한다.

금융소득 종합과세

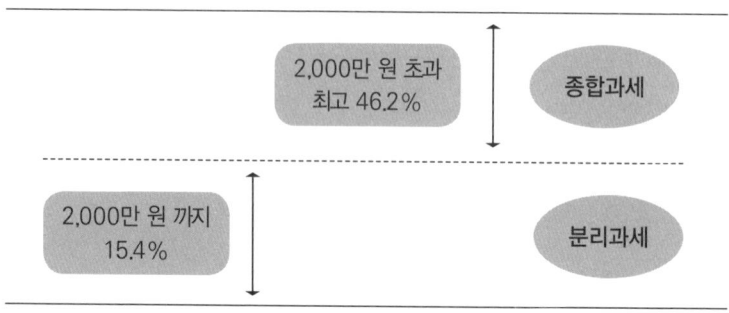

각국의 이자소득세율

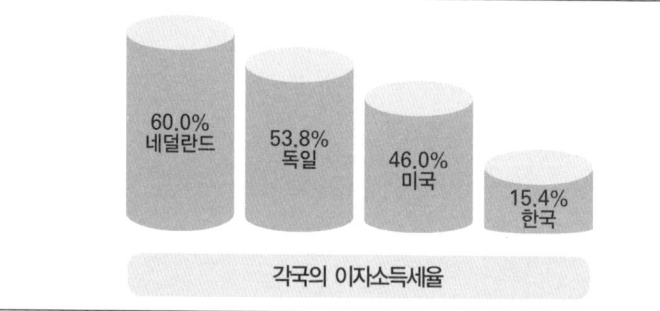

금융소득 종합과세 대상자가 되면 세금도 세금이지만, 연도별 종합과세 대상자로 집중 관리를 받게 되니 이로 인해 파생되는 문제가 많이 불거질 수 있다.

금융소득 종합과세 대상자에 대한 세무조사 가능성이 높으며, 증여와 상속에 대한 조사로 이어질 가능성도 있다.

또한, 법인을 운영하는 경우 개인과 법인이 연계되어 조사를 받을 수도 있다.

그렇다면 금융소득 종합과세를 피할 방법은 무엇인가?

우선 몇 가지를 들 수 있는데 그것은 만기 조절, 분산 가입, 분리과세 상품 가입 등이다.

비과세 상품 현황

〈만기 조절〉

첫 번째는 이자의 귀속 시기를 분산하는 방법이다.

만약 한 해에 이자소득이 몰려 있다면 가입 시기를 조절하여 1차년도와 2차년도, 그리고 3차년도 등으로 나눠 이자의 귀속 시기를 분산하는 것이다.

분산했을 때, 각 연도의 이자소득이 2,000만 원 이하가 되게 함으로써 15.4%의 원천징수로 분리과세만 하고 종합과세 의무는 사라지게 만드는 는 것이다.

〈명의 분산〉

두 번째는 명의를 분산하는 방법이다.

한 사람이 금융상품에 집중하여 투자할 경우 투자수익이 2,000만 원을 초과하게 되므로 종합과세를 피할 수 없게 된다.

따라서 가족 등의 명의분산을 통해 이자소득이 2,000만 원을 초과하지 않도록 하는 것이 중요하다.

한 명이 가입하는 것보다 여러 명의 가족명의로 금융상품에 가입하게 하면 투자 수익이 각각 2,000만 원을 초과하지 않게 되므로 종합과세를 당하지 않게 된다.

그러나 가족 등에게 명의를 분산하는 경우에는 증여의제에 주의할 필요가 있다.

물론 증여세 면세점에서의 자산운용은 증여와 관계가 없다.

즉 배우자 명의로 6억 원까지 운용한다든지 아니면 성인 자녀 명의로 5,000만 원까지 운용한다면 증여세는 발생하지 않을 것이다.

하지만 많은 자산을 운용할 경우 첫 번째 이자 귀속 시기를 분산하거나 두 번째 명의를 분산하는 방법은 실효성이 없게 된다.

〈분리과세형 상품〉

세 번째는 근본적으로 금융소득 종합과세 대상이 되지 않도록 분리과세형 상품에 가입하거나 아니면 비과세 상품에 가입하는 방법이다.

금융소득 종합과세는 일반과세 대상 상품에 가입한 경우 15.4%로 원천

징수를 하고 연간 이자/배당소득이 2,000만 원을 초과할 경우 다시 종합과세를 하는 구조이다.

따라서 일반과세형 상품을 처음부터 가입하지 않는다면 종합과세 대상이 되지 않으므로 종합과세 대상이 아닌 분리과세형 상품과 비과세 상품 가입이 중요한 것이다.

먼저 비과세 상품은 생계형 저축을 비롯하여 10여 가지 상품이 있다.

그런데 이런 비과세 상품의 특징을 살펴보면 거의 대부분 가입대상이 제한되거나, 한도가 정해져 있다.

생계형 저축의 경우 5,000만 원까지만 비과세 혜택을 준다.

따라서 많은 자산을 운용할 경우 생계형저축 같은 비과세 상품에 가입하는 것만으로는 종합과세를 피할 수 없다.

그런데 여기서 주목해야 할 비과세 상품이 있다.

그것은 바로 장기저축성 보험이다.

이 상품은 누구나 가입할 수 있고(가입대상 제한없음) 얼마든지 가입할 수 있다.

(단, 저축성보험은 1인당 가입한도가 있다.)

즉 많은 자산을 운용해도 괜찮고 성인은 물론 어린아이까지도 운용할 수 있다.

비과세 상품 현황

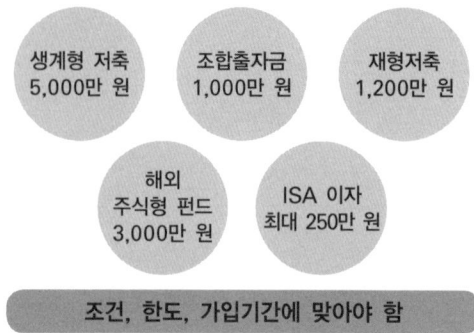

가령 매월 1억 원으로 종신연금 상품에 가입하여 이자수익이 100억 원이 발생하였다 하더라도 100억 원에 대한 이자소득세 면제는 물론이고 종합과세 대상도 해당되지 않는다.

그리고 자산가인 할아버지가 가입해도 되고 갓난아기가 가입해도 되는 것이다.

단, 보험의 경우 가입 후 10년 이상 유지했을 때 보험차익에 대한 비과세가 적용된다.

그러나 10년이란 제한조건은 의미가 없다.

과거 상품의 경우 장기저축성 보험 상품을 가입하고 나면 만기 때까지 해약을 하지 않고서는 자금을 찾을 수 없었지만, 요즘 상품은 가입하고 나서 해약하지 않은 채 중도인출제도를 활용하여 중간 중간에 필요한 자금을 쓸 수 있기 때문에 10년이란 제어장치는 무용지물이 되었다.

(중도인출 한도 10년 이내: 불입한 보험료 이내 인출 가능/중도인출 한도 10년 이상: 최저 존치금액을 제외한 사실상 거의 전 금액 인출 가능)

보험 차익 비과세 요건에 관한 규정은 추후에 세법이 개정되더라도 보험가입 당시 기준으로 그 시기에 적용되는 비과세 요건을 충족하였는지 여부를 판단한다.

즉 2018년에 저축성 보험에 가입한 경우 향후 세법의 개정 여부와 관계없이 10년 이상 계약 기간을 유지하게 된다면 이자소득세 비과세 혜택을 받을 수 있는 것이다.

〈「국세기본법」 제18조 (세법 해석의 기준 및 소급과세의 금지)〉

① 세법을 해석·적용할 때에는 과세의 형평과 해당 조항의 합목적성에 비추어 납세자의 재산권이 부당하게 침해되지 아니하도록 하여야 한다.
② 국세를 납부할 의무(세법에 징수의무자가 따로 규정되어 있는 국세의 경우에는 이를 징수하여 납부할 의무. 이하 같다)가 성립한 소득, 수익, 재산, 행위 또는 거래에 대해서는 그 성립 후의 새로운 세법에 따라 소급하여 과세하지 아니한다.
③ 세법의 해석이나 국세행정의 관행이 일반적으로 납세자에게 받아들여진 후에는 그 해석이나 관행에 의한 행위 또는 계산은 정당한 것으로 보며, 새로운 해석이나 관행에 의하여 소급하여 과세되지 아니한다.

보통 비과세 혜택이 필요한 사람은 자산가이며 이들은 장기적으로 비과세 혜택을 받기 원한다.

이들에겐 10년이란 제어장치가 짧게 느낄 정도로 살아생전 평생 비과세 혜택을 보는 것이 더 중요한 것이다.

만약 좋은 남편감을 만나서 결혼했는데 딱 10년만 살고 헤어진다는 조건을 단다면 결혼하겠는가?

평생 해로하며 살아간다는 가정하에 결혼이 이루어질 수 있듯이 비과세 혜택 기간은 길면 길수록 유리한 것이다.

> 〈비과세 대상 가입금액 축소 시행〉
> · 일시납: 1인당 1억 원으로 축소(기존 2억 원)
> · 월납: 1인당 월 150만 원 이하만 비과세(기존: 한도 없음)
> · 시행적용일: 2017. 4. 1 이후 가입 분부터

그런데 이러한 보험차익 비과세에 제동이 걸렸으니, 1인당 일시납 1억 원, 월납 150만 원을 한도로 해서 비과세를 해 주겠다고 한 것이다.

이제 보험차익 비과세를 활용한 2세대, 3세대 자자손손 비과세 플랜은 없어진 것일까?

그렇지는 않다.

아직까지도 가입한도에 구애받지 않고 비과세를 받을 수 있는 상품이 남아 있기 때문이다.

3) 가입한도 없이 마지막으로 남아 있는 비과세

가입한도를 두지 않고 여전히 비과세 혜택을 주는 상품은 종신형 연금보험에 가입하는 경우이다.

그런데 종신형 연금보험을 가입할 경우 비과세 단서조항이 있는데, 다음과 같다.

〈종신형 연금보험 비과세 가입조건: 월납 한도 없음〉

- 55세 이후 연금 수령 조건
- 연금 외 보험금, 기타 수익 불가(계약 대출, 중도인출 가능)
- 일시금 수령 시 과세
- 계약자, 피보험자, 수익자 동일 조건
- 기대여명 이내 연금보증 기간 설정 후 사망 시 보험계약 및 연금재원 소멸
- 연금액 상한선: 연금 시점 적립액 ÷ 기대여명까지 연수 × 3배 이내

즉, 개인별로 종신형 연금을 가입하면서 한도 없이 전액 비과세 혜택을 볼 수 있다는 뜻이다.

그러므로 이러한 비과세 상품이 사라지기 전에 미리 가입하여 평생 비과세 혜택을 누리는 것은 투자 못지않은 비과세 투자가 된다는 것이다.

따라서 자신은 물론 배우자, 자녀, 손자녀까지 개별로 가입한다면 1세대, 2세대, 3세대가 평생 비과세 혜택을 누릴 수 있다.

단, 돈이 없는 자녀나 손자녀의 경우 사전 증여를 통한 비과세 상품 가입은 필수이다.

비록 증여세가 일부 들어가겠지만, 평생 비과세 혜택에 비할 수 없기 때문이다.

〈母계좌(비과세) 활용을 통한 투자와 세금을 잡는 一石二鳥 효과〉

母 계좌 (세금우산제공)	주식 양도대금	부동산 양도대금	기타 자금
↕	↓ 추가납입	↓ 추가납입	↓ 추가납입
가입시	원금보장, 비과세	원금보장, 비과세	이자소득세/ 금융소득종합과세 평생 면세
월 1억 원 (10년 납)	↓ 중도인출	↓ 중도인출	↓ 중도인출
	투자 활용	투자 활용	기타투자 활용

비과세폐지 전에 개인, 자녀 또는 손자녀별 비과세 통장 개설 필요

37
상속세를 줄일 수는 없나?

O씨는 자산이 현재 100억 원인 자산가이다.
O씨는 대부분의 자산이 부동산으로 이뤄졌다.
임대소득세를 받으며 근근이 노후를 보내고 있었는데 난데없이 상속세에 대한 고민이 생겼다.

이유인즉슨, 상속세가 자산의 최대 50%라는 사실을 모르고 살아오고 있다가 최근에 증여세/상속세 과세강화조치란 소식을 듣고 상속세를 줄일 수 있는 방법과 사전 증여를 통해 상속세를 절세할 수 있는 방안이 무엇인가를 고민하게 되었던 것이다.
2018년 이후 상속세 신고세액공제가 7%에서 5%로 줄어들고, 2019년 이후에는 3%로 줄고, 연이어 부자증세에 대한 조치가 이뤄질 것으로 판단하고 있었기 때문이다.

그래서 현재의 자산에 대한 상속세가 어느 정도 나올지, 사전 증여를 통해 어느 정도 절세할 수 있는지 궁금하였다.

과연 이 경우 어느 정도 상속세가 발생하는지 알아보자.

현재, 상속재산이 100억 원이고 배우자와 자녀(2명)가 있는 경우, 상속세 공제액으로는 배우자공제로 30억 원, 자녀 등 일괄공제로 5억 원, 금융재산공제로 2억 원을 받을 수 있다.

따라서 상속재산 100억 원에서 37억 원을 공제한 63억 원의 과세표준에 일정한 세율을 곱해 상속세를 산출할 수 있다.

즉, 63억 원 × 0.5(50% 세율) - 4.6억 원(누진공제) = 26.9억 원이 발생하게 된다.

여기서 신고세액공제는 제외하기로 한다.

(이미 3%로 낮아진 상태이며 향후에 없어질 것으로 보이기 때문이다.)

그런데 26.9억 원의 상속세는 현재 피상속인이 사망할 경우에 산출된 액수이다.

만약 지금 사망하지 않는다면 상속세는 어떻게 변할까?

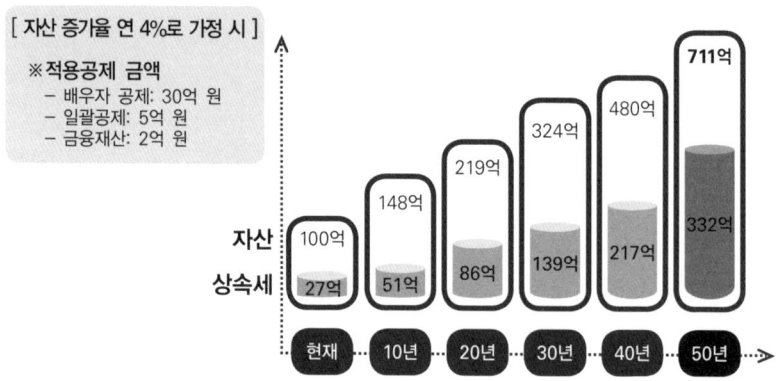

만약 현재의 상속재산 100억 원이 연 4%로 증식될 경우, 상속세는 어떻게 변하는지 알아보자.

(부동산의 공시지가 상승률은 약 3~4% 선이다. 그런데 향후 공시지가와 실거래가와의 괴리가 많으므로 이러한 갭은 조만간 좁혀질 것이라고 판단한다.)

10년이 지날 경우 상속재산은 약 148억 원으로 증가할 것이다.

이럴 때 상속세는 51억 원으로 상승하게 된다.

그리고 20년이 경과할 경우 상속재산은 219억 원으로 증가하고 상속세는 86억 원으로 급증하게 된다.

또한 30년이 경과할 경우 상속재산은 324억 원, 상속세는 139억 원으로 상승하게 된다.

40년이 경과할 경우 상속재산은 480억 원, 상속세는 217억 원이 발생하게 된다.

그리고 마지막으로 50년이 경과하게 되면 상속재산은 711억 원으로 증가하게 되고 상속세는 332억 원으로 급증하게 된다.

여기서 우리가 눈여겨 볼 내용이 있다.

바로 상속재산의 증가속도보다 상속세의 증가속도가 훨씬 가파르다는 것이다.

상속재산이 7.1배(100억 원에서 711억 원)로 상승하는 동안 상속세는 무려 12.3배(27억 원에서 332억 원)로 증가한다는 사실이다.

즉, 상속재산은 산술급수적으로 증가하게 되나, 상속세는 기하급수적으로 증가하게 된다는 점이다.

이는 상속세율이 누진세율로 과세표준에 따라 최저 10%에서 50%로 상승했기 때문이다.

그런데, 우리가 간과하면 안 되는 중요한 사실이 또 하나 있다.

위의 상속세 추이는 배우자가 있다는 가정하에 산출된 것이다.

배우자가 있기에 배우자 최대공제액인 30억 원을 공제받아 산출한 상속세이다.

만약 배우자가 갑자기 유고된 상황이 빚어지면 상속세는 어떻게 변할까? 물론 배우자공제 30억 원은 공제받지 못하게 되어 상속세는 증가할 것으로 판단된다.

그렇다면 배우자 유고 시 상속세는 어떻게 변할까?

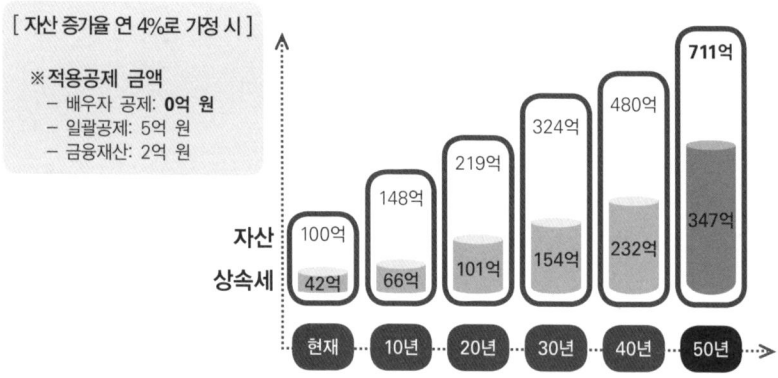

배우자가 없는 경우 상속세는 현재 42억 원, 10년 뒤 66억 원. 20년 뒤 101억 원 등 배우자가 있는 경우에 비해 급등하게 된다.

	현재	10년 후	20년 후	30년 후	40년 후	50년 후
배우자 존재 시	27억	51억	86억	139억	217억	332억
배우자 유고 시	42억	66억	101억	154억	232억	347억
차이	15억	15억	15억	15억	15억	15억

현재 배우자가 있어도 상속세 걱정이 태산인데, 혹시나 배우자가 사망하기라도 한다면 상속세는 걷잡을 수 없을 정도로 증가하게 된다.

그러니 사전 증여 등을 통한 상속세 절감방안을 세우지 않는다면 부동산뿐인 상속재산으로 상속세를 감당할 수는 없을 것으로 판단된다.

만약 사전 조치 없이 상속에 발생할 경우 상속세 준비가 되지 못해 부동산을 물납으로 낼 수밖에 없는 처지로 몰리게 될 것이다.

이 경우 알짜배기 부동산을 세금으로 충당하게 되니 억울하기 그지없을 것이다.

따라서 배우자가 존재하든, 존재하지 않든 간에 효과적인 상속세 절세방안이 검토되고 실행되어야 할 것이다.

그런데 과연 상속세를 절세할 수 있는 방안은 무엇일까?

상속세를 절세할 수 있는 방법으로 우선 대두되는 것은 사전 증여 전략이다.

100억 원을 가진 자산가가 만약에 사전 증여로 50억 원을 자녀들에게 준다면, 상속할 재산이 50억 원으로 줄어들어 그만큼 상속세가 적게 나오게 되는 것이다.

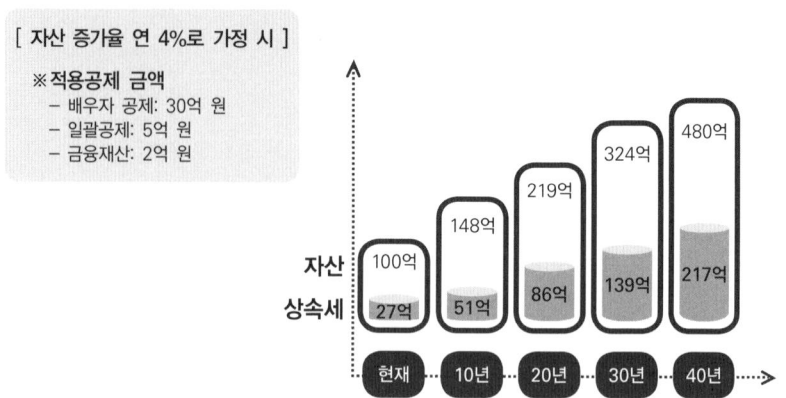

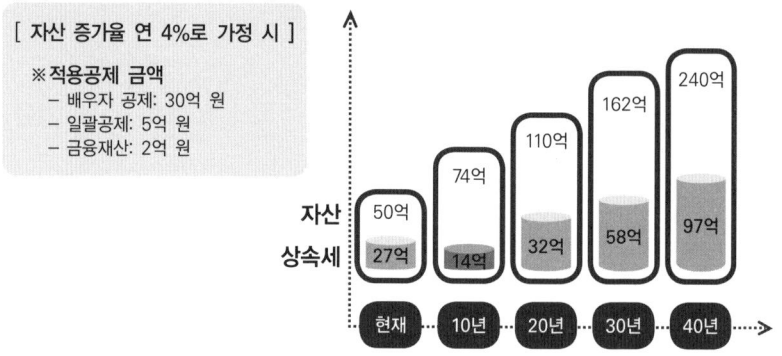

사전 증여를 할 경우 상속세 차이는 아래 표와 같다.

<사전 증여의 효과>

	현재	10년 후	20년 후	30년 후	40년 후
미증여 시	27억	51억	86억	139억	217억
증여 시	27억	14억	32억	58억	97억
차이(절세액)	–	37억	54억	81억	120억

증여 후 10년 경과 시 상속세 차이는 무려 37억 원, 20년 뒤에는 54억 원, 30년 뒤에는 81억 원, 40년 뒤에는 120억 원이나 된다.

따라서 사전 증여는 아주 중요한 전략이 된다.

그런데, 이러한 사전 증여에는 비용이 들어가니 바로 증여세가 그것이다.

만약 사전 증여 시 증여세가 과다하게 발생한다면 상속세 절세의 효과가 퇴색되어 버리기에 증여세를 효과적으로 만들 필요가 있다.

즉, 증여세가 많이 발생하지 않도록 증여를 하는 것이다.

사전 증여 시 자녀 1인에게 50억 원을 증여한다고 가정해 볼 경우, 증여세는 다음과 같다.

> [50억 원 − 0.5억 원(성인 자녀 증여공제액)] × 50% − 4.6억 원 (누진공제액) = 20.15억 원

만약 이렇게 증여한다면 10년 뒤 상속세 절세액이 37억 원이므로 증여세 20.15억원을 빼고 나면 실제 절세액은 16.85억 원이 된다.

그리고 증여세를 10년 미리 냈기 때문에 20.15억 원이 10년 동안 투자되었다고 가정할 경우 실질적 상속세 절세액은 다음과 같다.

(단위: 억 원)

투자수익률	2%	4%	6%	8%
10년 후 원리금	24.56	29.83	36.09	43.50
실질적 상속세 절세액	12.44	7.17	0.91	−6.50

투자수익률이 연 6%일 경우 상속세 절세액은 거의 미미하다.

또한 8%로 투자될 경우 오히려 상속세 절세액은 없고 추가 세금만 6.5억 원 더 내게 되는 결과를 가져온다.

따라서 증여세를 절세하지 않고서는 상속세 절세는 무의미하다는 것을 알 수 있다.

자, 그렇다면 이번에는 자녀 2인에게 각각 25억 원씩 증여한다고 가정해 보자.

증여세는

[25억 원 − 0.5억 원(성인 자녀 증여공제액)] × 40% − 1.6억 원 (누진공제액) = 8.2억 원(총 16.4억 원)

이 된다.

이 경우 실질적인 상속세 절세액은 아래 표와 같다.

(단위: 억 원)

투자수익률	2%	4%	6%	8%
10년 후 원리금	19.99	24.28	29.37	35.41
실질적 상속세 절세액	17.01	12.72	7.63	1.59

역시 실질적인 상속세 절세액은 미미해 보인다.

그렇다면 자녀 4인에게 각각 12.5억 원씩 증여한다고 가정할 경우 증여세를 알아보자.

[12.5억 원 − 0.5억 원(성인 자녀 증여공제액)] × 40% − 1.6억 원 (누진공제액) = 3.2억 원(총 12.8억 원)이 된다.

실질적인 상속세 절세액은 다음과 같다.

(단위: 억 원)

투자수익률	2%	4%	6%	8%
10년 후 원리금	15.60	18.95	22.92	27.63
실질적 상속세 절세액	21.40	18.05	14.08	9.37

자녀 4명에게 증여할 경우 증여세를 적게 낼 수 있고 이로 인해 상속세가 꽤 많이 절세되는 것을 볼 수 있다.

여기서 우리는 사전 증여의 중요한 법칙이 있다는 것을 알 수 있다. 바로 증여세를 절세하기 위해서는 여러 사람에게 증여하라는 것이다.

1) 증여법칙 - 수증자를 여러 명으로 하여 증여하라!

극단적으로 10명의 자녀들에게 사전 증여를 한다고 가정하면 증여세는

[5억 원 - 0.5억 원(성인 자녀 증여공제액)] × 20% - 0.1억 원 (누진공제액) = 0.8억 원(총 8억 원)

이 된다.

실질적인 상속세 절세액은 다음과 같다.

(단위: 억 원)

투자수익률	2%	4%	6%	8%
10년 후 원리금	9.75	11.84	14.33	17.27
실질적 상속세 절세액	27.25	25.16	22.67	19.73

수증자를 여러 명으로 하기 위해서는 많은 직계비속, 즉 자녀와 손자녀들에게 증여하면 된다.

자녀가 결혼하지 않았을 경우 결혼을 시키는 것도 중요하다.

그러면 손자녀는 물론 사위나 며느리 또한 수증자로 활용할 수 있다.

따라서 화목하고 다복한 가정은 증여세와 상속세도 절세할 수 있는 중요한 요소가 된다는 것을 명심할 필요가 있다.

또한 배우자도 수증자에 포함시킬 수 있다.

배우자는 6억 원까지 증여공제가 되므로 증여효과가 아주 크다고 할 수 있다.

만약 배우자에게 6억 원을 증여한다고 해도 증여세는 0원이 나온다.

[6억 원 − 6억 원(배우자 증여공제액)] × 0% = 0원

배우자에게 11억 원을 증여한다고 해도 증여세는 0.9억 원에 불과하다.

[11억 원 − 6억 원(배우자 증여공제액)] × 20% − 0.1억 원(누진공제액) = 0.9억 원

그리고 16억 원을 증여한다고 해도 증여세는 2.4억 원에 불과하다.

[16억 원 − 6억 원(배우자 증여공제액)] × 30% − 0.6억 원(누진공제액) = 2.4억 원

만약 배우자가 2명이라면 32억 원을 증여해도 증여세는 4.8억 원밖에 나오지 않겠지만, 유감스럽게도 우리나라는 중혼을 인정하지 않기에 그럴 일은 발생하지는 않는다.

그러므로 증여세와 상속세 절세에 있어서 배우자와 백년해로하는 것이 무엇보다도 중요한 요소가 된다는 점을 잊어서는 안 된다.

그렇다면 배우자를 포함하고 손자녀와 사위, 며느리까지 동원하여 사전증여할 경우 증여세와 상속세 절세액은 과연 어떻게 나올까?

재산을 증여하는 경우 증여재산공제를 통해 증여세를 절세할 수 있는데, 증여재산공제는 다음과 같다.

수증자	증여가액	증여재산공제	증여세
배우자	6억 원	6억 원	0
성년자녀	5,000만 원	5,000만 원	0
미성년자녀	2,000만 원	2,000만 원	0
직계존속	5,000만 원	3,000만 원	0
며느리/사위	1,000만 원	1,000만 원	0

즉, 배우자에게 증여할 경우 6억 원을 증여재산으로 공제해 주기에 6억 원까지 증여할 경우 증여세는 발생하지 않는다.

〈배우자에게 6억 원 증여 시〉

[6억 원 − 6억 원(배우자 증여공제액)] × 0% = 0원

또한 만 19세 이상의 성인 자녀에게 증여할 경우도 5,000만 원까지는 증여세가 발생하지 않는다.

〈성인 자녀에게 5,000만 원 증여 시〉

[5,000만 원 − 5,000만 원(성인 자녀 증여공제액)] × 0% = 0원

그리고 만 19세 미만의 미성년 자녀에게 증여할 경우도 2,000만 원까지는 증여세가 발생하지 않는다.

〈미성년 자녀에게 2,000만 원 증여 시〉

[2,000만 원 − 2,000만 원(미성년 자녀 증여공제액)] × 0% = 0원

또한 기타친족에게 증여할 경우 증여재산공제액은 1,000만 원이 된다. 이때 기타친족은 6촌 이내 혈족이거나 4촌 이내 인척을 말한다.

따라서 형제자매이거나, 처남, 매형이면 공제가 가능하며, 사위와 며느리 또한 기타친족에 포함되어 증여재산공제를 받을 수 있다.

혹자는 말한다.
기타 친족인 경우 겨우 1,000만 원 공제가 무슨 효과가 있냐고.
그러나 이는 모르고 하는 소리이다.

증여의 법칙을 상기해 보자.

〈증여법칙〉

수증자를 여러 명으로 하여 증여하라!

기타친족에게 증여하는 것은 증여재산공제를 받기 위해서라기보다는 수증자를 늘리는 데 그 목적이 있는 것이다.

만약 결혼하지 않은 성인 자녀가 둘(아들, 딸)이 있다고 가정해 보자.
둘에게 각각 10억 원을 증여한다고 할 때 증여세는 다음과 같다.

증여대상	子	女	계
증여액	10억 원	10억 원	
증여공제	0.5억 원	0.5억 원	1억 원
과세표준	9.5억 원	9.5억 원	19억 원
세율	30%	30%	30%
산출세액	2.25억 원	2.25억 원	4.5억 원
신고세액공제	3%	3%	3%
납부할 세액	2억 1,825만 원	2억 1,825만 원	4억 3,650만 원

이럴 경우 총 증여세는 4억 3,650만 원이 된다.

그러나 자녀가 결혼을 하였다고 가정할 때 각각 며느리와 사위가 있어 총 4명에게 증여할 경우의 증여세를 알아보자.

증여대상	子	女	며느리	사위	계
증여액	5억 원	5억 원	5억 원	5억 원	
증여공제	0.5억 원	0.5억 원	0.1억 원	0.1억 원	1.2억 원
과세표준	4.5억 원	4.5억 원	4.9억 원	4.9억 원	18.8억 원
세율	20%	20%	20%	20%	30%
산출세액	0.8억 원	0.8억 원	0.88억 원	0.88억 원	3.36억 원
신고세액공제	3%	3%	3%	3%	3%
납부할 세액	7,760만 원	7,760만 원	8,536만 원	8,536만 원	3억 2,592만 원

총 4명에게 증여할 경우 증여세는 3억 2,592만 원으로 2명에게 증여할 경우보다 무려 1억 1,058만 원을 줄일 수 있게 해 준다.

4억 3,650만 원 − 3억 2,592만 원 = 1억 1,058만 원

따라서 수증자가 많아지게 된다면 증여세는 대폭으로 줄일 수 있으니, 기타친족의 증여재산공제액이 적다고 불평하거나 효과가 없다고 말하는 것은 잘못된 것이다.

물론 며느리나, 사위에게 증여하는 것을 탐탁하게 생각하지 않는 경우도 있으니, 이럴 때는 수증자 분산보다는 증여세가 조금 더 나와도 직계비속에게만 증여해야 한다는 것을 이해해야 하며 무엇보다도 증여자의 의지가 중요함을 알아야 한다.

이럴 경우 대안은 손자녀가 될 수 있으니, 적극적으로 증여 시 활용할 필요가 있다.

그렇다면 며느리와 사위 그리고 손자녀가 4명인 경우의 증여세를 알아보자.

증여대상 증여액	子 2.5억 원	女 2.5억 원	며느리 2.5억 원	사위 2.5억 원	손자 2.5억 원	손자 2.5억 원	손녀 2.5억 원	손녀 2.5억 원	계
증여공제	0.5억 원	0.5억 원	0.1억 원	0.1억 원	0.2억 원	0.2억 원	0.2억 원	0.2억 원	2억 원
과세표준	2억 원	2억 원	2.4억 원	2.4억 원	2.3억 원	2.3억 원	2.3억 원	2.3억 원	18억 원
세율	20%	20%	20%	20%	20%	20%	20%	20%	20%
산출세액	0.3억 원	0.3억 원	0.38억 원	0.38억 원	0.36억 원	0.36억 원	0.36억 원	0.36억 원	2.8억 원
세대생략 할증(30%)					1,080만 원	1,080만 원	1,080만 원	1,080만 원	4,320만 원
신고세액 공제	3%	3%	3%	3%	3%	3%	3%	3%	3%
납부할 세액	2,910만원	2,910만원	3,686만원	3,686만원	4,680만원	4,680만원	4,680만원	4,680만원	3억 1,912만원

총 8명에게 증여할 경우 증여세는 3억 1,912만 원으로 2명에게 증여할 경우보다 무려 1억 1,738만 원을 줄일 수 있게 해 준다.

> 4억 3,650만 원 − 3억 1,912만 원 = 1억 1,738만 원

손자녀에게 증여할 경우 세대를 생략하여 증여한 것이기 때문에 세대생략 할증과세로 산출세액의 30%를 더 내게 되지만, 증여세 총량으로 보면 꽤 많은 증여세를 절감할 수 있다는 것을 알 수 있다.

그러나 이런 점보다도 며느리나 사위, 그리고 손자녀에게 증여할 경우에 이점(利點)이 있으니, 그것은 바로 비상속인 증여로 인한 혜택이다.

비상속인은 1차 상속인(배우자, 직계비속)을 제외한 사람들로 증여할 경우 5년 경과 시 증여재산 합산규정에서 제외된다는 것이다.

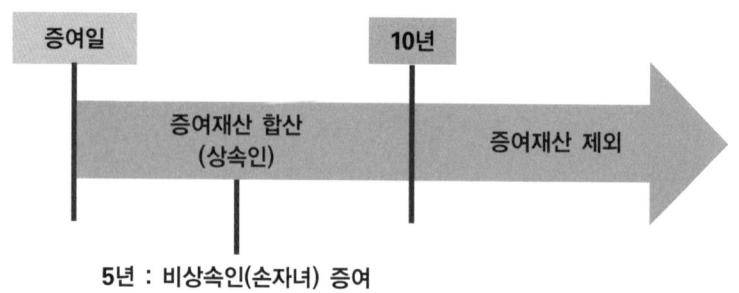

상속인에게 증여할 경우 증여 후 10년이 경과되지 않으면 다시 상속재산에 합산하여 상속세를 산출하기 때문에 사전 증여효과가 반감될 수 있으나, 비상속인 증여는 5년만 경과되어도 상속재산에 포함되지 않으므로 상속세 절세에 탁월한 효과가 있다.

특히 고령의 부모가 증여 후 10년을 버티지 못할 경우라고 판단될 경우 비상속인 증여는 그 빛을 발할 수 있다.

따라서 수증자를 여러 명으로 하며 비상속인 증여를 할 경우 증여세는 물론이며 상속세까지 크게 절세할 수 있다.

그러므로 다복한 가정을 이루는 경우(결혼, 출산 등) 증여세를 절세할 수 있으니, 미혼의 자녀가 있는 경우에는 우선 결혼부터 시키는 것이 중요할 수 있다.

그런데, 증여재산은 꼭 현금으로 해야 할까?

그렇지는 않다.

증여재산도 재산의 형태에 따라 다양하게 절세할 수 있는 방법이 있다.

사람 위에 사람 없고 사람 아래에 사람 없다지만,
재산 위에 재산 있고 재산 아래에 재산 있는 법이다.

흔히들 직업에 귀천이 없다고는 하나, 증여에는 귀천이 있는 법이다.
바로 이러한 귀천으로 증여에는 반드시 순서가 있다는 것이다.

미래 가치가 상승할 재산부터 증여하라.

현재 같은 값어치의 부동산을 증여하고자 할 경우에 고려의 대상은 무엇인가?

바로 부동산을 투자하는 기준과 동일하다.

즉 미래가치가 상승할 부동산에 투자를 하는 것이 유리하듯이, 증여에도 미래가치가 상승할 부동산을 증여하는 것이 유리하다.

예를 들어 지방 소재 임야와 도시 소재 부동산이 같은 가격이었다고 했을 때, 자녀에게 임야를 증여한다면 그 증여효과가 반감될 것이다.

왜냐하면 그 임야가 가격상승을 하기에는 상당한 시간이 걸리거나 아니면 가격이 상승하지 못할 수도 있기 때문이다.

그러나 도시소재 부동산을 증여한다고 하면 얘기는 달라진다.

증여 이후 그 부동산 가치는 임야에 비해 일반적으로 상승할 것으로 판단되기 때문이다.

만약 상승할 부동산을 지금 저평가받았을 때 증여하지 않는다면 나중에 제대로 된 평가를 받았을 때 증여하기가 힘들어 질 것이다.

그 부동산의 가격상승으로 상당한 증여세를 물지 않으면 안 되기 때문이다.

따라서 모든 투자가 그렇듯이 증여도 저평가(가치주)받은 것을 먼저 증여하고, 미래 가치가 상승할 것(성장주)을 먼저 증여하는 것이 현명하다고 하겠다.

그러므로 현금보다는 상승 가능성이 높은 부동산을 증여하는 것이 유리하다.

그중 부동산을 증여하는 데에도 부채를 끼고 증여하는 부담부 증여가 더 유리하고, 건물 부분은 제외하고 토지 부분만 증여하는 부분 증여가 더 유리할 수 있으니 각각의 상황에 맞춰 증여우선순위를 결정하는 것이 필요하다.

2) 증여순서도 투자의 원칙(저평가된 자산에 투자, 미래 상승할 자산에 투자)처럼

같은 부동산이라면 위와 같이 증여순서를 정하는 것이 유리하나, 자산의 종류가 다를 경우에는 어떤 순서에 따라 증여하는 것이 유리할까?

예를 들어 현금, 금융상품, 주식 등 다양한 자산이 있을 경우를 말한다.

이 역시 미래에 가격이 상승할 자산을 먼저 증여하는 것이 유리하다.

먼저, 현금을 알아보자.

현금은 화폐이기 때문에 미래 가격 상승을 기대하기가 어렵다.

물론, 디플레이션(deflation)으로 화폐가치가 상승할 수는 있으나, 이 또한 화폐가치 하락이라는 인플레이션(inflation)으로 위험의 요소가 상존한다.

그러나 화폐 중에 달러나 엔화 등 외환을 증여할 수도 있는데, 이는 고도의 경기예측이 필요한 부분이다.

IMF 도래 전에 달러를 증여했다면 두 배 이상의 증여효과가 나타났을 수 있었기 때문이다.

그러나 일반적으로 현금은 증여 고려대상 중 마지막이 되어야 한다고 생각한다.

현금 자체의 가격상승은 없기 때문이다.

그리고 현금과 비슷한 금 같은 귀금속을 증여하는 것도 비슷한 맥락이다.

결국 현금과 금 같은 대상은 화폐의 특징을 가졌기 때문에 경기가 급변할 때 단기적으로 투자가치는 있으나, 장기적으로 투자하기에는 많은 리스크가 따르기 때문이다.

그리고 금융상품을 알아보자.

금융상품은 그 평가가치에 따라 증여의 우선순위가 될 수도 있다.

예를 들어 현재 저평가를 받은 상태인 경우를 말한다.

ELS투자를 한 부모가 현재 가격하락 상태인데, 만기에 가격상승이 예견되는 경우라면 해당 상품을 증여하는 것도 절세방법이 된다.

저평가 상태에서 낮은 증여세를 내고 만기 시 적정가치를 받거나, 고평가를 받을 경우라면 증여 시점보다 가치상승으로 증여세 절세효과가 나타나기 때문이다.

그러나 이러한 경우에도 미래 가치 상승에 대한 판단은 증여자의 몫이 된다.

만기 시 가격이 증여 시점보다 더 떨어질 수도 있기 때문이다.

마지막으로 주식의 경우를 알아보자.

주식도 금융상품과 일맥상통하는 경우가 많다.

저평가 상태라면 증여를 하는 것이 유리하다는 것이다.

이러한 주식은 투자상품으로서의 주식인 경우와 소유와 경영 등 지분에 해당하는 주식 모두에게 해당된다.

투자주식인 경우도 저평가 상태에서 증여한다면 나중에 가격상승으로 수증자가 많은 이익을 추구할 수 있기 때문이다.

지분주식의 경우는 투자주식보다도 더 중요하다.

지분주식의 경우 중도에 매매할 의사가 없는 주식이기에 낮게 평가받았

을 때 지속적으로 증여한다면 자연스럽게 지분분산과 자산 이전효과가 나타날 것이다.

IMF 시기나, 금융위기 시절에 오너 경영인들이 정상가격보다 몇 배 이상 하락한 자기지분주식을 2세에게 증여하면서 낮은 증여세를 내고 가업승계를 한 사례들을 심심치 않게 볼 수 있다.

이는 저평가된 주식의 증여가 얼마나 중요한지를 보여 주고 있다.

종합해 보건대 증여의 우선순위의 척도는 바로 미래 가치상승이 될 것이다.

따라서 부동산의 경우도 미래 가격 상승할 대상을 우선으로 증여해야 하며, 주식의 경우 현재 저평가된 대상을 우선적으로 증여하는 것이 유리하다.

그러나 미래 가격 상승에 대한 예측이 불가능할 경우 일반적으로 증여자산의 우선순위는 다음과 같다.

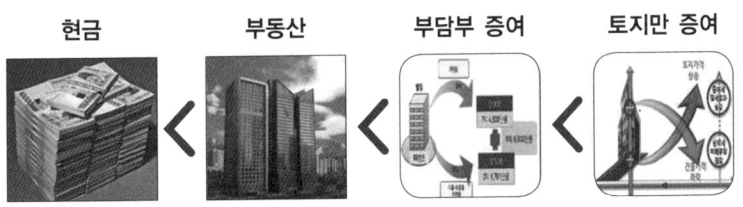

바로 현금보다는 부동산 증여가 우선순위가 되어야 한다는 것이다.

또한 지분주식일 경우 저평가된 상장주식이나, 비상장주식 또한 우선순위가 되어야 한다.

38
크로스 플랜(Cross Plan) 전략

상속세는 상속재산의 최고 50%를 부과하는 세금이다.

예를 들어 500억 원의 사산이 있다면 250억 원 내외의 상속세를 부담해야 하며 이를 피하기 위해서 사전 증여 전략을 세운다 해도 증여세의 최고세율 50%를 벗어나기가 힘들다.

따라서 요즘은 사전 증여를 줄이고 상속세를 만드는 것이 최선이라는 생각에 비과세로 가장 저렴하게 준비하는 방법을 선택하고 있다.

이는 자기 재산을 죽을 때까지 지키며(재산활용/통제), 죽었을 때 상속세를 자녀들에게 남겨두는 방법이기에 모두가 선호한다.

1) 상속세 마련 전략!

어떤 사람들은 상속세를 미리 준비했다고들 자부한다.

바로 상속세 납부용 재원을 부동산으로 준비하였다든가, 아니면 상속세 납부를 위해 현금을 준비하였다는 등의 내용이다.

(기존의 상속세 납부 실태: 부동산 물납이 많았다.)

그러나 이것은 큰 오류를 안고 있다.

상속세 납부를 위해 준비한 자산들마저 상속세 대상이 되기 때문이다.

예를 들어 상속세 재원용 부동산(평가액 100억 원)을 준비하였다고 해도 그 부동산 또한 상속세 과세대상 자산이기에 실질적으로 준비한 상속세 재원은 100억 원의 반밖에 안 되는 50억 원에 지나지 않는다.

왜냐하면 상속재산 100억 원이 증가하면 세율 50%를 적용해서 50억 원은 상속세로 추가되기 때문이다.

따라서 준비된 자산의 반만 상속세 재원으로 활용할 수 있는 것이다.

이는 실질적으로 상속세 재원을 모두 다 마련했다고 볼 수 없다.

그러므로 상속세 재원을 만드는 데에는 고려해야 할 사항이 있다.

바로 '경제성'이다.

상속세는 미래에 발생할 확정비용이기에 변화가 없다.

따라서 준비하는 재원이 중요한데, 적은 돈으로 많은 상속세를 준비해야 효과적이라는 것은 모두가 알고 있는 내용일 것이다.

따라서 상속세 납부를 위하여 준비된 자산은 경제적으로 저렴하게 준비해야 하며 그 재원 또한 상속가액에 포함되지 않아야만 진정한 상속세 재원이라고 할 수 있을 것이다.

〈상속세 재원 마련 원칙〉

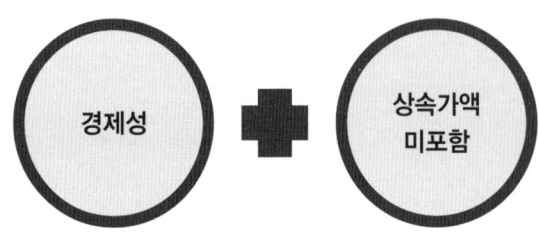

현재 이러한 원칙에 딱 부합하는 자산은 보험이며 그것을 활용하는 방법밖엔 없다.

종신보험은 가입자가 사망 시 고액의 보험금을 주는 구조로 되어 있는 상품이다.

가입자는 적은 보험료를 매월 납입하면서 고액의 보장을 받으니 경제적이고, 사망 시 고액의 보험금을 받으면 가입자의 상속재산에 포함되지 않기 때문에 상속세 재원 마련 원칙에 모두 부합하는 상품이다.

〈상속세 재원으로서의 종신보험의 메리트〉

2) 보험(종신보험)으로 상속세를 마련할 경우 장점은?

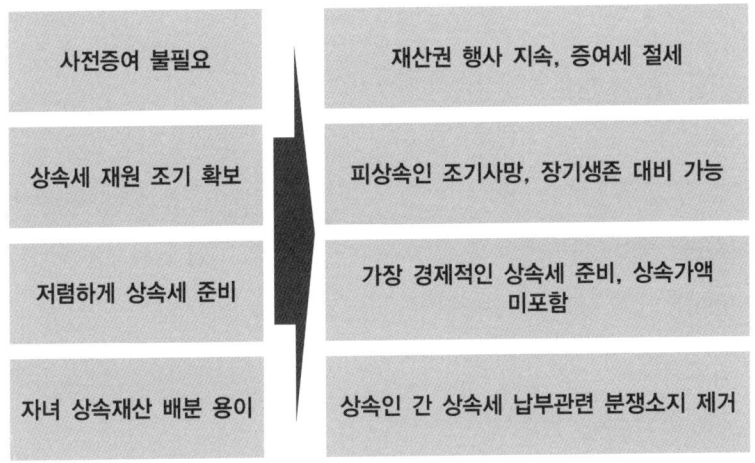

종신보험을 활용한 상속세 마련 전략의 장점은 네 가지가 있다.

첫째! 무리한 사전 증여가 필요 없다.

자산가는 미래 발생할 상속세 부담을 줄이고자 사전 증여를 통해 상속가액을 낮추는 데 최선을 다하겠지만, 사전 증여는 증여세 부담과 자녀와의 인적 네트워크 단절의 위험성이라는 두 가지 단점을 가지고 있다.

그렇기 때문에 미래 상속세 마련 전략을 실행할 때 사전에 무리하게 자산을 이전시키는 일은 감행하지 않아도 된다.

둘째! 조기 상속 시 납세재원 확보가 용이하다.

종신보험을 활용한 상속세납세 전략은 가입과 동시에 고액의 보험금이 보장되므로 자산가가 조기에 사망하여 상속이 발생된다고 하더라도 상속세 걱정을 할 필요가 없다.

조기에 사망을 하든, 아니면 장기생존 후에 사망을 하든 상속세 재원은 언제나 확보되어 있는 플랜이다.

셋째! 저렴한 비용으로 상속세 납세가 가능하다.

50세 남자가 사망 시 10억 원을 보장받는 종신보험에 가입했을 때, 산출되는 보험료는 매월 280여 만 원 수준이다. (T사, 납입 기간 20년 기준)

280만 원으로 가입한 이후 사망한다면 언제나 10억 원은 보장되니 저렴한 비용으로 고액의 상속세를 준비하는 확실한 방법이다.

넷째! 상속 개시 후 자녀 자산배분이 용이하다.

상속세 납부재원이 이미 확보하였기에, 자녀들에 대한 자산배분은 그렇지 않을 때보다 훨씬 수월하다.

납부재원이 준비되지 않았다면 자녀별로 상속세 부담을 안겨야 하는데, 자녀들의 상속세 납세능력도 문제이지만 납세에 많은 어려움이 있기 때문이다.

그리고 상속세 납부와 관련 상속인 간의 분쟁을 미연에 방지할 수 있는 장점이 있다.

3) 종신보험으로 상속세 재원 제대로 마련하기(비과세 마련 전략)

상속 발생 시 상속가액에는 간주상속재산이라 하여 보험금이 포함된다. 민법상 보험금은 상속재산이 아니지만, 세법상 보험금은 상속재산으로 간주하여 상속세를 부과하고 있다.

그런데 가입방법에 따라 세법적용이 달라지니 유의해야 한다.

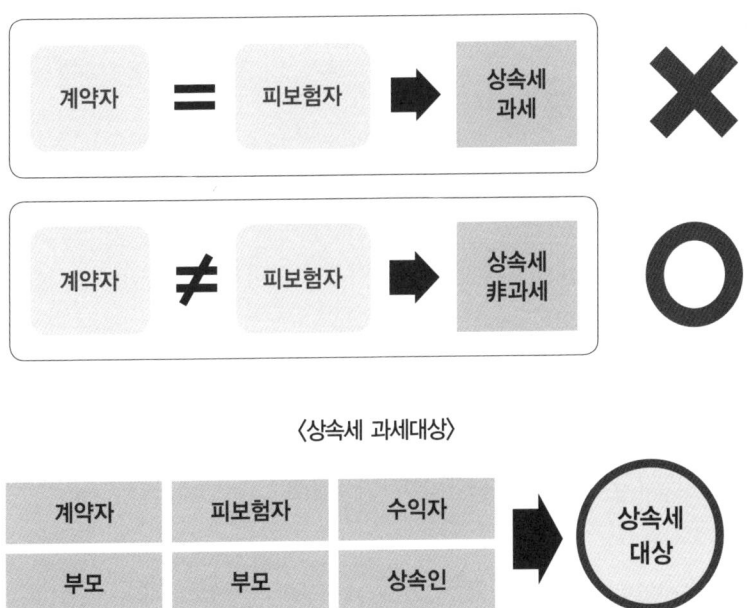

〈상속세 과세대상〉

계약자와 피보험자가 동일인이고 수익자가 상속인일 경우 피보험자의 사망으로 인해 발생하는 보험금은 전액 상속세 대상이 된다.

즉 아버지가 자기를 위해 종신보험에 가입하고(계약자=피보험자) 사망했다면 상속인에게 돌아가는 보험금은 전액 상속세 과세대상이 되는 것이다.

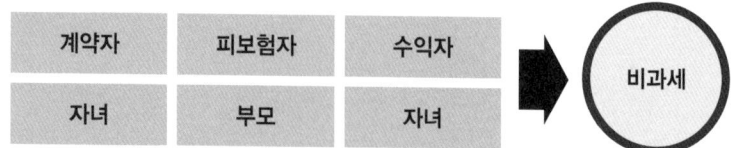

계약자와 수익자가 동일인이고 피보험자가 다른 경우 피보험자의 사망으로 인해 발생하는 보험금은 전액 비과세 대상이 된다.

즉 아버지를 피보험자로 하고 아들이 계약자 및 수익자가 되면 보험금은 비과세인 것이다.

계약자는 보험료 불입을 하고 계약 전체에 대해 책임과 의무 그리고 권리가 있는 사람인데, 만약 계약자만 아들이고 실제로 보험료 불입을 아버지가 했다면 실질과세원칙에 따라 계약자를 아버지로 인정하여 상속세를 과세한다.

물론 실질적으로 보험료를 아버지가 냈다는 입증이 필요하다.

그리고 보험료 부담을 나눠서 했다면 보험금은 안분(按分)하여 과세하게 된다.

즉 아버지와 아들이 반반씩 납부했다면 보험금의 반은 상속세 대상이고 반은 비과세대상이 된다.

〈증여세 과세대상〉

계약자	피보험자	수익자
어머니	아버지	자녀

➡ 증여세

  계약자와 피보험자 그리고 수익자가 동일인이 아닐 경우 피보험자의 사망으로 인해 발생하는 보험금은 전액 증여세 대상이 된다.

  예를 들어 어머니가 계약자이고 아버지가 피보험자, 그리고 수익자는 아들이 될 경우 보험금은 전액 증여세 과세대상이 되는 것이다.

  왜냐하면 권리를 가지고 있는 계약자인 어머니의 보험금이 아들에게 무상 이전되었기에 어머니가 아들에게 증여한 것으로 보기 때문이다.

  따라서 종신보험을 어떻게 가입하느냐에 따라 상속세 대상이 되거나 비과세 대상이 될 수 있기에 미리 확인하고 가입하는 것이 좋다.

  그러나 이미 상속세 과세대상으로 가입한 경우라면 계약자 및 보험료 불입을 변경하여야 한다. (계약자 변경은 증여 및 양도로 가능)

4) 상속세 비과세 대상으로 가입하기: 크로스플랜(Cross Plan)

따라서 새로운 방식인 크로스플랜(Cross Plan)을 소개하고자 한다.

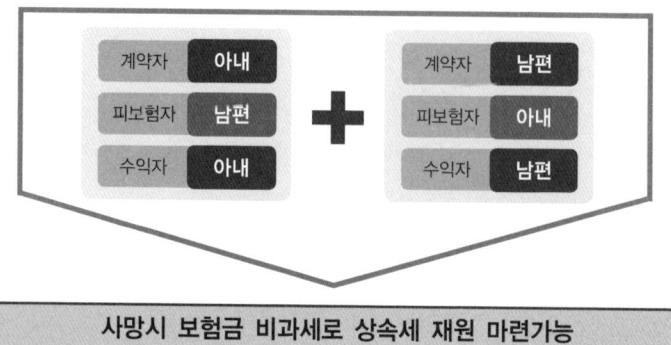

크로스플랜(Cross Plan)이란?

　이 방법은 자녀가 소득이 없는 경우에 굳이 증여를 하면서까지 상속세 마련을 할 필요가 없는 플랜이다.
　그것은 바로 부부가 함께 서로를 위해 Cross로 종신보험에 가입하여 상속세를 준비하는 것이기 때문이다.
　위와 같이 종신보험에 가입하면 남편이 사망하거나 아내가 사망해도 보험금은 항상 비과세 대상이 된다.
　즉, 남편이 사망할 경우 아내가 보험금을 수취하여 아내가 상속세를 자녀들 대신 납부하는 것이다.

이럴 경우 자녀분에 대한 상속세를 어머니가 대신 납부하면 행여 자녀들이 증여세를 물지 않을까 걱정할 수 있는데, 증여세는 전혀 발생하지 않는다.

그것은 바로 상속세 연대납세제도 때문이다.

> **(상속세 및 증여세법 제3조 상속세 연대납세 의무)**
> ① 상속인 또는 유증을 받은 자는 이 법에 의하여 계산한 비율에 따라 상속세로 납부할 의무가 있다.
> ② 제 1항의 규정에 의한 상속세는 상속인 또는 수유자 각자가 받았거나 받을 재산을 한도로 연대하여 납부할 의무를 진다.

즉, 어머니는 어머니가 상속받는 재산의 범위 내에서 상속세를 전액 납부할 수 있다는 것이다.

예를 들어 아버지 사망으로 보험금이 10억 원 발생하고, 상속세가 10억 원이라고 가정해 보자. (아버지의 상속재산은 총 30억 원 가정)

이때 어머니는 아버지로부터 재산을 10억 원만 상속받고 나머지 20억 원은 자녀에게 상속한다.

그리고 어머니가 상속받은 10억 원 범위 내에서 상속세 10억 원을 보험금 수령액으로 납부하면 되는 것이다.

이렇게 되면 자녀는 상속세 부담 없이 20억 원을 상속받게 되니 그 절세효과가 크다고 하겠다.

그런데 어머니가 아버지로부터 10억 원을 상속받았으니 나중에 어머니 사망 시 상속세가 발생할 것을 걱정하는 경우가 있는데, 그것은 기우에 불과하다.

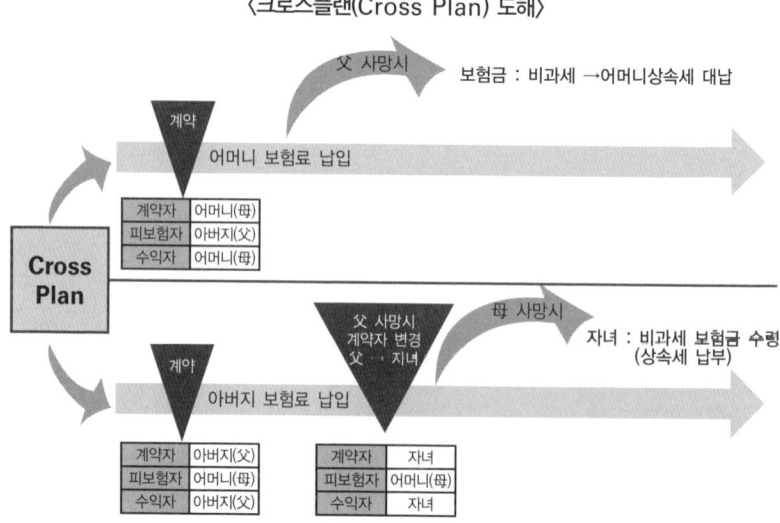

왜냐하면 크로스플랜(Cross Plan)은 아버지와 어머니가 동시에 가입했기 때문에 아버지가 사망해도 어머니의 종신보험은 남아 있기 때문이다.

아버지가 어머니를 위해 불입하던 종신보험은 이제 아버지 사망으로 상속재산이 되는데, 이때 자녀가 이 보험을 계약자(수익자) 변경으로 가져가는 것이다.

물론 상속세는 어머니가 다 냈기 때문에 자녀는 보험을 가져가는 데 아무런 문제가 발생하지 않는다.

그림처럼 크로스플랜(Cross Plan)으로 종신보험에 가입하고 나서 만약 아버지가 사망하게 된다면 사망수익자가 어머니이므로 어머니는 비과세로 보험금을 수령하여 상속세를 대납할 수 있다.

그러면 아버지가 가입한 보험이 남아 있게 되는데, 아버지가 사망하였으므로 자녀가 계약자 변경을 통해 계약을 인수할 때, 상속세는 어머니가 다 납부했기 때문에 자녀는 세금 부담 없이 가질 수 있다.

그리고 나서 나중에 어머니가 사망하게 된다면 자녀는 보험금을 비과세로 받아서 어머니 상속재산에 대한 상속세를 납부하면 되는 것이다.

물론 아버지가 먼저 사망하지 않고 어머니가 먼저 사망한다면 역으로 똑같이 실행하면 되는 것이다.

즉, 어머니 사망에 따른 보험금을 아버지가 비과세로 수취하여 상속세를 대납하고, 어머니 계약은 자녀로 변경하여 아버지 사망 시 자녀가 비과세로 보험금을 수령하여 상속세를 납부하면 되는 것이다.

5) 크로스플랜(Cross Plan)의 장점

이처럼 크로스플랜(Cross Plan)은 부모님의 사망 시 발생하는 상속세를 완벽하게 해결할 수 있으며, 아래와 같은 장점도 가지고 있다.

1. 자녀가 상속세를 부담하지 않아도 된다.
2. 부모 중 어느 한 분이 사망해도 상속세 걱정은 없다.
3. 조기에 사망을 하거나, 장기생존 후에 사망하더라도 상속세는 걱정 없다.

〈Cross Plan은 종신토록 재산권을 행사하면서도
상속세를 현명하게 준비하는 유일한 방법〉

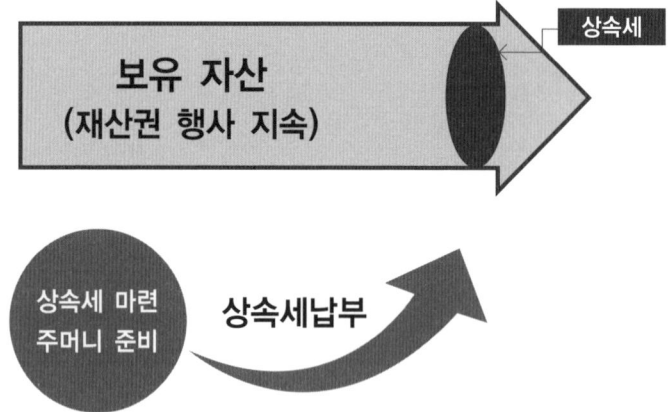

가입하는 방법에 따라 비효율적일 수도….

계약자와 수익자를 동일인으로 하고 피보험자를 다른 사람으로 해 가입하면 보험금은 비과세된다고 했는데, 그렇다면 실제로 어떻게 가입하는 것이 좋은가?
여기에서는 기존의 방식과 저자가 소개하는 방식으로 구분해 설명하고자 한다.

기존 방식은 자녀는 계약자이자 수익자가 되고 부모는 피보험자가 되는 경우이다.
이 경우 보험금은 비과세가 되지만 몇 가지 문제점이 발생한다.

첫 번째로 과연 아들이 보험료를 납부할 수 있는 능력이 되느냐는 것이다.
능력이 안 된다면 나중에 실질과세원칙에 따라 아버지를 계약자로 인정해 상속세를 과세할 수 있다.
따라서 상속세 과세를 피하려면 아들에게 보험료 상당액을 증여하고 계약을 하는 것이 필요한데, 이 경우 증여세가 발생한다.
만약 보험료 총납부액이 7억 6,800만 원(56세 남자 10억 원, 20년 납부 기준)이라고 할 때 10년 단위로 증여(2회 증여)한다고 가정하면 총 증여세 산출액은 1억 1,360만 원이 된다.
결코 적은 돈이 아니기 때문에 효과적이지 못하다.

그래서 우선은 아버지가 가입하고 있다가 아들이 소득이 발생할 때 계약자 변경을 통해 아들에게 계약을 이전해 주는 경우도 생각할 수 있다.

이럴 경우 아들이 납부했던 기간과 아버지가 납부한 기간을 안분해 보험금을 비과세와 과세로 구분할 수 있는데 아들이 납부했던 분만큼은 비과세할 수 있다.

그러나 이 방법은 보험금 전체를 비과세로 수취할 수 없다는 점과 계약자 변경 시에도 증여세가 과세될 수 있다는 점이 항상 문제점으로 남는다.

어떤 사람은 아들에게 부동산을 증여해 임대수입으로 종신보험에 가입하게 하는 경우가 있는데 이 방법도 완전하지는 못하다.

일단 부동산 증여 시 고액의 증여세가 발생할 것이고, 아들은 종합소득세 과세대상(임대사업소득)이 되어 최고 46.2%의 소득세를 내야 하기 때문이다.

두 번째로 설령 아들이 독자적으로 보험료를 납부할 수 있는 자산과 소득이 있는 경우라도 문제점은 여전히 남는다.

아들의 자산으로 보험료를 납부한다면 아들의 자산형성에는 마이너스가 되기 때문에 효과적이지 못하다.

자산 이전 목적은 자녀에게 자산을 물려주고 자녀가 자산을 효과적으로 운용해 증식하는 데 있으니, 가급적 자녀 자산을 침해하지 않아야 하는 것 아니겠는가?

따라서 Cross Plan의 효과적인 방법은 자녀가 소득이 없는 경우에 굳이 증여를 하면서까지 상속세를 마련할 필요가 없는 플랜이다.

그것은 바로 부부가 함께 서로를 위해 크로스로 종신보험에 가입해 상속세를 준비하는 것이기 때문이다.

이렇게 종신보험에 가입하면 남편이 사망하거나 아내가 사망해도 보험금은 항상 비과세대상이 된다.

즉, 남편이 사망할 경우 아내가 보험금을 수취해 아내가 상속세를 자녀들 대신 납부하는 것이다.

이럴 경우 자녀분에 대한 상속세를 어머니가 대신 납부하면 행여 자녀들이 증여세를 물지 않을까 걱정할 수 있는데, 증여세는 전혀 발생하지 않는다.

그 이유는 바로 상속세 연대납세의무제도 때문이다.

39
100세 시대의 자산관리

흔히들 은퇴를 인생의 2막이라 칭하며 행복한 노후를 보내는 것이 무엇보다도 중요하다고 한다.

그런데 이러한 은퇴기를 어떻게 보내야만 행복한 노후생활이 될 수 있을까?

행복한 노후생활은 잘 먹고 잘 사는 것으로 요약될 수 있다.

잘 먹는 것은 재무적인 준비가 완료된 상태를 말하고, 잘 사는 것은 비재무적인 준비가 완료된 상태를 말한다.

재무적인 것은 풍요로운 노후생활을 위한 금전적 준비를 말하는 것이고, 비재무적인 것은 먹고 사는 일 외에 인간답게 살기 위해 필요한 준비를 말하는데, 이에는 취미, 직업, 인적교류활동(친지, 친구 등), 사회참여 활동 등이 그것이다.

금전적 준비는 노후생활비와 의료비, 간병비 등을 말하는데, 부부가 기본(초)적인 생활만을 한다고 가정할 경우 월 200만 원 정도가 소요되고, 약간의 대외활동 등을 위해서는 월 300만 원 정도가 필요하다.

또한 의료비와 간병비 등을 감안할 경우 더 많은 생활비와 노후준비금이 필요할 것으로 판단된다.

이러한 금전적 준비는 연금과 임대소득 등 기타의 소득원으로 준비될 수 있다.

그런데 노후생활비는 버는 것보다 쓰는 데 집중되어 있다.

그러므로 자녀와 손자녀 등에게 용돈을 주거나, 기부, 경조사 참여, 지속적인 취미활동, 국내외 여행 등을 감안하면 더욱 알찬 준비가 절실해 보인다.

〈이상적인 노후소득원 예시〉

기타소득	임대, 근로소득 등		여유생활비(웰빙)
금융소득	예) 적금, 펀드, 주식		문화생활비 (취미,여가)
연금소득	개인	주택(농지)연금	노후생활비 의료/간병비
	개인	개인연금	
	기업	퇴직연금	
	국가	국민연금	

한국보건사회연구원의 '우리나라의 건강수명 산출' 보고서에 따르면 2011년 태어난 아기들의 건강수명은 70.74세로 평가했다.

이 시기 출생자의 기대수명이 81.2세인 점을 감안해 보았을 때 죽기 전 10.46년 동안 질병에 시달리며 앓을 가능성이 높다는 연구결과도 나온 바 있다.

이는 의료비 지출증가(평균 노후생활비의 2~3배 이상 소요)를 예견한 것이기도 하기에 더 많은 금전적 준비가 절실하다.

그런데 이제 100세를 사는 시대이다.

만약 80세 전후로 삶을 마감한다면 노후에도 자산관리를 적절하게 할 수 있을 것이다.

그러나 20년을 더 살게 되는 경우 본인 스스로 자산관리를 할 수 있을 것이라는 기대감은 버려야 할 것이다.

더욱이 말년의 10여 년 이상을 간병상태로 보낼 수 있는 위험이 있다.

그러므로 별도의 관리가 필요하지 않은 소득원을 통해 노후생활비 등을 준비해야 하는데, 이에는 연금이 제격이다.

왜냐하면 연금이 개시되는 경우 최저 100세 이상 연금을 보증받을 수 있고, 설사 100세를 넘게 산다고 할지라도 연금은 죽을 때까지 지급하기 때문이다.

연금은 공시이율로 적립하여 주는 것과 투자실적에 따라 변동되는 연금(변액연금)이 있는데 저금리 시대에서는 투자형 연금의 선택이 중요할 것으로 판단된다.

(물론 변액연금은 투자실적이 하락하더라도 최저 납입한 연금액은 보장 지급해 주는 장점이 있다.)

비재무적인 준비는 재무적 준비가 완료되었다면 반드시 필요한 사안이다.

노후생활이 이제 과거(60년대)와 같이 짧은 10년에 그치지 않기 때문이다. (55세 은퇴 시작, 65세 사망)

만약 60세에 은퇴한다고 가정할 경우 100세까지 무려 40여 년을 보내야 하는데, 단순하고 단조로운 노후생활은 오히려 최악의 상황을 만들 것이다.

따라서 노후생활을 보내기 위한 직업활동을 연장하거나, 취미활동을 늘리고, 인적교류와 사회에 참여하여 활동하는 네트워크를 갖추는 것이 중요하다.

일례로 90년대 일본의 은퇴한 은행지점장이 70살이 되었어도 금융공부를 하고 있었는데, 그 이유는 5년간 공부하고 나서 75세부터 학생들에게 생생한 실전금융교육을 하고 싶어서였다고 한다.
그 당시엔 무의미하거나 황당해 보인 기사였지만, 지금에서 생각해 보니, 고령화 시대에는 당연한 행동 같아 보인다는 것이다.
그만큼 은퇴 기간이 길어졌기 때문에 무엇인가 하지 않으면 너무나도 무료한 나날이 반복될 것으로 보이는데, 이는 시지프 신화의 고통과도 같을 것이라고 사료된다.
노후생활은 직장으로부터의 은퇴이지 삶으로부터의 은퇴가 아니다.
그만큼 은퇴 후에도 행복한 노후의 삶은 지속되어야 하기에 사회참여활동 등은 아주 중요한 요소가 된다.

그리고 마지막으로 세금에 관한 사항이다.
노후에 자산이 별로 없는 경우라면 큰 문제야 없겠지만, 자산이 어느 정도 있다면 세금문제를 해결하지 않고서는 행복해질 수 없다.
주요한 세금으로는 종합소득세(종합과세), 증여세와 상속세를 예로 들 수 있다.
증여와 상속을 고민할 정도의 자산이 있는 경우 세밀한 준비를 하지 않는다면, 세무적인 손해는 물론, 상속 등으로 빚어지는 자녀들 간의 불화로 고통받게 된다.

따라서 공정하고 형평성 있는 재산분배와 관리, 그리고 상속준비를 철저히 해야 한다.

이에는 유언의 작성, 사전 증여 전략, 그리고 상속세 재원 마련 전략, 기부 전략 등을 수립하는 것이 무엇보다도 중요하다.

아무리 많은 재산을 남겨줘도 자식들 간의 분쟁과 불화 또한 남겨준다면 이는 씻을 수 없는 과오로 남기 때문이다.

김상수, CFP, CIA, RFM, CIM
(VIP 컨설팅 2,000여 회 이상)

■ 김상수

1. 라이센스 현황
- CFP (국제공인재무설계사)
- CIA (증권분석사: 애널리스트)
- CIM (투자자산운용사)
- CDIA (파생상품상담사)
- CSIC (증권투자상담사)
- CFIC (펀드투자상담사)

2. 약력사항
- (전) 동양생명 WM센터 실장, (전) A+ Asset CFP 본부장
- (전) CJ, H-Mall, GS, NS 홈쇼핑 guest
- (전) AFPK, CFP 전문교수 [(주)크레듀, (주)에듀스탁]
- (전) 한경와우TV 정오의 증시데이트 "김상수의 부자가족만들기" 출연
- (전) 한국경제와우TV 성공예감 YES I CAN "고민타파 해우소" 출연
- (전) 한경와우TV "맞춤재테리어" 출연
- (전) 한경와우TV "연금술사 부자국민만들기 프로젝트" 출연
- 저서: SOS증여상속(2011. 12)
  - 똑똑한증여, 현명한상속(2014. 7)
  - 교양필수 상속증여Knowhow(2016. 9)
  - 교양필수 VIP상담 전 알아야 할 Hot issues & Solution(2017. 4)
  - 세상을 보는 작은눈 그리고 큰눈(2017. 10)
  - 꼼짝 마 금융(2018. 5)
  - VIP컨설팅(2018. 11)
  - 증여세, 상속세 절세자습서(2019)
- (전) 펀드투자상담사 자격시험 교수(스펙TV)
- (현) MEDICAL DOCTOR JOURNAL 자산관리자문위원
- (현) 대한비만연구의사회 기고 중
- (현) 대한미용성형레이저의학회 기고 중
- (현) 인터넷신문 보험저널 전문가 칼럼 기고 중
- (현) TOWIN ASSET 컨설팅 대표, 김상수 자산관리연구소장

Various

Issues

Possessor